議会の役割と憲法原理

議会の役割と憲法原理

浦田一郎・只野雅人 編

総合叢書3

信山社

　　　　　　　は　し　が　き

　1997年に浅野一郎先生と杉原泰雄先生を中心に，国会衆参議院法制局のスタッフと憲法研究者が集まって小さな研究会がスタートした。この研究会が続けられた期間は，日本に限って見ても，議員立法の増加，国会・内閣関係の変化，憲法調査会の活動，郵政解散，「ねじれ国会」など，国会をめぐる多様な問題が現出した時期であった。

　この研究会の中で，国会における憲法解釈論議の重要性が改めて認識されるようになった。そこで，日本国憲法の条文と論点毎に重要な論議を整理した資料集を作って，研究者，実務家，学生，市民に提供しようということになった。その結果，『憲法答弁集』（浅野一郎・杉原泰雄監修，2003年，信山社）が刊行された。

　議会は新しい政治的課題に市民とともに積極的に取り組む役割を果たしつつ，憲法原理に立ち返りそれを豊かに発展させていく責任があると思われる。そこで，杉原泰雄先生の提案に基づき，「全国民の代表」，「国権の最高機関」，「唯一の立法機関」という三つの日本国憲法の基本原理に沿って，議会をめぐる問題を整理することになった。さらに比較憲法的・比較制度論的な研究や機能的な分析を加え，考察を広げる必要があると考えられた。

　このような観点から，さらにその成果として『議会の役割と憲法原理』と題する本書を刊行する運びとなった。

　この研究会の事務局的な仕事を担当してきた浦田一郎と只野雅人が，その経緯から本書の編者として名前を出すことになった。

　信山社の渡辺左近氏には本書の出版をご快諾いただき，また適宜適切なアドバイスをしていただいた。最後に厚く御礼申し上げる。

　　2008年12月

　　　　　　　　　　　　　　　　　　　　　　　　　　浦 田 一 郎
　　　　　　　　　　　　　　　　　　　　　　　　　　只 野 雅 人

目　次

I　全国民の代表：代表と議会制

スペインの議会制——歴史的素描 …………………………北原　仁…3
    1　はじめに（3）
    2　スペイン立憲主義とカディス憲法（3）
    3　1834年の国王憲章と内閣制度（6）
    4　1845年憲法と保守派の憲法思想（9）
    5　第一共和制と1876年憲法（12）
    6　1931年憲法と大統領制（18）
    7　フランコ体制から1978年憲法へ（21）
    8　結論にかえて（24）

政治資金規正法の構造問題 …………………………………加藤一彦…27
    1　はじめに（27）
    2　政治資金規正法の制定・改正の経緯（28）
    3　政治資金規正法の法構造（31）
    4　脱法的政治献金の仕組み（33）
    5　政治資金規制への模索（38）
    6　政治資金規正法改正の論点（43）

アメリカ連邦議会の二院制の特質——上院研究の分析　…廣瀬淳子…47
    1　はじめに（47）
    2　混合政体論による「英知の上院」（48）
    3　憲法会議における「妥協の産物」として上院（51）
    4　初期の上院とその後の変化に関する研究（59）
    5　上院研究の現在（63）
    6　連邦議会研究にみられる上院の特質（72）

目　次

相違と決定——代表における集団と規律に関する試論 ………只野雅人…75
　　1　両院関係の変化と国会における合意形式
　　　　——顕在化するアポリア（75）
　　2　集団と規律（78）
　　3　政権党と反対党（86）
　　4　両院関係と政権党・反対党（89）

Ⅱ　国権の最高機関

首班指名の法理——国会の首班指名・再論　……………松澤浩一…97
　　1　序　論（97）
　　2　首班指名の実質（100）
　　3　首班指名権の所在（104）
　　4　結　論（119）

政府の憲法解釈とその変更——国会・内閣・内閣法制局
　　……………………………………………………………浦田一郎…125
　　1　はじめに（125）
　　2　政府解釈の理解（126）
　　3　政府解釈の変更（132）
　　4　政府の憲法解釈と立憲主義（137）
　　5　おわりに（141）

国　会　情　報　………………………………………………大山礼子…143
　　1　はじめに（143）
　　2　会議録（144）
　　3　立法情報（150）
　　4　国会関連法規および活動報告（156）
　　5　おわりに（160）

予算の法的意義をめぐって　……………………………小沢隆一…163
　　1　はじめに（163）
　　2　清宮四郎の見解をめぐって（164）

3　杉村章三郎の見解をめぐって（167）
　　4　甲斐素直の見解をめぐって（169）
　　5　櫻井敬子の見解をめぐって（171）
　　6　北野弘久による「新財政法学」の提唱（173）
　　7　福家俊朗の見解をめぐって（174）
　　8　むすびにかえて（175）

Ⅲ　唯一の立法機関

政府と立法──政府による法律の発案に焦点を合せて ……杉原泰雄…179
　　1　はじめに（179）
　　2　日本国憲法制定時の議論（179）
　　3　憲法施行後における憲法学界の代表的見解（180）
　　4　2つの考え方の整理と検討（186）

立法の多元化と国会の役割・あり方…………………………川﨑政司…195
　　1　立法ないし法の多元化の進展（195）
　　2　委任立法とその統制（196）
　　3　地方分権と国の立法のあり方（212）
　　4　国際化と法システムのあり方・国会の役割（226）
　　5　まとめにかえて（240）

「国権の最高機関」と執政権………………………………………福岡英明…243
　　1　はじめに（243）
　　2　最高機関性に関する従来の学説（245）
　　3　なにゆえ最高機関なのか（249）
　　4　帰属不明の権限の国会への推定（253）
　　5　「国務の総理」と執政権（255）
　　6　むすびにかえて（261）

執筆者紹介
（五十音順）

浦田一郎	明治大学法科大学院教授
大山礼子	駒澤大学法学部教授
小沢隆一	東京慈恵会医科大学教授
加藤一彦	東京経済大学現代法学部教授
川﨑政司	参議院法制局第3部副部長
北原　仁	駿河台大学法学部教授
杉原泰雄	一橋大学名誉教授
只野雅人	一橋大学大学院法学研究科教授
廣瀬淳子	国会図書館調査局主任調査員
福岡英明	國學院大学法科大学院教授
松澤浩一	駿河台大学名誉教授

I　全国民の代表：代表と議会制

スペインの議会制
―― 歴史的素描 ――

北原　仁

1　はじめに

　1978年憲法が制定されてから30年が経過し，スペインにおいて二大政党制に基づく政権交代も行われ，近年の経済発展とあいまって，議会制民主主義が定着し，スペイン社会を分断するような政治的な対立は，過去のものとなったといえよう。しかしながら，スペインの議会制は，これを規定する憲法と共に，浮沈を繰り返してきた。本稿は，スペイン立憲主義の歴史に照らして，今日の議会制の意義を考察することによって，政治的混乱や独裁政治から安定した議会制を築く過程を理解する上で，何らかの示唆をえようとするものである。

2　スペイン立憲主義とカディス憲法

　スペインにおける近代立憲主義の導入は，ナポレオンのスペイン侵略を契機とする。形式的には，1808年7月8日公布されたバヨーナ（Bayona）憲法（フランスのバイヨンヌで制定されたためこの名がある）がスペイン最初の近代的憲法である。しかし，これは，ナポレオンに押付けられた憲法であり，その弟を国王ホセ1世として，スペインの支配を正当化しようとするものであった。ナポレオンに支配に抵抗する運動から生まれた憲法が，1812年3月19日に制定されたスペイン人による最初の近代憲法であるカディス憲法（la Constitución de Cádiz）である（大西洋に面する貿易都市，カディスで制定さ

Ⅰ　全国民の代表：代表と議会制

れたのでこの名がある）。

　カディスのコルテス（las Cortes ＝議会）に召集された代議員は，スペインの政治・社会の改革を支持する自由主義者（liberales），絶対主義への回帰を主張する専制主義者（serviles）およびスペイン植民地出身者の3グループに分類できる。植民地出身者は，自由主義者と歩調を合わせたが，自由主義者も旧制度を全否定する改新派（renovadores）とスペインの伝統を尊重しつつ改革の必要性を説く改革派（inovadores）に分類できよう[1]。

　カディス憲法は，フランスの1791年憲法の影響を受けていると指摘されている[2]。1789年の人権宣言は，「あらゆる主権の淵源は，本来的に国民にある」（3条）と規定し，フランスの1791年憲法は，「主権は，唯一不可分で消滅しない。主権は，国民に属する。……」（第3編1条）と規定する。一方，カディス憲法は，「主権は，本質的に国民に存し，それゆえ国民の基本法を定める権限は，排他的に国民に属す」（3条）と規定する。しかしながら，1791年憲法は，市民の資格について，血統主義の原則を掲げる規定（第2編2条）を置くにとどまるが，カディス憲法は，「スペイン国民は，両半球の全スペイン人集合体である」（1条）と規定している。スペイン人たる要件は，「スペイン領土において出生し，定住するすべての自由人」（5条1号）であり，「解放奴隷」（同条4号）も，スペイン人である。そして，「両半球のスペイン領土」に住むスペイン人が市民であり（18条），「国民を代表する基準は，両半球において同一である」（28条）。このスペイン領土は，アラゴン，アストゥリアス等のスペイン本国の地方だけでなく，南北アメリカからフィリピン諸島に及ぶのである。カディス憲法におけるこの国民の規定の仕方は，国民国家を建設しようとする立憲主義思想から見れば，異質である。

　カディス憲法の制定過程における議論には，ルソーやロックの契約論だけでなく，マリアーナやスアレスなどのスコラ的契約概念，さらにはアラゴンやカタロニアの契約論の伝統など様々な考えがみられる[3]。つまり，啓蒙

（1）　拙稿「スペインの1812年憲法（カディス憲法）とその意義」駿河台法学第4巻第2号（1991年）52～53頁。

（2）　同前，56頁。

（3）　SÁNCHEZ-AGESTA, Luis, *El pactismo en el siglo XIX, El Pactismo en la historia de*

思想の契約理論，中世的な契約論，アラゴンやカタロニアにおける中世立憲主義的慣習とが交じり合っていたのであり，これらの理論に対応して，主権概念と国民概念もそれぞれ異なっていた。

18世紀後半から19世紀の初頭にかけて活躍した啓蒙思想家であるホベリャーノス（Jovellanos）の解釈では，人が社会で生きていくために集団を形成する以上，主権は，すべての政治社会に固有のものである。社会が構成されれば，主権は，国民に帰属することを止め，一人の人物にゆだねられる。これが国王であれば，相続によって子孫に引き継がれる。しかしながら，この国民は，最高権力（supremacía）と称される特別な権力を保持し，場合によって，この権力によって主権機関の濫用に抵抗できる(4)。一方，ホベリャーノスと同世代のマルティネス・マリーナ（Martínez Marina）は，カディスのコルテスの召集を理論的に正当化しようとして，1813年『レオンおよびカスティーリャ王国のコルテスまたは偉大な国民会議の理論』を著した。彼は，カスティーリャ王国のコルテス（身分制議会）の伝統に着目する。

マリーナは，社会契約論の前提である自然状態の存在を否定する。人は社会的動物であって，幸福のためには，社会が必要であることを認めつつも，自然状態を否定する。市民社会は，「協約の結果であって，婚姻と家庭の社会と同じように，契約に支えられている」からである(5)。マリーナは，主権が唯一不可分であることも認めない。カスティーリャのコルテスは，都市代表によって組織されており，「各人，各市民，さらに各県が，または政治団体の構成部分が主権行使に参加」し，都市は，この代表者を通じて主権を国王と共有していたのであるからである。また，主権が永遠で，譲り渡すことのできないものであることも，主権が絶対・無制約であることも否認する。「主権は，国民に由来するものであるが，国民と国王に属し，それゆえ，『国

España, Instituto de España, Mdrid, 1980, p. 173.
（4） CASO GONZÁLEZ, José Miguel, "Estudio preliminar y notas," JOVELLANOS, Gaspar Melchor de, *Memoria en defensa de la Junta Central*, t. I, Junta General del Principado de Asturias, 1992, pp. Lvi'vii.
（5） ESCUDERO, José Antonio, "La teoría de las cortes de Martínez Marina," *Administración y estado en la España moderna*, Junta de Casilla y León, Valladorid, 1999, p. 419.

民主権，国王の不可侵』という格言があるのである。……つまり，基本法は，国王と王国との基本契約を形成していると考えられるのであり，どんな場合でも，侵害してはならない」と[6]。主権は，国民と国王が共有し，この主権のあり方を定めるものが基本契約であると考えられている。マリーナによると，カスティーリャ・レオンのコルテスは，国王と共に立法する際，一定の仕方で王権を統制し，中世の最中に一種の人民主権（una especie de soberanía popular）を具現するに至った[7]。むろん，現代の歴史学者は，コルテスの歴史に関するその後の研究を踏まえてマリーナの見解を否定する[8]。

したがって，マリーナの憲法は，歴史的に形成されてきた政治機構を意味し，国民と国王との契約条件を定めたものを意味する。この考え方は，ホベリャーノスの分有主権論と同じように，混合国家または混合憲法という古い類型に該当する[9]。

3 1834年の国王憲章と内閣制度

1814年，ナポレオンの失脚後スペインに帰還したフェルナンド7世は，カディス憲法の無効を宣言し，旧体制への復帰を図ったが，1820年1月，自由主義派のリエゴ（Riego）将軍が蜂起し，フェルナンド7世にカディス憲法の施行を迫った。カディス憲法は，1820年から3年間施行されたが，1823年10月，フェルナンド7世の絶対主義復帰の宣言によって，無効とされた。

議会制の移植の過程は，国家元首とは別個の合議制機関としての政府の出現に求められる。1823年11月19日の勅令によって，フェルナンド7世は，閣議（el Consejo de Ministros）を設けた。フェルナンド7世の逝去後，幼少

---

(6) *Ibid.*, p. 420.
(7) *Ibid.*, p. 443.
(8) *Ibid.*, p. 445.
(9) *Ibid.*, p. 426; MARAVALL, José Antonio, "Estudio preliminar," MARTÍNRZ MARINA, Francisco, *Discurso sobre el origen de la manarquía y sobre la natureza del gobierno español*, Centro de Estudios Constitucionales, Madrid, pp. 76-7.

のイサベラ女王の摂政となったマリア・クリスティーナ（María Cristina）は，マルティネス・デ゠ラーロサ（Martínez de la Rosa）に組閣を命じ，1834年4月10日，デ゠ラーロサが編纂した国王憲章（el Estatuto Real）を裁可した。この法典は，「七部法典第2部第15編法律第5号およびスペイン大法典第6巻第7編法律第1号・2号の規定するところに従い，卓越した娘であるイサベラ2世陛下は，王国の一般コルテスを召集することを決定した」（1条）と規定するように，アンシャン・レジーム下におけるコルテスの課税の同意を必要とする召集規定に基づいていた。この憲章の性質については，絶対主義的な色彩が濃厚であり，欽定憲法という見解もあるが，七部法典とスペイン大法典の規定を課税のために国王にコルテスの召集を義務付けた規定と読めば，「契約憲章」と解することできる[10]。議会は，二院制であり，「一般コルテスは，王国の名士および王国の代議員によって組織」（2条）され，名士には，復活した「スペイン貴族」も含まれ（3条2号），当然その身分も世襲であった（6条）。

この国王憲章の下で，1836年5月，下院の首相に対する「不信任投票（el voto de censura）」が先例となって，刑事責任制度から政治責任制度への転換が見られた。それと同時に，合議体としての政府が徐々に形を整え始めた。政府は，議会の信任に基づいてはいたが，信任は消極的なものであった。すなわち，国王大権をゆだねられた政府は，コルテスが不信任決議または信任投票の否決を通じて反対の意思を表すまでその信任を得ていると仮定されたからである[11]。

しかし，急進的自由主義者は，この憲章自体に不満であり，進歩派は，1836年夏，各地で民衆とともに蜂起した。摂政マリア・クリスティーナは，新憲法の制定を約し，憲法制定会議が召集された。その結果誕生したのが，1837年憲法である。この憲法は，国家の近代化を目指したものであるが，

---

(10) SÁNCHEZ-ARCILLA BERNAL, José, *Historia de las instituciones politico-administrativas conpremporaneas (1808-1975)*, Dykinson, Madrid, 1994, p. 46.

(11) MARCUELLO BENEDICTO, Juan Ignacio, "Goberno y parlamentarización en el proceso politico de la monarquía constitucional de Isabel II(1)," *Revista de Estudios Políticos*, 130（Nueva Epoca）, 2005, p. 10.

進歩派と穏健派の妥協に基づいている。しかし，国民主権に関する規定は，「主権を行使し，1812年3月19日にカディスで公布された政治憲法を修正するのが国民の意思である」と前文で言及するにとどまる。ただし，議会は，二院制であり（13条），「立法権は，国王とともにコルテスに存する」（12条）と規定する点は，1834年の憲章と同じである。両派は，主権の定義を回避することで妥協したと考えるべきであろう。両派の妥協は，上院議員の資格にも見られる。憲法制定会議では，上院議員の資格について，議員の資格を貴族に限定すべきであるという主張から直接選挙によって選出されるべきだという見解まで，様々であったが，結局，「各県でコルテスの代議士を任命する選挙人の具申によって三倍名簿の中から」（15条）国王が任命するという規定に落ち着いた。国王は，「神聖不可侵」であり（44条），1834年の憲章と同様に広範な権能が認められている（45条～47条）。

1842年，マリア・クリスティーナは，摂政職を軍事出身のエスパルテーロ（Espartero）に譲ったが，エスパルテーロは，バルセロナでの蜂起に際して武力を行使しただけでなく，さらに翌年の選挙も受け入れようとしなかったため，これを批判して各地で武装蜂起が発生し，エスパルテーロの摂政政府は，崩壊した。1844年7月，ナルバエス（Narváez）は，憲法改正のためにコルテスを召集した。憲法改正は，新憲法の制定ではなく，1837年憲法の改正と考えられ，スペイン純理論派の自由主義思想に従って，憲法制定権力は国王とコルテスに存するとして，国民主権を否定した[12]。その結果制定されたのが1845年憲法である。したがって，この憲法は，1837年憲法の構造を大きく修正するものではなかった。ただし，コルテスの権能として，大臣の責任追及を掲げ，「大臣の責任を追及すること。大臣は，下院が告訴し，上院が裁判する」（39条3号）と定め，大臣の責任を明記している。

---

(12) SÁNCHEZ-ARCILLA BERNAL, *op. cit.*, p. 70.

4　1845年憲法と保守派の憲法思想

(1)　ドノソ・コルテスの憲法思想

この時代の憲法思想に影響を与えたのが保守派の思想家であるドノソ・コルテス（Donoso Cortés）である。彼の思想は，青年期から晩年にいたるまで変遷し，必ずしも一貫しているわけではないが，1836年から37年にかけて講義をまとめた『政治法講義（Lecciones de derecho político）』において，「知性の主権・正義の主権（Soberanía de inteligencia, soberanía de justicia）」を標語として掲げた[13]。ドノソは，人間には，知性と意思があるという。知性は，神，世界，他者および自己自身を理解し，普遍的で社会的であり，調和を図る作用をもつ。しかし，意思は，各人に備わったものであり，個人主義に傾く。その上，個人の数だけ主権があるのだから，主権は意思には存しえない。したがって，知性を具現する権威と，意思の産物である自由との永遠の闘争が生ずるのである[14]。マリア・クリスティーナの極めて保守的な摂政政治の時期には，歴史の進歩を否定し，革命を犯罪と見なすドノソの思想は，好都合であった[15]。しかし，1845年憲法の起草者になると，ドノソは，フランスの純理論に接近する。これは，思想的な変節というよりも，権威主義的な立憲主義制度における新たな有産階級に基礎を置く君主制を確立しようとする保守派の政治思想を表すものである[16]。ところが，1848年のフランスでの革命を転機として，ドノソは，社会主義思想に脅威を感じ，「人類を脅かす危機に対して権威主義的な制度を確立する必要」を確信するにいたった[17]。つまり，伝統的な君主制の優位性を説いたのである。したがって，批判は，自由主義にも向けられる。人民主権，人権，権力分立，議会制は，

---

(13)　DONSO CORTÉS, Juan, *Lecciones de derecho político*, Centro de Estudios Constitucionales, Madrid, 1984, p. 26.

(14)　ALVAREZ JUNCO, José, "Estudio preliminar," DONOSO CORTÉS, *ibid.*, p. xvii.

(15)　*Ibid.*, p. xxvii.

(16)　*Ibid.*, p. xxx.

(17)　*Ibid.*, p. xxxiii.

すべてが誤りであるとされ，その思想は，フランス革命から出現した非合理的な反動思想に共鳴する。こうして，神と人との，カトリックと社会主義との闘争となり，「剣による独裁または知恵による独裁（dictadura del puñal o dictadura del sable）」に直面する。しかし，ドノソの主張は，絶対主義時代に還れというというものではない。彼は，ルイ・ナポレオンに希望の光を見出す。ルイ・ナポレオンは，民主主義制度を清算するために選挙を利用し，あらゆる革命を罰したというのである。ドノソは，中産階級からなる19世紀の社会を擁護するあまり，その脅威に対しては，制限選挙制や伝統的なカトリックでは不十分であって，財産権を擁護する一定の立憲主義的な制度の範囲内ではあるが，新たな独裁を希求したのである[18]。

ドノソは，1845年憲法の編纂委員でもあった。1845年憲法前文は，次のように宣言する。「これら王国の古き特権と自由ならびに常に君主制の重要問題についてコルテスが有してきた干渉とを規定して，国家の現実の必要性と調和させることが朕の意思でもあり王国のコルテスの意思でもあるから，そのために，1837年6月18日に公布された憲法を改正し，今現在，集会中のコルテスとともに一致して以下のスペイン君主政憲法を布告し，承認する」と。ドノソは，カディス憲法の意義を見直そうとする立場から立憲主義を考えたが，彼の見解は，バーク（Burke）の立場と一致する。すなわち，バークは，抽象的な原理ではなく，法の歴史的実現を考えるという立場であり，ドノソは，制度というものは歴史的に自然発生的に形成されるものだとして，革命の抽象的な哲学原理に自然発生の大原理（el gran principio de la espontaneidad）を対置したのである。彼は，これを「内的憲法（la contitucion interna）」と考えた。ここには，歴史の神秘的な力を認めるロマン主義の香りがする[19]。したがって，ドノソが述べた「憲法制定権力は，憲法によって制定された権力である」という文言の意味も，カディス憲法の国民主権原理による憲法制定権力に対して，歴史上すでに存在している権力を指している。ドノソの思想は，保守派の憲法思想に影響を与えていくことになる[20]。

---

(18) *Ibid.*, pp. xxxv-vi.

(19) SÁNCHEZ AGESTA, *op. cit.*, pp. 174-5.

「内的憲法」は，君主制憲法の正当化理論としての意義を有していたとしても，憲法に規定された政治制度は，時に政治勢力に対応して独自の運動を開始する。議会制度は，必然的に内閣制度を生み出すのである。内閣の起源は，アンシャン・レジーム下の「国家最高会議（la Junta Suprema de Estado）」にさかのぼることができるが[21]，その後の立憲主義の時代において，1824年12月31日の勅令によって初めて制度化された。しかし，19世紀においては，いずれの憲法も内閣の権能に言及していなかった。むろん，実際には，内閣は存在するわけであるから，その役割は慣習として徐々に認められていった[22]。

(2) 1845年憲法と議会制

近代化への潮流は，1837年憲法に結実した。1837年憲法以降，穏健派（moderada）と進歩派（progresista）という2つの政党が認められる。穏健派は，摂政女王（マリア・クリスティーナ），保守派の大部分，フランス政府と緊密に協力した[23]。こうして，19世紀半ばには，イサベラ女王の治世において，議会君主制が根付き始めた。それは，女王の信任と議会の信任との相互作用の結果として生まれた。1845年憲法は，国王について，「国王の身体は，神聖にして不可侵であって，責任を負わない。大臣が責任を負う」（42条），執行権について，「憲法と法律にしたがって，法律を執行させる権限は，国王に存し，その権能は，国内については公共秩序の維持と，国外については国家の安全にかかる全ての事柄に及ぶ」（43条）と規定する。国王は，「法律の執行に資する布告，規則および訓令を定める」権能（45条1号）ばかりでなく，「大臣を自由に任命し，罷免する」権能（同条10号）をも有する。さらに，立法権についても，「法律を制定する権限は，国王と共にコルテス（国会）に存する」（12条）。コルテスの召集権も国王にあり，「コルテスは，

---

(20) *Ibid.*, p. 177.
(21) SÁNCHEZ-ARCILLA BERNAL, *op. cit.*, pp. 240-1.
(23) CUENCA TORIBIO, José Manuel, "Los origenes de la España comtemporanea: 1836-1839. El Nacimiento de los prtidos políticos y de la idea de progreso," "*Revista de Estudios Políticos*, 122（Nueva Epoca），2005, p. 15.

毎年，召集される。国王は，これを召集し，停止し，閉会とし，下院を解散する権能を有する。しかし，下院の解散場合には，3ヶ月以内に，コルテスを召集し，開会しなければならない……」(26条）と規定されている。

このように，憲法は，国王に多くの権能を認めるが，大臣に関する規定は，少ない。大臣の法律の副署について，「国王がその権能を行使するさいに命じ，または，規定する事柄は，すべて担当の大臣が署名しなければならず，官吏は，この要件を欠くものを実行してはならない」(64条)，大臣の資格については，「大臣は，上院議員または下院議員であって，両院の討議に参加することができる」(65条)，大臣の責任について，コルテスの権能として，「大臣の責任を追及し，大臣は，下院が告発し，上院が裁判する」(39条3号）と規定する。

したがって，国王と大臣および議会と国王との関係は，憲法上の規定も不明確のままであった。しかし，英国の理想化された議会制度とフランスのルイ・フィリップの君主制における純理論派思想の影響を受け，スペインでも，議会制を機能させる原理として，王位と議会との二元的な基盤に基づく制度が生まれた。これは，「二つの信任（dos confianzas）」と呼ばれ，王位とコルテスの主権の共有，コルテスの法律の制定と国王の裁可（国王の拒否権）という原則を伴っていた[24]。そして，このイサベル型の君主制は，1931年の自由主義的君主制の危機まで存続することになる。

5 第一共和制と1876年憲法

(1) 1869年憲法と第一共和制

1845年憲法発布後も，政治的混乱が断続的に発生し，1868年9月17日，カディスで，軍の支持を得たプリム（Prim）を首謀者とする革命が発生した。イサベラ女王を支持する軍と革命派が衝突するかに見えたが，イサベラ支持者は，革命軍に合流し，女王は，亡命するにいたった。この1868年から1874年までの6年間がスペイン立憲主義の分水嶺であった。1812年のカ

---

[24] MARCUELLO BENEDICTO, *op. cit.*, pp. 8-9.

ディスのコルテスからではないにしろ，1833年のフェルナンド7世の逝去以降形成過程にあった社会的・政治的な諸制度が固まった時代であった。利益供与と体制内の影響力を求める政治運動から，「秩序」と「革命」が衝突する政治になっていた。特に，共和主義は，国際的な無政府主義や社会主義運動と連動しつつ，労働者の直接行動主義と結びつき，その後も一定の影響を持ち続ける(25)。

　臨時政府は，憲法制定を約してコルテスを召集し，25歳以上の男子普通選挙を実施した。1869年の憲法制定者たちの計画した君主制は，3つの勢力の協定から生まれた。イサベル2世と共に統治した保守自由主義派である統一派（unionistas），革命権力を求める自由主義左派である進歩派（progresistas）および労働者階級の利益を守ろうとする共和派からわかれた小ブルジョワの代表である民主派（demócratas）である(26)。憲法制定委員会は，君主制と民主主義が両立しないという指摘に対して，両者の両立を2つの思想によって可能であると主張した。それは，次のように要約できる。①制定される国家は，民主主義原理によって市民の個人的・政治的権利を完全かつ確実に保障する。このうち最も重要なものに普通選挙権がある。②国王の権能と世襲身分は，人民の主権の行使の障害にならないよう明記され，制約される(27)。

　憲法制定委員会の草案作成過程においては，1831年のベルギー憲法，アメリカ合衆国憲法，カディス憲法が参考とされたと指摘されている(28)。新憲法は，1869年6月6日に公布された。1869年憲法は，国民主権原理を採り，その前文において，「スペイン国民およびその名において普通選挙によって選出された憲法制定コルテスは，……以下の憲法を発布し，承認す

---

(25) TUÑON DE LARA（dirigida), Manuel, *Historia de España, VIII: Revolución burguesa oligarquía y constitucionalismo* [*1834-1923*], 2ª ed. Labor, Barcelona, 1988, pp. 261-2.

(26) CALERO, Antonío María, "Introducción: La teoría de la Monarquía Democrática en las Cortes Consituyentes de 1869", *Monarquía y democracia en las Cortes de 1869*, Centro de Estudios Constitucionales, Madrid, 1987, p. XX.

(27) *Ibid.,* pp. XXI-XXII.

(28) SÁNCHEZ-ARCILLA BERNAL, *op. cit.,* p. 81.

る」と定める。さらに，本文において，「主権は，基本的に国民に存し，すべての権力は，国民に由来する」(32条) と規定し，国民主権原理を明記した。1869年憲法は，「立法権は，コルテスに存する。国王は，法律を裁可し，公布する」(34条) と規定し，「行政権は，国王に存し，国王は，これを大臣によって行使する」(35条) と定め，司法権は，裁判所が行使する (36条) と規定し，三権分立を明確にしている。コルテスは，「両院すなわち上院と下院によって組織される。両院の権能は，憲法に定められた場合を除いて，同等である」(38条) と規定し，二院制を採用している。

しかし，国王の権能については，1845年憲法とほぼ同じであり，「国王の身体は，神聖にして不可侵であって，責任を負わない。大臣が責任を負う」(67条)，と定め，「国王は，大臣を自由に任命し，罷免する」(68条)。執行権の内容についても，「憲法と法律にしたがって，法律を執行させる権限は，国王に存し，その権能は，国内については公共秩序の維持と，国外については国家の安全にかかる全ての事柄に及ぶ」(69条) と規定する。大臣の責任追及に関しては，1845年憲法の規定 (39条3号) を受け継ぎつつも，「大臣は，その職務の遂行中に犯す罪についてコルテスに責任を負う。罪の告訴は，下院が行い，その裁判は，上院が行う。大臣の責任の場合，課せられるべき刑罰および裁判手続は，法律によって定められる」(89条) と定め，より詳細な規定となっているが，大臣の責任を依然として刑事責任を中心に考えている。

しかしながら，この憲法は，君主制を前提としていながら，イサベラ2世はフランスに亡命しており，国王が不在であった。そこで，新国王を選出する法律に基づいて，1870年11月16日，新国王アマデオ1世 (Amadeo I) が選出された。しかし，第3次カロリスタ戦争やキューバ戦争などの危機が続発し，結局，1873年2月11日，アマデオ1世は，退位し，同日，両院は，国民議会として集会し，国民主権を行使するとして，共和制を宣言した。国民議会は，直ちに，憲法制定作業に着手し，その結果，1873年6月17日，憲法草案が議会に提出された。1873年の憲法草案は，連邦共和制をとり (39条)，「主権は，全ての市民に存し，普通選挙によって構成される共和国の政治機関がこれを代表して，行使する」(42条) と規定する。憲法草案は，権

力分立を取りながら，大統領の権能を4番目の権力として規定している。「連邦の権力は，立法権，執行権，司法権およびこれらの権力間の調整権に分割される」(45条) と規定し，立法権は，コルテスが行使し (46条)，執行権は，大臣が行使し (47条)，司法権は，陪審と裁判官が行使し (48条)，調整権は，大統領が行使する (49条) と規定する。

しかしながら，共和主義者は，労働者の支持を得て，武装想起し，郡 (cantones) の自治を宣言する一方で，イサベラ2世の即位に反対していたカルロス派は，共和制そのものに反対していた[29]。こうして，1873年憲法は，施行されるに至らず，イサベラ2世の王位継承者であるアルフォンソ12世を国王とする王制に復古したのである。アルフォンソ12世の下で，制定されたのが1876年憲法である。

1876年憲法は，形式的には1931年まで施行され，「スペイン史の長期間にわたる背骨を形作っていた」と指摘されるように，スペインにおいて最も長命の憲法である[30]。この憲法は，純理論派の主権概念に基づいている。「立法権は，国王と共にコルテスに存する」(18条) と規定し，国民主権に対抗して，コルテスの国王との主権の共有が謳われている[31]。この規定は，1845年憲法の契約憲法を引き継いだものである。ただし，これは新たな始原的契約という意味ではなく，歴史的に発展してきた原理を成文化したにすぎないと考えられ，これを保守派のカノバス (Antonio Cánovas del Castillo) は，ドノソと同じように「内的憲法」と呼んだのであるが，国王とコルテスという二つの正当性の歴史の結果生じたと考えた。1845年憲法のこの考えは，1876年憲法に受け継がれただけでなく，さらに明瞭なかたちで示された。憲法前文には，次のように記された。「神の恩寵により，アルフォンソ陛下は，この文書を見て，理解した全ての者にとって，スペインの立憲主義の国王であり，現在集会している王国のコルテスと一緒になって，コルテスと一致して，朕は，以下の憲法を布告し承認する」と。

---

(29) PEÑA GONZÁLEZ, José, *Historia política del constitucionalismo español*, Biblioteca Universitaria, Madrid, 1995, p. 229.

(30) *Ibid.*, p. 234.

(31) TUÑON DE LARA, *op. cit.*, p. 288.

I 全国民の代表：代表と議会制

　カノバスの憲法理論の特徴は，長い歴史から明らかにされた原理が内的憲法であって，それは世襲君主制原理とコルテスに具現されているというものである。しかし，彼の君主制とコルテスの協調という歴史観に対しては，中世には国王とコルテスが均衡していたが，その後，権力関係は絶対王政に傾き，19世紀では，君主とコルテスの闘争がみられると批判を受けた。自由党のサガスタ（Sagasta）は，1868年の革命の支持者たちは，君主制を当然に受け入れるものではないと主張した。これに対して，カノバスは，国民主権と君主制は両立しないものではなく，カディス憲法においては，国民主権原理に立脚しながら君主制を受け入れていたと反論した。そして，一般意思と国民の意思とを区別し，前者は，普通選挙によって生まれる意思であるが，後者は，歴史的経過の中で事実の集積によって国家に具現される意思であると主張した[32]。カノバスの思想は，歴史的伝統と立憲主義を調和させようとする試みと考えることができよう。

(2) 1876年憲法からプリモ・デ・リベラの独裁へ

　1876年憲法は，カノバスの内的憲法を具体化したものであったとしても，「要するに，スペインに実際に与えられたものは，議会主義の飾りと秩序と特権の擁護とを組み合わせたまがい物であった」という批判もある[33]。
　コルテスは，二院制であり，上院は，王族や貴族の上院議員有資格者と国王の勅任議員，国家機関代表によって組織され（20条），下院議員は，法律の定めるところにしたがって，選出される（27条）と規定されたが，実際には，1890年6月26日の選挙法によって，25歳以上の男子普通選挙制が導入された。「国王は，神聖不可侵」であり（48条），大臣が責任を負う（49条）。国王の権能についても，「憲法と法律にしたがって，法律を執行させる権限

---

[32] SÁNCHEZ-AGESTA, op. cit., pp. 180-1. カノバスのこの「内的憲法」と日本の「国体思想」との類似性を指摘する見解もあり，興味深い。池田実「19世紀スペインの立憲主義と『国体』論――カノバスの思想と復古王政憲法（1876年）を中心に」憲法研究第36号（2004年）37頁。

[33] ESDAILE, Charles J., Spain in the Liberal Age: From Constitution to Civil War, Blackwell, Oxford, 2000, p. 146.

は，国王に存し，その権能は，国内については公共秩序の維持と，国外については国家の安全にかかる全ての事柄に及ぶ」(49条)，「国王は，大臣を自由に任命し，罷免する」(54条9号) と規定する。さらに，国王は，コルテスを召集し，停止し，解散できる (32条)。このような国王の権能の規定は，1845年憲法の規定とほぼ同じである。「閣議」または「政府」について憲法は，その構成と権能を明記していないが，これらは，すでに立憲政治の上では定着していた[34]。

1885年11月25日，アルフォンソ12世が逝去し，2番目の妻である女王が摂政となったが，王政復古は，崩壊しはじめる。イデオロギー的対立が深まり，主要二大党派のいずれもが，国民的合意を得て政策を実行できなかった[35]。すでに，1890年代に1930年代の内乱につながる二つのスペインが存在したのである[36]。そして，1898年の衝撃 (米西戦争により，キューバ，プエルトリコ，フィリピンの植民地を失う) がスペインを襲った。その衝撃は，次のように要約できる。①保守派と自由主義派との二大政党制が崩壊した。②軍が再び政治に介入するようになった (これには，アルフォンソ13世の後押しがあった)。③寡頭制支配層が自信を喪失し，改革よりも現状維持に固執するようになった。④現状維持の基盤に対する脅威が高まった[37]。1905年から1923年までのスペイン史は，基本的には，カノバス体制の崩壊過程である。

1876年憲法の下で，カノバスの保守党とサガスタの自由党との間で，平和的な政権交代の合意があったが，これによって，他の政党は，蚊帳の外に置かれ，直接的な街頭行動による政治要求を選択するようになった。さらに，地主階級の利益を守る地方ボス (cacique) を通じて与党に有利な選挙の不正が行われた (これをカシキスモ (caciquismo) いう)。

しかしながら，重要な政治制度に関する憲法のあいまいな規定ゆえに，柔軟に政治改革が可能であると同時に，成人に達したアルフォンソ13世の容

---

(34) SÁNCHEZ-ARCILLA BERNAL, *op. cit.*, p. 97.
(35) ESDAILE, *op. cit.*, p. 164.
(36) *Ibid.*, p. 184.
(37) *Ibid.* pp. 204-5.

喙を許し，共和主義者，無政府主義者，社会主義者の政治活動とあいまって，1917年の危機を迎えた。1917年の労働組合のストライキを機に，政府は，社会経済問題に適切な対応ができず，麻痺状態に陥った。そして，アフリカの植民地における軍事方針の政府の対応に反抗して，1924年9月13日，プリモ・デ＝リベラ（Miguel Primo de Rivera）将軍がバルセロナで蜂起した。同月15日，アルフォンソ13世は，勅令により，プリモ・デ＝リベラを首相に任命した。

しかし，プリモ・デ＝リベラの3つの目標の中で，成功したのは，モロッコ問題の解決だけだった。秩序の回復は，未解決どころか悪化し，カシキスモは根絶するどころか，独裁構造の内部に吸収されてしまったのである[38]。かくして，プリモ政権は，崩壊した。アルフォンソ13世は，穏健派のベレンゲル（Belenguer）将軍を後任に選んだ。

1930年8月17日，サン・セバスチャンにおいてカタルニア派とスペイン派との共和派統一会議（前者に一定に自治が認められを約束した）が開かれ，アルフォンソ13世の転落の転機となった。会議は，クーデタによる政権奪取のための革命委員会を選出した。委員長には，ニセト・アルカラ・サモラ（Niceto Alcalá Zamora）が選ばれた。

6　1931年憲法と大統領制

共和派軍人の蜂起は失敗するが，ベレンゲル政府の弾圧政策は，反発を招き，結局，1931年2月14日，彼は辞職する。アルフォンソ13世は，憲法制定議会の選挙を約束せざるを得なかった。新たな市会の選挙も，4月12日の日曜日に行われることになった。選挙結果は，共和派の圧勝であった。国王は，亡命し，ベレンゲルの後任のアスナル（Aznar）は，辞任した。

臨時政府は，憲法草案を用意したが，議会の多数派は，過去との決別が不十分であるとしてこれを批判し，政府もこの草案を取り下げざるを得なかっ

---

(38)　*Ibid.,* p. 280.

(39)　ÁLVAREZ TARDÍO, Manuel, "Ni república parlamentaria ni presidencialista," *Re-*

た⁽³⁹⁾。新憲法草案は，スペイン憲法の歴史においては，1812年憲法に反する憲法的伝統から決別するという意図に基づいており，外国の憲法の影響としては，特に，ワイマール憲法が挙げられる⁽⁴⁰⁾。1931年12月9日，新憲法が承認された。

「スペインは，すべての種類の労働者からなる共和国であって，これは，自由と正義の制度に組織される」（1条1項）と規定し，共和国のすべての機関の権限は，人民に由来する」（同条2項）と定めるが，連邦制は否定されている（13条）。「立法権は，人民に存し，人民は，コルテスまたは代議士院（el Congreso de los deputados）を通じてこれを行使する」（51条）と定め，普通選挙による一院制（第二院に与えられるような作用は，大統領に属す）を採用している（52条）。

「大統領は，国家元首であって，国民を体現する」（67条）が，大統領選挙に関しては，「大統領は，コルテスの代議士と同数の選挙人（compromisarios）が共同して選出する」（68条1項）と定め，選挙人は，普通選挙による（同条2項）。その任期は，6年である（71条1項）。したがって，憲法制定者たちは，大統領選挙を間接選挙と普通選挙を組み合わせた制度とし，プレビシットを回避することによって，大統領の正当性根拠を弱め，より議会に依拠させようとしたのである。

大統領の権能について次のように整理できる。①大統領は，首相と大臣を自由に任命し，罷免できるが，「コルテスが明示的に信任を否定する場合には，必ず罷免しなければならない」（75条）。②法律を執行するために布告，規則，訓令を定めることができるが（79条），大臣の副署のない大統領の行為と命令を強いる行為は，無効であって（84条1項），刑事責任を問われる（同条2項）。③大統領は，臨時会を召集でき（81条1項），常会を停止できるが，各会期中2回に制限され，第1回目は1ヶ月，第2回目は15日に制限される（同条2項）。さらに，コルテスの解散は，任期中2回に制限されているだけでなく（同条3項），2回目の解散については，新たに選出された

---

  vista de Estudios Políticos, 123（Neva Epoca）, 2004, pp. 180-1.
 (40) *Ibid.*, p. 183.

コルテスが，解散の必要性について調査し，議決する。コルテスの絶対多数で必要性がなかったと議決するならば，大統領は自動的に罷免される（同条3項b）。④これ以外にも，国家元首に対する議会の訴追を憲法保障裁判所が認めた場合には，大統領は罷免される（85条2項）。⑤大統領は，議会が承認した法律を公布する権能を有し，議会に法律の再考を促がすこともできるが，議会が3分の2以上の多数でこれを可決したときには，公布しなければならない（83条3項）。

しかし，これの規定は，疑問点を含んでいた。①については，75条の大統領による首相の任命について意見の対立があり，議会多数派の支持のない首相は選出できないというのが伝統的な解釈であったが，アルカラ＝サモラは，支持がなくとも可能であると考えた。結局，これは，政権の弱体につながり，大統領制の正当性を損なうこととなった[41]。③についても，81条の趣旨は，戦間期のヨーロッパの憲法思想に見られる，議会の行き過ぎに対して執行権を強化し，一方で大統領の権能の濫用を防止しようとする傾向を具体化しようとするものであった。しかし，実際には，大統領に議会の解散権を認めつつも，この権利の行使を罰しようとする妥協の産物であった。このように，第二共和制は，大統領制と議会制との混合の産物であるが，より後者に近く，半議会制と考えることができる[42]。

さらに，第二共和制の問題点として，君主制からの移行過程を挙げることができる。アルフォンソ13世がプリモ・デ＝リベラの独裁を追認し，支持したとして，憲法制定議会は，1931年8月26日の法律によって，「責任委員会（la Comisión de Responsabilidades）」を設置した。委員会は，国王に対し反逆罪と軍事反乱の罪で起訴し，起訴状の中で「君主に対する攻撃が君主の自由を奪い，甚だしい暴力や脅迫を用いて，その意に反する行為を強制することが国王に対する反逆罪を構成するというのであれば，国王が人民主権に対して違背を行うときには，同じ罪で責任を負うことは明白である」と述べている[43]。

---

(41) *Ibid.*, p. 191.
(42) *Ibid.*, p. 195.
(43) CONTRERAS CASADO, Manuel, "Responsabilidad regia, memoria histórica y tran-

7　フランコ体制から 1978 年憲法へ

(1)　第二共和制の崩壊とフランコの独裁体制

1931 年から 33 年の時期が改革の 2 年間だとすれば，1933 から 35 年の時期は，進歩派勢力にとって，暗い 2 年間であった。1936 年に新たな選挙が行われ，諸派は人民戦線を形成して闘い，選挙には勝利したが，右派の合法闘争も崩壊した。その結果，寡頭制支配層は，反乱の支持に回った。1936 年 7 月 17 日のモロッコの反乱を機に，7 月 18 日，フランコ (Francisco Franco) は，カナリア諸島で戒厳を宣言し，モロッコに出発した。スペイン各地でもこれに呼応する動きが発生した。フランコは，共和国軍に勝利し，独裁体制を敷いた。

フランコは，内乱に勝利したが，憲法典を制定しなかった。スペイン人の権利義務については，1845 年の「スペイン人の章典 (el Fuero de los Españoles de 1945)」にこれを規定した。1946 年の「国家元首継承法 (la Ley de Sucesión en la Jefatura del Estado de 1946)」において，国家元首は，フランシスコ・フランコ将軍であると規定する (2 条)。さらに，1967 年の「国家組織法 (la Ley Orgánica del Estado de 1967)」において統治機構が定められた。国家組織報は，国民主権原理に基づいているが (2 条 1 項)，主権を行使するのは国家であるとされる (1 条 2 項)。国家元首は，国民の最高の代表者であって，国民主権を体現し，政治的・行政的最高権力を行使する (6 条)。国家元首は，内閣を通じて王国の統治を指揮する (13 条)。国民会議は，国民運動を体現する機関と捉えられている (21 条)。コルテスは，立法作業に参加する権能を有するにすぎない (50 条)。

これらの法の背景にある思想は，1958 年の「国民運動原則法 (la Ley de Principios del Movimiento Nacional)」に見ることができる。「スペインは，世界的使命を有する統一体である。祖国の統一，偉大さおよび自由に貢献するこ

---

siciones a la democracia en España," *Revista de Estudios Políticos*, 123（Nueva Epoca), 2004, pp. 163-5.

Ⅰ　全国民の代表：代表と議会制

とは，全スペイン人の神聖な義務であり，かつ集団的な任務である」（１条）と宣言し，「社会生活の自然の単位は，家族，共同体および労働組合である。これらは，国民共同体の基本構造である。公益を有する，社会的必要性を充足するその他全ての種類の制度および団体は，国民共同体の目的達成に実際に参加できるよう援助を受けなくてはならない」（６条）と規定される。したがって，コルテスの代表も，家族議員，自治体議員および労働組合議員の代表に加えて，総統（el Caudillo）が任命する者から構成される（21条）。この法律は，家族，自治体および労働組合を中心とする団体を通じて，個人を国家に統合しようとする思想を表している。さらに，この思想は，16世紀・17世紀のスペインのスコラ哲学の「共通善」によって正当化された。共通善は，国家によって実現されると考えられたからである[44]。

(2)　フランコ体制の崩壊と 1978 年憲法

1969 年 7 月，ブルボン家のフアン・カルロス（Júan Carlos）は，国家元首の後継者に指名され，基本法および国民運動原理に忠誠を誓った。1975 年 11 月 20 日，フランコは，死去した。フアン・カルロス国王は，国家元首の地位に就いたが，その後のフアン・カルロスの動きは，新たな正統性の創造というべきものであった。フランコ体制の国民運動原理に正統性を求めることは，この運動とともに国王の正統性も消滅することを意味するからである。また，19 世紀の国王と国民の主権の共有原理に復帰することも不可能であった。フランコ体制でさえも，形式的には，国民主権原理を採用していたのである。国王は，「我々の未来は，国民が本当に一致した合意に基づく」と，全てのスペイン人の国王であることを宣言した。君主制は，人民の主権によって正当化されることを理解していたのである[45]。ところが，憲法改正は，1966 年の「政治改革法（la Ley para la Reforma Política）」に従って行われたが，この法律は，フランコ体制の基本法を改正するために制定されたも

---

(44)　拙稿「ヘイビアス・コーパスとマニフェスタシオン―スペインの 1978 年憲法における身体の自由」駿河台法学第 11 巻第 2 号（1998 年）43 ～ 46 頁。

(45)　CARR, Raymond y FUSI, Juan Pablo, *España, de la dictadura a la democracia*, Planeta, Barcelona, 1979, pp. 270-1.

のであって，フランコ体制自体の根本的変革を予定したものではなかった。しかしながら，この法律に従って，1977年6月15日，41年ぶりとなる総選挙が行われ，その結果，民主中央連盟（Unión del Centro Democrático）が47.14％，社会労働党（Partido Socialista Obrero Español）が33.71％という得票率に達し，二大政党が生まれ，広範な民主主義的合意の環境が整った[46]。しかしながら，憲法制定作業は，幅広い合意に基づく必要があった。そして，この合意は，当然，フランコ体制を超えるものだった。野党は，政府に優位することはできないが，政府も，自己の方針を正当化するために野党の協力が必要であった。こうして，両派が合意に達した最高法が制定されるに至ったのである[47]。人民の名において民主主義的な憲法を復興するという儀式を通じて，国王は，新たな正統性を獲得し，団体契約としての民主主義が確認され，フランコ死後の潜在的な内乱の危険が解消されたのである[48]。

　1978年憲法は，国民主権原理を採用しつつも（1条2項），政治形態を議会君主制であると規定している（同条3項）。国王は，国家元首であり，「国の統一および永続性の象徴（simbolo）」であるが，制度の仲裁・調整の役割が与えられている（56条1項）。国王の身体は不可侵であり無答責である（同条3項）。コルテス（las Cortes Generales）は，二院制を採用している（66条1項）。しかしながら，この二院制は，スペイン憲法史における従前の制度とは異なる。1978年憲法の上院（元老院）は，民主的第二次院であり，1978年憲法69条1項は，「上院は，地方代表によって組織する議院である」と規定する。しかし，上院の性格付けについては，議論がある。ヨーロッパ諸国の第二次院と比べた場合，地域代表的性格が弱いのではないかと指摘されているからである[49]。下院議員は，直接秘密選挙によって選出される（68条1項）。法律案の議決は，下院の意思が優越する（90条2項）。

---

(46)　TEZANOS, José Felix, CORTARELO, Ramón, y DE BLAS, Andres,（eds.）, *La transición democrática española*, Editorial Sistema, Madrid, 1989, p. 287.
(47)　*Ibid.*, pp. 299-300.
(48)　CONTRERAS CASADO, *op. cit.,* p. 177.
(49)　PUNSET, Ramón, "Razón e identidad del senado," *Revista Española de Derecho Constitucional*, pp. 39-40.

I 全国民の代表:代表と議会制

行政府は，議院内閣制をとる。内閣が明文上規定され (97条)，内閣総理大臣は，下院が信任し，国王が任命する (99条3項)。内閣は，下院に対して責任を負い (108条)，内閣総理大臣が提出する信任の否決または下院の提出する不信任の可決によって，内閣は辞表を国王に提出し，国王は，総理大臣を任命する (114条)。一方，内閣総理大臣は，内閣不信任動議の提出中を含めて，下院，上院またはコルテスの解散をすることができる (115条)。

8 結論にかえて

スペインの憲法史を振り返れば，憲法の法文には党派の主張が反映され，いずれの歴史的時点においても支配的な社会集団とこれに対抗する集団との間で，主権の性格の問題，権力分立問題，基本的人権の有無，選挙権の範囲，政府の形態，国家の型，立法権の外見的構造，硬性・軟性憲法のあり方をめぐって，紛争が生じ，時には激しい暴力を伴っていた (**表1** 参照)[50]。1978年憲法の制定は，このような思想的な対立に終止符を打った。1978年憲法は，1812年のカディス憲法以来の急進的な自由主義と民主主義の伝統を引き継ぐものと考えることもできる一方で，スペイン人の政治的な共存を図ろうとする国民または人民の意思の表現であると解することもできる[51]。しかしながら，国民的和解は，言い換えれば過去の圧政の忘却でもあり，第二共和制初期に，議員たちがプリモ・デ＝リベラの独裁の責任を追及しようとした態度と対蹠的であった。そこで，忘却の合意によって民主化への移行が成功した国としてスペインを挙げることができるかもしれない[52]。しかし，2007年「内乱および独裁期において迫害または暴力の被害者の権利を認め適切な措置を設ける法律 (Ley por la que se reconocen y amplian derechos y se establecen medidas a favor de quienes padecieron persecución o violencia durante la Guerra Civil y la dictadura)」が制定され (「歴史記憶法 (Ley de Memoria Histó-

---

(50) PEÑA GONZÁLEZ, *op. cit.*, p. 27.
(51) SUANZES-CARPEGNA, Joaquín Varela, "la Constitución de 1978 en la historia constitucional española," *Revista Española de Derecho Constitucional*, 69 (2003), pp. 66-7.
(52) TEITEL, Ruti G., *Transitional Justice*, Oxford University Press, 2000, p. 53.

表1　スペインの憲法と議会制度

制定された年	議会	上院	下院
1812年	一院制	コルテス（las Cortes）は，男子普通選挙制度に基づき，教区，郡および県という三段階の選挙を通じて選出される。	
1834年 フランスの1814年の憲章をモデルとする。	二院制	名士院（la Cámara de Próceres） 大司教，司教および大貴族（世襲議員）ならびに年収6万レアルで国王の任命する者（勅任議員）（終身任期） 「社会の道徳的利益」を代表	王国代議士院（la Cámara de Procuradores de Reino） 年収1万2千レアルで30歳以上の者によって選ばれた者（任期3年） 「物質的利益」を代表
1837年	二院制	元老院（el Senado） 下院が各県で指名した三倍名簿の中から国王が任命する（下院の解散ごとに3分の1改選）	代議士院（el Congreso de los Deputados） 下院の優越 直接選挙（任期3年）
1845年	二院制	元老院（el Senado） 下院が起訴した大臣に対する裁判を行う。 国王による選出（終身任期）	代議士院（el Congreso de los Deputados） 直接選挙（任期5年）
1869年	二院制	元老院（el Senado） 二段階の間接普通選挙 自治区が地方選挙委員会院を選出し，各委員会は，各県4人の議員を選出する。 被選挙資格は，裁判官，政府機関職員または納税額が上位50以内の納税者	議院（el Congreso） 直接普通選挙（男子25歳以上） 租税と軍の設置については，下院が優越する。
1876年 王政復古（1845年憲法と1869憲法の混合）	二院制	元老院（el Senado） 固有の権利に基づく議員（王子，皇太子，6万ペセタ以上の収入のある大貴族，総督など） 血統による議員（勅任）（終身） 任務に基づく議員（制限・間接選挙）	代議士院（el Congreso de los Deputados） 普通選挙（任期5年）
1931年 共和制憲法	一院制	コルテス（las Cortes）は，代議士院（el Congreso de los Deputados）である。 直接・秘密・平等の普通選挙（被選挙資格―満23歳以上）	
1946年コルテス組織法・1967年国家組織法	一院制	コルテス（las Cortes） 家族，自治体および労働組合選出議員ならびに総統任命議員	
1978年	二院制	元老院（el Senado） 直接・秘密・平等の普通選挙	代議士院（el Congreso de los Deputados） 直接・秘密・平等の普通選挙

I　全国民の代表：代表と議会制

　上記以外にナポレオンの強力な後押しで制定されたいわゆる 1808 年のバヨーナ憲法や 1845 年憲法の改正，1873 年の連邦共和国憲法案（第一共和制）などがあるが，表には掲載していない。また，1931 年憲法は，1936 年 7 月のスペイン内戦の勃発によって停止状態に置かれた。その後，フランコ政権下では憲法典は制定されず，個別の布告・立法によって統治機構や国民の権利が定められた。フランコ体制は，形式的には王国と規定していた。TÓMAS Y VALIENTE, Francisco, Manual de historia derecho español, 4a ed., Tecnos, Madrid, 1995, pp. 437-464; Spain and the Rule of Law, International Commission of Jurists, Geneva, 1962.
　プリモ・デ＝リベラ政権下で，憲法改正案（これは，1852 年のブラボ・ムリーリョ（Bravo Murillo）の改正案の影響を受けている）が作成され，これは，結局制定されるに至らなかったが，フランコの 1967 年の国家組織法に影響を与えた。

rica)」と通称されている），歴史の見直しが行われている。むろん，共和派が一方的な犠牲者であったというわけではなく加害者でもあったが，いずれにせよ過去の傷を再び開くものだという批判がある[53]。いずれにせよ，議会制度の枠組みの中で政治を実践するという合意は，しっかりスペインに根を下ろしている。その意味では，「内的憲法」は，終に立憲主義と合流したといえるかもしれない。

---

(53)　CUÉ, Carlos E,. "La ley de memoria se aprueba entre aplausos de invitados antifranquistas," *El Pais. Com*, Madrid-01/11/2007, http://www.elpais.com/articulo/espana/ley/memoria/aprueba/aplausos/invitados/antifranquistas/elpepuesp/20071101elpepinac_18/Tes

政治資金規正法の構造問題

加 藤 一 彦

1 はじめに

　一般に政治資金にかかわる諸立法は，政治資金の規制と政治資金の給付に大別できる。またその立法措置は，国会議員，地方議会議員，政党，政治団体，政治資金団体のほか，法人・団体を含めて国民一般をも対象とする。日本の場合，政治資金の基礎的規制立法として政治資金規正法が存在し，政治資金の給付立法として政党助成法がある。もちろん政治資金規制については，公職選挙法上，選挙運動期間中の各種制限（たとえば飲食物の提供の禁止・公選法139条）に加えて，同法179条から201条の4に定める「選挙運動に関する収入及び支出並びに寄附」の制限規定がある。また給付立法としても公職選挙法は機能しており，「政見放送」（同150条），「経歴放送」（同151条）は公共的電波メディアの使用及びその配分を定めている。また，国会議員個人の給付面では各議員は給与，期末手当（年3回）のほか，「文書通信交通滞在費」として月額100万円（非課税），「立法事務費」として月額65万円（非課税）が提供され，その他，公設秘書2名，政策秘書1名分の給与は国費で支給されている[1]。

　このように政治資金をとり巻く法環境は複雑であるが，ここでは政治資金規正法に的を絞って考察を加えてみたい。というのも，松岡利勝元農林水産大臣が「政治家とカネ」をめぐる疑惑の追及の果て，現憲法下で初めて現職

---

[1] 国会議員の歳費以外の収入については，浅野一郎『国会入門』（信山社，2003年）91頁以下が詳しい。

大臣自殺に追い込まれ[2]，1990年代の政治改革時に匹敵する程の深刻な「政治家とカネ」にかかわる憲法問題が現出し，その根本原因が政治資金規正法の構造的欠陥に起因すると考えられるからである。

2 政治資金規正法の制定・改正の経緯

政治資金規正法は，現憲法施行後の1948年に当時構想されていた政党法案の代替立法として制定されたことはよく知られている。まず，当時の状況を一瞥しておこう[3]。

現憲法公布直後の1946年11月13日，GHQと内務省間において政党法制定の予備的話し合いが始まっていた。当時，政党法制定が求められたのは，戦後最初の衆議院総選挙（1946年4月10日）の結果，466議席をめぐって2770名が立候補し，政党数は一府県内政党を含めれば363にも及んだため[4]，政党の整理が必要とされたことが主因である。まず11月27日「政党法案要綱」が政府内でとりまとめられ，同要綱は12月12・13日，ルースト（民政局政党課長），鈴木俊一（内務省地方局行政課長）会談を経て，翌1月中旬に閣議に提出された。しかしこの内務省案は閣議において反対意見があり閣議決定に至らなかった。

政党法制定の動きは片山連立内閣の下，今度は舞台を国会に移して進行していく。1947年7月7日，社会・民主・自由・国民協同の代表者会議において政党法制定の申し合わせが取り決められ，同29日，衆議院（第1回国会）において「政党法及び選挙法に関する特別委員会」の設置が議決され，同小委員会（8月20日設置）は4回にわたり審議を行い，10月1日に政党法案（いわゆる四党案）がGHQに提出された[5]。しかし内務省廃止にともなう

（2） 2007年5月28日朝日新聞夕刊一面のほか，同5月30日「赤旗」における筆者のコメント参照。

（3） 当時の状況をまとめたものとして，加藤一彦『政党の憲法理論』（有信堂，2003年）299～306頁参照。

（4） 議会政治研究会編『政党年鑑』（ニュース社，1947年）35頁参照。

（5） 四党案の経緯については，全国選挙管理委員会事務局『選挙年鑑』（1950年）22

選挙管理組織を早急に創設する必要から，政党法制定に代わり，同法案中の「政党管理委員会」を独立させ「全国選挙管理委員会法案」が改めて構想された。この法案は11月23日，同小委員会で議決され，12月2日に衆議院本会議で可決，即日参議院に送付され翌3日，参議院本会議において可決成立した[6]。

加えて先の政党法案中，政治資金の規制部分は「政党法及び選挙法に関する特別委員会」の小委員会である「政治腐敗防止法律案起草小委員会（1948年1月31日設置）」において「政党並びに選挙に関する腐敗防止法案（政治資金規正法案）」として構想された。同法案は同小委員会において12回に渡り審議され，同年4月3日に衆議院可決，参議院では修正議決，衆議院に回付後，衆議院は修正に同意せず，6月30日に再議決を行い，政治資金規正法として成立した（1948年7月法律第194号）[7]。

この政治資金規正法は，イギリス・アメリカの腐敗防止法（Corrput practies Act）を範として制定され[8]，公職の候補者に対する寄附制限を設定することに主眼を置いていた。そのため，基本的に政党・政治団体への政治献金規制・その透明性の確保を図った政治資金の規制立法ではなかった。また1950年に公職選挙法制定に伴い，政治資金規正法における「公職の候補者」に対する寄附制限規定は公職選挙法に移動させたが，これによって政治資金規正法は形式的にも政治資金規制の基本法的機能は喪失していった。

その後，政治資金規正法の抜本的改正は，1975年に行われた。直接の原因は二つある。第1に，前年に行われた参議院通常選挙（1974年7月7日）は，田中内閣の下，史上空前の「企業ぐるみ選挙」，「金権選挙」であり，自由民主党は約200億円の政治資金を投下し，選挙にカネをかけすぎたことが

　頁以下，同『選挙制度国会審議録第二輯』（1951年）551頁，『議会制度七〇年史／資料編』（1962年）353頁以下参照。
（6）　全国選挙管理委員会事務局『選挙制度国会審議録第二輯』（1951年）600頁参照。
（7）　全国選挙管理委員会事務局『選挙年鑑』（1950年）31頁参照。なお，衆議院再議決の例示として，浅野一郎『国会入門』（信山社，2003年）220頁参照。
（8）　岸昌「政治資金規正法について(1)」（『自治研究』24巻6号1948年）28頁以下参照。

世間の批判を浴びていた[9]。第2に，田中角栄首相の金脈問題が露呈し，田中首相は退陣に追い込まれ，田中を継いだ三木武夫首相（同年12月9日内閣発足）の政治改革の姿勢が積極的であったことにある。当時，三木首相はいわゆる「三木試案」[10]を発表し，政治資金規正法改正を目指していた。同改正法は，1975年7月4日に成立したが，同法案は現憲法において初めて参議院で可否同数となり，河野謙三参議院議長による「可」の議決によって政治資金規正法改正案が可決成立した[11]。

この1975年改正法は，現在の政治資金規正法の原型をなす根本的改革であった。ポイントを列挙すると次の通りである。

第1に，政治活動に関する寄附に関し，①寄附の総量制限，②寄附の個別的質的制限，③寄附の斡旋規制の新設。第2に，①収支報告書における記載事項の詳細化（党費，会費事業収入などの寄附以外の収入の明確化）。第3に，政治団体の届出事務に関し，国・都道府県・市町村の三段階制から国・都道府県の二段階制への変更。第4に，個人の政治献金（寄附）への租税控除の導入（間接的国家給付制度の新設）[12]である。

その後，政治資金規正法は幾度か改正されているが，改正年とその重点だ

---

(9) 石川真澄『新版戦後政治史』（岩波新書，2004年）126頁以下参照。

(10) いわゆる「三木試案」については，鯨岡兵輔ほか『三木〈政治改革〉試案とは何か』（岩波ブックレット，1993年）54頁以下所収。とくに三木がこだわったのは「政治倫理法」の制定であった。

(11) 第75回国会22号／1975年7月4日参議院本会議議事録。当日の様子は議事録では次のようである。

「議長（河野謙三君）投票の結果を報告いたします。投票総数234票，白色票117票，青色票117票〔拍手〕。

可否同数であります。可否同数のときは，憲法第56条第2項の規定により，議長が決することになっております。議長は可と決します。よって，本案は可決されました。（拍手）

議長（河野謙三君）これにて午後6時40分まで休憩いたします。午後6時10分休憩」。以上の引用は，国会議事録インターネット版 http://kokkai.ndl.go.jp/SENTAKU/sangiin/075/0010/main.html を利用した。

(12) 1975年改正法は，第5次選挙制度審議会答申（1967年4月7日）に基づいて改正された。なお，政治資金規正法の改正過程については，政治資金制度研究会編集『逐条解説政治資金規正法（第2次改訂版）』（ぎょうせい，2002年）18頁以下参照。

けをあげれば，次の通りである。1980年改正法では，政治家個人の指定団体制度の導入，政治活動費用の公開基準の引き上げ（1万円から5万円），政治改革時の1992年改正法では，政治資金パーティー収入の150万円制限の導入が行われた。2年後の1994年改正法では，1975年改正に匹敵する大改正が伴ったが，94年以降の改正については次章で述べたい。

3 政治資金規正法の法構造

(1) 政治資金の行動体

　政治資金の受け皿と献金者の二つの部面が規制対象とされなければ，政治資金の規制はその実効性を担保することはできない。現行政治資金規正法によれば，政治資金の受領部分つまり政治献金を受ける主体は二つのグループに分けられる。一つは，政党などの政治団体グループであり，もう一つは公職の候補者（政治家本人または公職の候補者になろうとする者）グループである。前者の政党グループに属するのは，次の三種類である。①政党（法3条2項），②政治団体（同1項），③みなし政治団体（法5条1項）である。「みなし政治団体」とは，「衆議院議員若しくは参議院議員が主宰する」政策研究団体であり，国会議員の派閥組織はこれに含まれる。また政治資金団体も「みなし政治団体」とされる。政治資金団体は「政党のために資金上の援助をする目的を有（し）」その旨を総務大臣に届け出た団体である（政治資金団体は政党が一つだけ指定できる。法6条の2）[13]。

　公職の候補者グループに属するのは，①政治家本人，②政治家が自己のために作った政治団体の内，政治家が一つだけ指定できる「資金管理団体」（法19条1項）である。ただ，現実にはこれに加えて，③政党本体の支部も政治家の資金受け皿装置としてここに数え上げることができる。というのも，政党支部は各選挙区に複数置かれ，その支部の統制は事実上，当該選挙区における政治家本人が影響力を行使している政治団体だからである[14]。つま

---

[13] 政治資金団体は，自由民主党＝財団法人国民政治協会，公明党＝財団法人公明文化，民主党＝国民改革協議会が代表的である。

り政治家個人は三つの資金受け皿ルートをもっている。

　他方，政治献金側は，①個人，②企業，③労働組合，④政治団体以外のその他の団体（宗教団体，業界団体，親睦会など）である。加えて，政治資金の提供という大きな文脈では，政党助成法による政党交付金が政党に対して支払われているため，⑤国家も含めることができる。また，先にあげた政党本体・政党支部，政治団体も単なる政治献金受け皿装置ではなく，そこに寄附された資金はそれぞれの行動体に政治資金として支出されているため，政党・政治団体・政治資金団体も政治資金提供者として把握する必要がある[15]。政治資金の流れが複雑なのは，こうした行動体がそれぞれ結びついているからである。

(2) 政治献金の規制

　政治資金規正法は，政治献金＝寄附につき資金提供側の寄付額の総量規制，寄附の個別規制の二つを定めている。まず，個人の政治献金についてみてみよう。個人が一年度に行うことができる献金額は2000万円までである（法21条の3第1項）。しかし，これは「政党及び政治資金団体」に対する寄附の総量規制であり，このほかに政治団体，政治家（公職の候補者）には1000万円まで別枠で献金可能であり（同3項），総額は3000万円となる。献金総額規制について前者をA枠，後者をB枠という。加えて，個人献金は個別規制としてB枠（10000万円分）については，「同一の者」に対しては150万円までしか寄附ができないとされている（法22条2項）。この個別規制はA枠（政党＋政治資金団体への寄附枠）には適用されない。

---

(14) 政党支部は国会議員に限らず，地方議会議員も作ることができる。自由民主党の政党支部数は約7000存在する。この支部が，後述するようにマネー・ロンダリング機関として機能している。

(15) 企業関係者が政治献金をしやすくするため企業内の政治団体を設立することがある。これは企業献金の場合，政治資金規正法上，多様な制限を受けるため，企業が政治団体を設立し，当該政治団体から有力政治家への資金管理団体，国会議員が代表を務める政党支部などに資金移転をすることを目的としている。もちろんこれは，脱法的マネー・ロンダリングである。この点については，毎日新聞2008年1月21日朝刊社会面参照。

企業，労働組合，政治団体以外のその他の団体による寄附にはA枠／B枠方式は採用されず，1年間に献金できる総量規制として，その上限は計算上1億円までとされている[16]。これらの寄附は，A枠に属する政党，政治資金団体に限られるため，政治家本人，政治家が一つだけもつ政治資金管理団体に対しては献金はできない。この規定の趣旨は，法人・労働組合，業界団体等による政治献金と政治家個人との切断性を確保する点にある。すなわち，刑事罰の対象となる賄賂的資金を政治献金として処理することを困難にしていると解されている。

以上が，政治資金規正法の政治献金規制の基本構造である。しかし，政治資金規正法は世間では政治資金の規律立法としては「ザル法」と呼ばれている。その原因はどこにあるのであろうか。

4 脱法的政治献金の仕組み

(1) 企業・業界による献金と「迂回献金」「ひも付き献金」

法人，労働組合，業界団体が政治献金支出者として派閥・議員利益集団に政治資金を譲渡する方法を考えてみよう。政治資金規正法上，両者間の資金移転は禁止されている。そこでたとえば，X業界団体が年額最高で1億円献金可能であり，実際1億円の献金しようとしたとき，当該献金の受け手として派閥及政治家本人，政治家の資金管理団体に献金すること自体が禁じられている関係上，X業界団体は，法人等が献金可能な政党本体及び政党の政治資金団体に対する寄附のルートを用いて献金することとなる。具体的にいえば，X業界団体は，1億円を政党に献金し，その献金はY派閥の政治団体への寄附であることを予め両者間で事前に了解し，X業界団体が支出した寄付金1億円を政党・政治資金団体が受け取った後，当該Y政治団体に譲渡することで，XはYに間接的ながら直線的な資金関係を維持することができる。

これが可能なのは，政治団体（政党・政党支部，政治資金団体，資金管理団

---

[16] 政治資金規正法21条の3に掲げる表は，3000万円を上限として見せる。だがこれは明らかに立法上の不備であり，国民に誤解を与える法文である。

体，その他の政治団体）の間では——政党・政治資金団体以外の政治団体間の寄附制限として年間合計5000万円以内という制限のほか（法22条1項）——資金移転につき禁止規定は存在しないからである。2004年に発覚した日本歯科医師連盟会（政治資金規正法上の法人・労組以外の「その他の団体」）が行った「平成研究会」（旧橋本派の政治団体）に対する政治献金は，当該日歯連が「平成研究会」に1億円を献金し，その領収書を自由民主党の政治資金団体「国民政治協会」が出すという形で行われた。というのも日歯連は直接「平成研究会」には献金はできず，自民党の政治資金団体に名目上献金することで，「平成研究会」に1億円を提供・譲渡できるからである。これがいわゆる「迂回献金」であり，また当該政治献金の際に具体的な受け手を献金者が指名しておくという意味で「ひも付き献金」と呼ばれる[17]。

この同じ手法は，業界団体が特定の政治家に献金する場合にも利用可能である。というのも，政党・政治資金団体への業界団体の献金は，納入後，特定の政治家本人，当該政治家の資金管理団体あるいは，当該政治家が支配する政党支部を受け皿として，正規の政治資金として譲渡可能だからである。

次の事例は談合体質の建築業の場合である。建築会社が一社で特定政治家に企業献金をする場合，現行法上，政治家本人，政治家の資金管理団体には献金は不可能である。献金相手として合法なのは，政党，政治資金団体である。しかし「迂回献金」ではなく，直接政治家に献金する方策がある。それは，政治家が直接支配する地元の政党支部への献金ルートである。この献金は，一見，企業・団体・法人の政党に対する政治献金とみえるため，特定政治家との結び付きは希薄であると思われる。しかし政党支部自体が政治家の後援会組織と同じ機能を果たしており，実質的には特定企業と政治家との直

---

(17) 2005年改正政治資金規正法（法律第104号）において，政治団体間の資金移転につき年額5000万円制限規定を設けたが，日歯連事件のような政党・政党支部・政党の政治資金団体を名宛人にした政治献金はこの規制を受けない。なお，この改正において寄附は原則として口座振込とする改正が行われた。これは，透明性をはかる上で一歩前進と評価できる（法22条の6の2参照）また，政党支部の解散は政党本部が行うとの改正も同時に行われた（法18条4項）。これは党本部に批判的な議員について当該議員が支配する政党支部を政党本部が任意に廃止することで，当該議員の資金を干上がらせるために行われた改正である。

線的結びつきは明白である。談合企業の場合，地元企業の話し合いによって，建設関係の有力政治家に献金することがしばしばある。企業同士の「ＸＸ会」は，政治資金規正法上，政治団体ではない「その他の団体」（法21条の3第1項4号）であり，政治家・政治資金管理団体への寄附は禁じられている。しかしこの「その他の団体」はその規模に応じて法人と同様に1億円まで献金可能である。そこで「ＸＸ会」は，意識的に最高金額を天井として，有力政治家が支配する複数の政党支部にそれぞれ分散して政治献金をすることが可能である。もちろん政党本体への献金も可能であるが，地元政治家が自由に処理できる政党支部への献金は，政治家本人にとっては旨みがあるからである。

　加えてパーティー券購入による実質的政治献金の問題がある。政治資金規正法22条の3第1項・2項によれば，国から補助金，負担金等を受けている会社・法人の政治献金は禁止されている。しかし，実質的に政治献金と思われる会社・法人によるパーティー券購入は現行法上，150万円まで許容されている。全国農業者農政運動組織連盟（政治団体）が開催した政治資金パーティーにつき，国の補助金を受けているＪＡ全中及びＪＡ全農がそれぞれ150万円のパーティー券を購入し，その収入の多くがＪＡ支援の国会議員に政治献金された事例が2007年9月に発覚したが，これは政治資金が必ずしも現金ではなく様々な利益供与として行われる実体を明らかにしている[18]。

　要するに，政党と政治家は，政党本部と複数の政党支部，さらには自己の政治資金団体を自由に使い，そのため政党・政治家と献金者との意思の合致さえあれば，その政治資金の流れを完全にブラックボックスに入れることが可能である。そこにある政党の役割は，政治資金のマネー・ロンダリング機関として銀行機能を担っているのと同様である[19]。

---

(18)　朝日新聞2007年9月28日夕刊参照。なお，実質的な政治献金の事例として，政治家秘書の会社からの出向（給与の提供），会社所有の車の提供など実に多様な特別利益供与がある。

(19)　加藤一彦・前掲注(3)373頁以下参照。

(2) 不透明な政治資金の流れ

　政治資金規正法は，匿名寄附を禁止している（法22条の6）。寄附者は氏名公表が原則である。各政治団体（資金管理団体を含む）は毎年度『収支報告書』を作成し，その責任は会計責任者が負う（法12条1項）。この収支報告書には，その収入である「寄附」について，「同一の者からの寄附で，その金額が年間5万円を超えるものについては，その寄附をした者の氏名，住所及び職業並びに当該寄附の金額及び年月日」を記載しなければならず，政治資金パーティーについては20万円を超えるものが氏名等の公開対象となっている（同1項1号ハ・ト）。寄付者氏名の公表は5万・20万円であり，この金額が適切であるか否かは議論の余地がありうる。

　一方，政治資金の規制の透明化には収入だけではなく，支出の項目も重要である。支出項目は，「経常経費」と「政治活動費」に区分され，前者は「人件費，光熱水費，備品・消耗品費，事務所費」であり，後者は「組織活動費，選挙関係費，機関紙誌の発行その他の事業費，調査研究費，寄附・交付金，その他の経費」である。両者とも項目ごとの総額の記載が求められ，後者に関しては一件あたり5万円以上の支出を受けた者の氏名等の公表が法定されている（同2号）。

　2007年12月21日改正前の政治資金規正法では，支出にかかわる領収書の添付が5万円以上の「政治活動費」に限っていた。つまり，政治団体の支出の内「経常経費」については，それぞれの支出項目と金額だけが収支報告書に記載されるのとどまり，「経常経費」の中の「事務所費」を用いて，領収書無しの多様な支出が可能であった。前松岡農林大臣の数千万円の「不正な事務所費」支出は，正にこの法の欠陥を利用したのものであった。なお，この点につき，与党は2007年7月6日に政治資金規正法を改正し，政治家の資金管理団体に限って，5万円以上の「事務所費」の領収書添付を求める改正を行ったが[20]，世論の圧力に抗しきれず2007年12月に再度，支出につき

---

(20)　2007年7月7日，赤城農林大臣の政治団体「赤城徳彦後援会」の不明瞭な会計処理が政治資金改正法成立直後に発覚した。政治家の後援会は，政治資金規正法上の「資金管理団体」以外のその他の政治団体である場合が多く，当該政治団体は2007年7月改正法では，経常経費の領収書の添付は義務づけられていなかった。このケース

大幅な改正が行われた。

　この2007年12月改正法によれば,「国会議員関係政治団体」という法概念が設定され,①国会議員が代表者である資金管理団体・その他の政治団体,②特定の国会議員・候補者を推薦・支持する政治団体（租税特別措置法による寄付金控除を受ける政治団体に限定),③政党支部であって,国会議員に係わる選挙区域を単位として設けられたものの内,国会議員・候補者が代表を務める組織について,支出の領収書はすべて保存公開対象とされた（法19条の7)。しかし約7万ある政治団体の内,この「国会議員関係政治団体」は約5000団体だけであり[21]政治家の選挙区支部以外の政党支部,地方政治家の政治団体は従来同様,5万円以上の支出公開基準のままである。そのため,こうした政治団体や国会議員の周辺関係人を代表者とする政治団体を用いた脱法的な迂回支出が行われる可能性は残る。ただ,国会議員が直接かかわる「国会議員関係政治団体」の支出の透明性確保という点では,本改正法は一歩前進したといえるであろう[22]。

(3) 外国法人からの寄附

　従来,政治資金規正法は22条の5において「何人も,外国人,外国法人又はその主たる構成員が外国人若しくは外国法人である団体その他の組織から,政治活動に関する寄附を受けてはならない」と定められていた[23]。しかし,経団連（社団法人日本経済団体連合会)の会長に御手洗冨士夫氏（キャノン会長)が就任した後――2004年以降経団連は政治献金の斡旋を再開して

については,朝日新聞2007年7月8日朝刊39面参照。
[21]　読売新聞2007年12月21日夕刊参照。
[22]　2007年12月改正法においても,政党助成法にもとづく政党交付金の公開は見送られた。税金である政党交付金については,その廃止を含めて改めて再検討すべきであろう。
[23]　最初の政治資金規正法では寄附制限規定は基本的に選挙に関する制限規定であったが,当時の政治資金規正法36条2項も「何人も,選挙に関し……外国人,外国法人及び外国の団体から寄附を受けてはならない」と定め,外国法人の寄附は禁止されていた。なお,最初の政治資金規正法の正文は,全国選挙管理委員会事務局『選挙年鑑』(1950年) 32頁以下を参照した。

いたが——出身企業であるキャノンが外資の株式保有50％超企業であるため，既存の政治資金規正法の下では，政治献金ができず，これを回避するために当条項の改正が経団連側より提案されていた。この要請に応える形で与党及び野党民主党の賛成多数によって，2006年12月13日，政治資金規正法が改正された。この改正により，外資の株式保有率50％超の企業について，5年以上継続して国内市場に上場していることを条件に外資系企業の政治献金は可能となった[24]。今後，外資の経営傘下にある有力法人・企業が経団連の要請の下，政治献金を行う環境がさらに整ったといえる。

5　政治資金規制への模索

(1)　企業献金の憲法的評価

　従来より企業団体の政治献金の禁止が，「政治とカネ」をめぐる疑惑を解消する最善の方策だと指摘されてきた。政党に国家資金を投下する政党助成法が制定された折りにも，将来的には企業団体献金の全面的禁止が予定されていた。実際，1990年代の「政治改革」時に設置された第8次選挙制度審議会の答申では，「選挙制度の改革及び公的助成制度の導入と相まって，団体の寄附は，政党に対するものに限ることが適当である」[25]とされ，企業団体の政治資金の受け皿の限定化が謳われていた。加えて当時の政治資金規正法改正にあたって，附則10条において改正法施行5年後までに「会社，労働組合その他の団体の政党及び政治資金団体に対してする寄附のあり方について見直しを行うものとする」（平成6年2月4日法律4号附則）との規定が設けられていた。しかし，今日に至るまでこの部分の改正はなく，企業団体献金が可能な状態は継続している。

　かかる企業団体献金のありように決定的な影響力を与えたのは，八幡製鉄

---

[24]　法22条の5参照。もっとも改正法が成立した段階ではキャノンの外資出資比率は50％未満であった。

[25]　第8次選挙制度審議会「選挙制度及び政治資金制度の改革に関する答申」（1990年4月26日）。なお，答申は法律時報64巻2号（1992年）132頁以下を利用した。引用は，135頁。

事件最高裁判所判例である。同判決によれば，法人も憲法第3章に定める国民の権利・義務規定を性質上可能な限り適用され，会社も国・政党の特定の政策を支持，推進または反対するなどの政治的行為をする自由があると判示した上で，「政治資金の寄附もまさにその自由の一環であり，会社によってそれがなされたとしても，これを自然人たる国民による寄附と別異に扱うべき憲法上の要請があるものではない」と判示した[26]。

この判旨は，企業による政党への政治献金を自然人の場合と同列に憲法上扱うべきとする点で，社会的権力と政治権力との合成力を軽視し，自然人と企業の政治献金を同一視し，ひいては政治献金に対する両者への憲法的線引きを不要とする点で，一種独特な見解だといいうる。さすがにこの判例の射程距離は最高裁判所自身によっても狭く解されている。すなわち，南九州税理士事件では，強制加入団体である公益法人たる税理士会が，別の団体である南九州税理士政治連盟（政治資金規正法3条の政党以外のその他の政治団体[27]）に所属税理士会員より強制的に特別会費として一人5000円を徴収し，この全金額相当を同政治団体等に政治献金した事案につき，最高裁判所は「税理士会が政党など規制法上の政治団体に金員を寄付することは……（税理士）法49条2項で定められた税理士会の目的の範囲外」と判示した[28]。

南九州税理士事件最高裁判決の意義は，強制加入団体の場合，その構成員に脱会の自由はなく，かかる硬質的組織の構成員の政治的信条の自由のレベルで組織決定による特定の政党・政治団体への政治献金が，各構成員の「思想・信条の自由」を侵害する点を認めたことにある。特に最高裁判所は，「政党など規正法上の政治団体に対して金員の寄付をするかどうかは，選挙における投票の自由と表裏を成す」[29]と捉え，選挙権論アプローチからもこ

---

(26) 八幡製鉄事件，最大判1970年（昭和45年）6月24日民集24巻6号625頁。
(27) 現在の政治資金規正法では，「その他の政治団体」は，個人以外の団体から政治献金を受けることはできない。個人献金の場合，いわゆるB枠1000万円以内で同一の政治団体につき，150万円まで献金可能である。政治資金規正法22条2項参照。
(28) 南九州税理士会政治献金事件，最三小判1996年（平成8年）3月19日民集50巻3号615頁。本件は牛島税理士訴訟として知られている。この包括的裁判過程については，牛島税理士訴訟弁護団編『牛島税理士訴訟物語』（花伝社，1998年）参照。
(29) 同上・625頁。

れを補強している。この最高裁判所の立場は，群馬司法書士会事件においても，別の権利論をとりつつも踏襲されている[30]。すなわち，阪神淡路大震災で被災した兵庫司法書士会へ寄附金をめぐり，群馬司法書士会が行った支援金支出につき，構成員の「政治的又は宗教的立場や思想信条の自由を害するものではな（い）」と判示したが，この場面において構成員各自の選挙権論を展開しないという意義は，強制加入団体による寄附金の政治目的性の有無がその判断の基礎にあるからである。つまり最高裁判所は，通常の営利企業と法律上の強制設立・強制加入団体である公益法人との二分論を採用し，さらに公益法人による支出目的も二分し，支出目的が政治献金である場合には，政治資金規正法上の寄附金として扱ってはならないという判例を打ち出したとみていいであろう。

しかし，こうした最高裁判所の絞りかけは，強制加入団体＝「構成員の脱会の自由の不存在」という個人の人権レベルの議論でしかない。つまり政治資金規制は，各人の「思想信条の自由」の侵害という人権論だけでは処理しきれない点が判例理論では見落とされている。本来，ある団体の全ての構成員全員が，特定の政党・政治団体に寄附することに同意したとしても，かか

---

(30) 群馬司法書士会事件では，最高裁判所は，阪神淡路大震災により被災した兵庫司法書士会への3000万円の復興支援拠出金の寄附につき，群馬司法書士会の各構成員に対する寄附負担議決は同会の「権利能力の範囲内」と判示した（3対2。最小判2002年〔平成14年〕4月25日，判タ1091号215頁）。南九州税理士会事件については，中島茂樹「政党国庫補助と思想・良心の自由」立命館法学289号（2003年）31頁以下，群馬司法書士会事件については，浦部法穂「群馬司法書士会訴訟と思想・良心の自由」神戸法学雑誌52巻3号（2002年）121頁以下参照。なお，両判決に先立ち大阪合同税理士政治連盟事件最高裁判決（1993年〔平成5年〕5月5日，判タ842号120頁）における三好補足意見が重要である。三好裁判官は「特に，政治活動をし，又は政治団体に対し金員を拠出することは，たとえ税理士会に係る法令の制度改廃に関してであっても，構成員である税理士の政治活動の自由を侵害する結果となることを免れず，税理士会の権利能力の範囲を逸脱することは明らかである」と判示している。この三好補足意見が南九州税理士怪事件の法廷意見になったことは確かである。しかし，三好補足意見において表明された「税理士会」を「日本弁護士連合会」に置き換えてみるとき，その政治的意図は明かである。日本弁護士連合会による国家秘密法に反対する総会決議無効を求める裁判過程については，自由と正義44巻2号（1993年）99頁以下の資料参照。

る政治献金が当該政党・政治団体の政治権力を金力で支え，特殊利益の実現が政党において——特に与党への献金の場合は公的政治空間において——止揚されてはならないとみるのが，政治資金規制の主眼であるはずである。

(2) 企業団体の政治献金禁止の視座

かつて筆者は「企業による政治資金の規制論拠」[31]と題する論文の中で，ドイツ憲法学説，連邦憲法裁判所の判例理論をベースに企業団体献金規制の論拠として，第1に「政党を社会に根付かせる見解」（いわゆるVerwurzel-Theorie），第2に「政治的意思形成への市民の平等な参加権論」が有効に機能しうることを指摘したことがある[32]。そこでの議論を再確認していえば，次の通りである。

まず，「政党を社会に根付かせる」という憲法上の要請は，基本的に政党の成長が社会の支持以外にはあってはならないことを意味する。その上で，政党が棲息する「社会」が，雑多多様な行動体で構成されており，この行動体の内，最も政党に影響を与えうる主体が何かを見極めることが不可欠である。この場合，その影響力が政党のどの側面においてどのような意味での影響力行使なのかを確定することで，ルールの設定の是非が説かれる。政治資金の関連でいえば，財力の多寡が政党に影響力を現実に与えることを認識した上で，この影響力の意味を説き明かすことが必要である。その際，重要な指標になるのが「政治的意思形成への市民の平等な参加権」という概念である。

この概念は，86年政党法判決[33]においてベッケンフェルデが法人献金規制のために編み出した見解であり，その後の92年政党法違憲判決[34]において

---

[31] 加藤一彦「企業による政治資金の規制論拠」一橋法学2巻2号（2003年）433頁以下所収。
[32] 同上・442頁以下参照。
[33] BVerfGE 73, 40 (112).
[34] BVerfGE 85, 246 (297). 判例の一連の経緯の概略として，加藤・前掲注(31)440頁以下，またドイツにおける法人の政治献金をめぐる状況として，加藤・前掲注(3) 205頁以下参照。

法廷意見として採用された判例理論である。この理論を援用すれば，国家／国民双方の意思形成に協力（mitwirken）する政党は，国家においてその政治権力を獲得行使する結社であり，国民の中にあっては，自己の具体的政策の支持を獲得しつつこれを公共圏域に止揚する作用を営む。問題は，この止揚の段階において「政治的意思形成への市民の平等な参加」の機会が，財力の等差によって偽造される危険性が常に介在している点である。「市民の平等な参加権」概念は，正に，政治的意思形成の最初の段階において財力に差がある企業・団体を排除し，また同一な市民においても所得格差による寄付額の多寡が政治的意思形成に不平等性をもたらす現実可能性を限りなく除去することを含意する。政治過程全般において純粋な個々人によって本来積み上げられていく政治的意思形成の場面で財の力量が制限されなければならない理由はそこにある。

　たしかに政治資金の透明性が確保できれば，企業団体献金及び個人献金に制限を課す必要性は減じられるとの見方もあろう。しかし透明性は，政治資金による実質的支配者が誰であるかを明らかにする機能しか有しない。透明性は，国民の政治判断へのコミュニケーション手段の端緒を確保することはできても，それ以上の機能は副次的である。透明性の確保と政治資金規制の必要性は別問題であることが確認されるべきであろう。実際，政治資金規正法22条3項は，遺贈寄附に関してはその氏名が公表されるだけで，その遺贈としての政治献金額には制限を課していないという法的事実は，両者の間には法的意味の差があることを前提としている[35]。つまり遺贈者の意思が政治過程に反映する機会が存在しないことを理由に，遺贈者の寄附の個別制限が適用除外とされているのであり，その寄附金については透明性確保で十分処理できると考えられる。それに対して，透明性を確保しても多額の寄附は——個人であり企業団体であれ——政治過程に自己の資金力を投下することによって多様な影響力行使が可能である。

---

(35) 政治資金制度研究会編集・前掲注(12)192頁参照。

6　政治資金規正法改正の論点

　政治資金規正法改革の基本線は次の各点にある。第 1 に，政治献金可能な主体者への制限，つまり「政治資金の入口」の制限である。とくに企業及び団体の政治献金禁止が重要である。現行政治資金規正法上，企業団体の内，法 22 条の 3（寄附の質的制限）に定める「国から補助金，負担金，利子補給金その他の給付金」の交付決定を受けている企業などは，政治活動に関する寄附は禁止されている[36]。またいわゆる公企業（公団，事業団，公庫，特殊会社，特殊法人）も政治献金は禁止されている（同 2 項）。加えて，最高裁判所判例によって，強制加入団体の政治献金は当該法人の「目的の範囲外」の行為とされ――この判例は今日確立している――強制加入団体の政治献金も禁止されているといえる[37]。

　そうすると企業団体献金の基本主体者は，純然たる私的利益を追求する通常の企業であり，業界団体であり，あるいは労働組合であることが改めて浮き彫りになる。かかる組織体は，自己の利益の実現を図りそのために政治献金を行うという見返りの図式の中で行動している。そうした構図を断ち切るためにも，企業団体献金の全面禁止が早急に行われるべきである。

---

(36)　但し，この制限は，法 22 条の 3 第 3・4 項によれば，地方公共団体の長・地方議会議員（それぞれ候補者を含む）及びこれらの者に係わる資金管理団体に対する寄附に関しては適用されない。かかる地方政治家への献金・寄附が，国の政治との特別な関連性をもたないというのが立法趣旨である。しかし，地方政治家が国との交渉関係性をもっていないと信じる者はいないであろう。

(37)　国から補助金の交付決定を受けた企業・団体が自由民主党の政治資金団体「国民政治協会」に計 7 億 8000 万円を政治献金したことが発覚した（朝日新聞 2008 年 1 月 6 日朝刊第一面）。かかる政治献金が行われた法的背景には，政治資金規正法 22 条の 3 に定める「試験研究，調査又は災害復旧に係るものその他性質上利益を伴わない」補助金交付決定団体（法人格を有するものに限定）に対する寄附制限の例外が設けられているからである。しかし，補助金という税金が企業団体を通じてマネー・ロンダリングされ，当該団体から「浄財」が政権党に献金されるという「歪んだ関係性」がそこにはある。例外規定の見直しというよりも，企業団体献金の資金ルートの切断が早急に行われるべき理由はここにもある。

第2に，政党のほか一切の資金受領組織における資金の出口に関する規制が不可欠である。領収書保存・公開につき「国会議員関係政治団体」以外の政治団体についても，早急なる公開原則適用が計られるべきであろう。

　第3に，政治家個人への政治資金規制はかなり改善したが，しかし政治家は自己の支配する資金管理団体，政治団体（後援会組織），所属政党支部をマネー・ロンダリング組織として使用している実体がある。とりわけ政党支部は個人献金のみならず企業・業界団体の献金受け皿組織として機能している。一つの政党が7000もの支部を設ける必要性は本来ないはずである。逆にいえば，この数の多さが政治家にとって政党支部が魅力的組織であることを物語っている。この政党支部への資金面での規制が不可欠である。具体的には政党支部の数を衆議院選挙区に応じて一つまでに限定すべきであり，地方議会議員・首長による政党支部設立を禁止すべきであろう。また政党本部から政党支部への資金移転を制限し，政党支部への通常経費以外の資金移転を禁止し，政党本部は政治家が管理する資金管理団体への資金移転に限定すべきであろう。資金管理団体への資金集中化によって当該政治家の「資金の出入り」は一元的に政治資金収支報告書に記載され，その結果，政治資金のルートの透明性は大幅に改善されるはずである。

　第4に，政治資金収支報告書の取り扱いについてである。政治資金規正法29条は，当該収支報告書に関し「真実の記載がされていることを誓う旨の文書」を添えることを法定し，収支報告書のほか関連文書について，総務大臣又は都道府県の選挙管理委員会は「説明を求め，又は当該報告書等の訂正を命ずることができる」（同31条）と定めている。つまり総務大臣，都道府県選挙管理委員会は収支報告書等の内容面に係わる調査権を有せず，政治資金収支報告書の虚偽が明らかになった段階で両機関は行動をおこすことができる。また，2007年12月改正法にもとづき，「国会議員関係政治団体」は「政治資金監査報告書」の作成・提出が義務づけられ，「登録政治資金監査人」（法19条の18）による監査を受けることになった。また，「登録政治資金監査人」に対する「指導及び助言」機関として新たに「政治資金適正化委員会」（法19条の30）が設けられた。

　政治資金規制分野に関し，国家の関与がどの程度認めるべきかは議論の余

地がある。特に行政機関である総務省・選挙管理員会に調査権を付与することは，特に慎重に吟味する必要がある。

　まず日本の憲政史を振り返れば，行政部門への調査権付与のもつ危険性を自覚する必要がある。1925年（大正14年）に衆議院選挙につき男子普通選挙が導入されたが，この衆議院選挙法改正にあたり，「選挙運動ノ費用」の規制として，次のような取締的規定が設けられていた。すなわち，衆議院候補者の選挙事務長は選挙運動の費用精算し，「警察官署ヲ経テ之ヲ地方長官（東京府ニ在リテハ警視総監）ニ届出」（衆議院議員選挙法106条）ことが義務づけられていた。しかも「警察官吏ハ選挙ノ期日後何時ニテモ選挙事務長ニ対シ選挙運動ノ費用ニ関スル帳簿又ハ書類ノ提出ヲ命シ，之ヲ検査シ又ハ之ニ関スル説明ヲ求ムルコトヲ得」（同108条）とされ，衆議院議員候補者は行政機関の管理下に完全に置かれていた[38]。

　現在の総務省は戦前の旧内務省に近い存在であり，総務省及びその管理下にある各都道府県選挙管理委員会に政治資金収支報告書等の実体的調査権を与えることは，やはり慎重であっていい。とはいえ，政治家性善説に立ち収支報告書等に調査が一切及ばない現状を是認することも不合理である。そこで，「政治倫理綱領」，「政治倫理行為規範」を改正して政治資金収支報告書の記載に疑義がある場合，国会議員は政治倫理審査会において説明責任を果たすことを義務づけることが必要であろう。その際，当該政治資金収支報告書等の調査権は，各議院の国政調査権の範囲内のこととし，行政府の関与を最小限にすべきであろう。地方議会の議員も同様に扱い，地方自治法に定めるいわゆる「百条委員会」の強制調査の下に，疑惑をもたれた首長・地方議会議員への調査権が行使されるべきであろう。加えて，「政治資金適正化委員会」の各委員は，「国会の議決による指名」とされており，その点，党派的中立性のある第三者機関である（法19条の31）。しかし同委員会は「総務省」に置かれ，その事務局も総務省が掌握する（法19条の29・36）。かかる

---

[38] 旧選挙法令については，自治省選挙部編集『選挙法百年史』（第一法規，1990年）を利用した。引用は197頁である。なお，当時の衆議院議員選挙法を「警察取締的な色彩」とみる見解として，岸昌・前掲注(8)26頁参照。

行政委員会が，立法府の構成員である国会議員の資金監査の情報を掌握することの危険性にもっと敏感であってもよいであろう。

　国会が自己の構成員を拘束する法律を作ることは，当初より困難が伴う。しかし，現在，国民の視線はリクルート事件発覚時以上に厳しく，政治資金規正法のあり方自体を根本にもどって論じる必要がある。まずは，第9次選挙制度審議会を新たに発足させ，「政治とカネ」の法的問題を社会科学的知見に基づいて包括的に論じるときが来たような気がする。

アメリカ連邦議会の二院制の特質
―― 上院研究の分析 ――

廣 瀬 淳 子

1　はじめに

　わが国では，2007年夏の参議院選挙で与党自民党が歴史的大敗を喫し，民主党が参議院で第一党になった。いわゆる「ねじれ国会」というかつてない状況のもとで，各国の上院あるいは第二院の機能への関心が高まっている。
　アメリカ連邦議会の上院は，主要国の第二院の中でも，下院と対等な立法権を持つばかりでなく，人事や条約の承認権を持つなど，憲法上の権限の面からも世界で最も強い第二院であり，また，実際の活動においても極めて活発な第二院である。その政治的影響力は，一般的に下院より強いといってよい。
　このようなアメリカの上院は，連邦憲法制定時においては，どのような思想に基づき，どのような議論を経て形成されたのだろうか。また，連邦憲法制定から200年以上を経て，現在のアメリカ連邦議会の上院は，どのように機能しているのであろうか。
　アメリカ連邦憲法制定の際の憲法会議において，広く共有されていた上院像は，イギリスの貴族院や植民地時代の参議会をモデルとしたものだった。混合政体論に基づき，民主的に選出される下院を抑制する，少数の英知をもつ議員から構成される上院であった。憲法会議での大妥協の結果，上院議員は州議会が選出する各州2名の均等代表となった。また，このほかの面においても多くの妥協がはかられた結果，混合政体論による上院とは異なったものとなった。

1913年の憲法改正により，上院議員が州議会による選出から直接選挙となった。今日においては上院議員は各州から2名ずつ選出されてはいても，その活動は州権の擁護や連邦政府と州政府の連携や調整ではなく，全国的なものとなっている。立法機能においては，もはや下院の抑制を目的としたイギリス型の再議の議院ではない。

それでは，現代における上院の機能や役割は，下院との関係でどのようにとらえられているのであろうか。本稿では，まず憲法制定時の連邦議会の制度設計に関する議論を検証し，上院についてどのような機能や役割が意図されていたのかを明らかにする。その上で，その後上院の機能がどのように変化し，そして，現代ではどのような役割を果たす議院として捉えられているのかを，アメリカにおける主要な政治学上の研究を分析することにより，明らかにする。これらによって，現代のアメリカの二院制の特質を理解する手掛かりを探ることが本稿の目的である。

2　混合政体論による「英知の上院」

アメリカ連邦憲法制定者の意図した二院制の特質は，何だったのだろうか。ギリシャ，ローマ以来様々な政治理論がアメリカの上院の源流とされている[1]が，憲法会議での議論に最も影響があったとされる政治理論は，混合政体論である。混合政体論は，アリストテレス以来の君主政・貴族政・民主政の政体分類を踏まえ，これらの要素を混合した政体が良いとする立場で，ギリシャ以来長く西欧政治思想において支配的な思想であった[2]。

独立前の植民地の各州議会においては，ほとんどの州で立法府に二院制が採用されていた。上院に当たる参議会（Council）は，実際上はイギリスの貴族院と同等のものであり，植民地社会の富裕なより保守的な階層を代表して

（1）　詳細については，Daniel Wirls and Stephen Wirls, *The Invention of the United States Senate*, Baltimore: Johns Hopkins University Press, 2004, Ch.1-3; Gordon S. Wood, *The Creation of the American Republic 1776-1778: With a new preface by the author*, Chapel Hill: University of North Carolina Press, 1998（first published in 1972），参照。

（2）　Wood, p. 197.

いた。そして，立法府のなかでより安定度の低い代議院に対する抑制として機能すると考えられていた[3]。

有賀は，これを混合政体論による均衡概念によるとしている。

「混合政体論を受け入れていたアメリカの指導者たちは，世襲君主や世襲貴族のない共和政を採用する場合でも，やはり一人の行政首長，少数者すなわち貴族的部分を代表する上院，多数者すなわち民主的部分を代表する下院を設け，三者の間の均衡をとらねばならないと考えた。いかなる社会にも貴族的部分と民主的部分があり，共和国の社会といえども例外ではないと考えられたのである。このような思想の影響のゆえに，大部分の州では立法部を二院制にし，行政権を一人の首長に委ねた。そして多くの場合，上院の選出方法にさまざまな工夫をこらし，より貴族的な部分を代表させようとした。[4]」

独立後の各州議会でも，多くは二院制が採用された。植民地時代から二院制が存在していたということに加えて，一般人を代表する下院のほかに，社会的，知的なエリート層を代表する上院によって，立法に英知を反映させること必要だという混合政体の理念が，革命派の間に広く共有されていたからである[5]。

混合政体論による上院を代表するモデルは，Harrington (1887)[6]の上院論である。共和政と貴族政を混合し，有産階級で構成される上院は，政治的な英知と美徳を備え，慎重審議のための存在とされた。

Adamsが1776年に友人に送った書簡である「政府論[7]」は革命派の間で広く読まれていて，憲法会議の初期の段階において，新しい共和国を導くの

---

(3) メリル・ジェンセン（斎藤眞他訳）『アメリカ憲法の制定』南雲堂（現代アメリカ史叢書4）1976, p. 18.
(4) 有賀貞『アメリカ革命』東京大学出版会 1988, pp. 13-14.
(5) Wood, p. 209; 有賀, pp. 168-169.
(6) James Harrington, *The Commonwealth of Oceana*, London: George Routledge and sons, 1887 (first published in 1656).
(7) John Adams, "Thoughts on Government", in Charles Francis Adams ed., *Works of John Adams, Second president of the United States: with a life of the author*, Vol. IV, Boston: Charles C. Little and James Brown, 1851, pp. 193-200.

I　全国民の代表：代表と議会制

に最も影響力があった小論とされている⁽⁸⁾。

「政府論」では，混合政体を実現するのは当然として，新たな共和国に安定と自由を保障するためには，実際にいかなる政府の構成が最適かを論じている。政府の権力がひとつの機関，それが例え公選の議会であろうとも，に集中するといかに恣意的に立法，行政，司法の権力が濫用されるかの危険性を説き，さらに一院制議会に立法権が集中すれば，行政を代表する者との激しい対立が避けられないとして，両者の調停者となる第二院の必要性を説いている。そのような第二院の議員は，下院議員によって選出され，充分な審議をするために，20から30名という小規模で，任期は下院議員と同じく一年で，自由かつ独立に活動するとされた。

Adamsは1778年の『憲法擁護論』でも，混合政体論の立場から，二院制を強く擁護している。上院は貴族的な生まれの富を持つ少数派の議院とするのに対して，下院は多数派の民衆の議院として，二院制により，少数派または多数派のいずれの専制をも防ぎ，社会諸階層の均衡を図ることができるとしている⁽⁹⁾。

Jeffersonは，議会に異なる二院を作る目的は，異なった利害や，異なった主義主張を反映させることにあると考えた。アメリカの諸邦の中には，上院議員がその邦の財産を代表し，下院議員がその邦の住民を代表する形で選出される邦がいくつもあったが，このように両院議員が異なった存在であることを評価し，逆に，ヴァージニア邦の議会について，上院議員があまりにも下院議員と同質であることと，下院と選挙の時期や選出方法が同じで，異なる利害や主義主張を反映させることができない点を欠陥と指摘していた⁽¹⁰⁾。

Jeffersonは，貴族政には反対であったが，学識と知性に優れた精神の貴

（8）　Wood, pp. 203, 568.

（9）　John Adams, "A Defense of Constitutions of Government", in Charles Francis Adams ed., *Works of John Adams, Second president of the United States: with a life of the author*, Vol. IV, Boston: Charles C. Little and James Brown, 1851, pp. 290-291.

（10）　トーマス・ジェファソン（中屋健一訳）「質問13　邦憲法とその特質について如何？」『ヴァジニア覚え書』岩波書店（岩波文庫），2003, pp. 210-215.

族の役割は重視し,上院議員にはそのような少数の貴族が選ばれて,立法に英知をもたらすことが望ましいとしていた[11]。そのような英知を備えた上院議員を選出するためには,上院議員は有権者によってではなく,下院によって選出され,その英知と判断の独自性を発揮するためには,任期は長くあるべきであると説いた[12]。

混合政体論の意図する上院は,下院とは異なる方法で有産階級や知的なエリート層を選出し,立法に英知をもたらすものと考えられていた。Jeffersonら混合政体論の支持者は,下院と異なる利益を代表する上院は共和政と矛盾する存在ではないと考えていた[13]。

独立後の連合規約のもとに設置された連合会議(Congress)は,立法,行政,司法の権限を併せ持つ,一院制の会議体であった。連合会議の設立を巡っても,最大の論点は,大州と小州の間の代表権をめぐる対立で,大州は人口比例を,小州は各州平等を主張したが,各州平等となった。各州の代表権は,大陸会議以来の論点で,論争は憲法会議へも引き継がれていった。

3 憲法会議における「妥協の産物」としての上院

憲法会議(Constitutional Convention)は,1787年5月から9月までフィラデルフィアにおいて,非公開で開催された。

憲法会議における最大の対立は,これまでの連合会議の体制に代えて新しい国家的な政府の設立を目指すナショナリト[14]と,連合会議の維持を目指すフェデリストの間の対立であった[15]。ナショナリストには,ほぼ大州の代表が属し,フェデリストには,小州の代表が属していた[16]。

---

(11)　有賀,p. 169.
(12)　ヴァージニア憲法草案では,上院は下院によって選挙され,任期9年で,3年ごとに3分の1ずつ改選され,再選はなしが最善としていた.有賀,p. 169.
(13)　Wood, p. 237.
(14)　憲法会議終了後,ナショナリストらは,自らを「フェデリスと」と称した.
(15)　ジェンセン「第7章　ナショナリズム対フェデラリズム」pp. 52-67.
(16)　大州を代表するナショナリストには,ヴァージニア州のJames Madison,ペンシルバニア州のJames WilsonとGouverneur Morris,ニューヨーク州Alexander Hamil-

もうひとつの大きな対立点は，民主政か，混合的な政体かという政治体制をめぐる対立であり[17]，これらの対立が，連邦議会上院をめぐる議論においてもその中心をなしていった。

憲法会議開催前から，ナショナリストの間では，新しい中央政府は，三権を独立の，しかも相互に抑制しあう3部で構成させ，議会は二院制であること，連合会議の各州平等の原理は，新たな議会の両院では人口による代表の原理によって代替されなければならないことについては合意があった[18]。

ナショナリストの国家的な政府案を提示したのが，ヴァージニア決議案である。ヴァージニア決議案は，5月29日にヴァージニア州知事のRandolphによって提示され，その後二週間にわたって，憲法会議の全院委員会において逐条審査された。このうち，上院に係わるものは，以下の通りである。

ヴァージニア決議案[19]

決議1　連合規約は，これをその目的である「共同の防衛，自由の保障及び一般の福祉」を実現するために，修正，拡充する。

決議2　国家立法部における代表権は，分担額か自由民の数のいずれかに比例するよう，それぞれの場合に最善と考えられる方法にしたがって配分される。

---

ton, が属していた．ナショナリストの中でも，John Dickinson, Hamilton, Morris は，上院について混合政体論に最も近い立場を主張していた（Wood, p. 554）。フェデラリストの代表は，ニュージャージー州のWilliam Patterson，サウスカロライナ州のCharles Pinckneyらであった．

(17)　斎藤は，「民主政的共和政」と「貴族政的共和政」の対立と分類している。貴族政といっても身分制としての貴族政によるものではなく，あくまで共和政の枠組みのもとで混合政体的要素をいかに取り入れていくかが論点となったとしている。斎藤眞『アメリカ革命研究：自由と統合』東京大学出版会 1992, pp. 239-246.

(18)　ジェンセン, p. 46.

(19)　Max Farrand ed., *The Records of Federal Convention of 1787*, Vol. I, New Heaven: Yale University Press, 1966（first published in 1937 as revised edition），pp. 20-21; 以下引用には，*Records* と略する。なお，邦訳については，アメリカ学会「ヴァジニア案またはランドルフ案」『原典アメリカ史』第二巻　岩波書店　1951, pp. 310-313を参照した。

決議3　国家立法部は，二院で構成される。

決議4　国家立法部の第一院議員は，（空欄）の任期で，（空欄）年ごとに各州の人民によって選出される。（以下略）

決議5　国家立法部の第二院議員は，各州立法部が指名した適当数の人びとのうちから，第一院議員によって選挙される。年齢は（空欄）歳以上であること。その独立性を確保するのに十分な期間在職する。（以下略）

決議6　各院は法案の発議権をもつ。国家立法部は連合規約によって連合会議に付与された立法諸権限に加えて，個々の州が立法権を行使するのが不適当であるか，もしくは個々の州の立法権行使によって合衆国の調和が阻害されるおそれのあるすべての事項について立法し，国家立法部が憲法に抵触すると認める一切の州法を否認し，さらにこの憲法の下で課される義務の履行を怠る合衆国の構成員に対し，合衆国の兵力の行使を要請する権限を付与されるべきである。

　ヴァージニア決議案の上院には，Madisonの上院像が強く反映されていた。彼は，上院は法案審議に安定性と慎重さをもたらすためのもので，そのためには少人数で，任期は長く，人民による選挙によらずに選出され，議員の一部ずつが改選されるのがふさわしいと考えた[20]。

　5月30日から実質的な審議が始まり，決議1を修正して，立法部，行政部，司法部の三部で構成される全国的な政府を設立する決議案が可決された[21]。

　5月31日には，決議3の立法部を二院制とすることについて，討論もなく容易に可決された[22]。決議4の，第一院の議員を人民が直接選挙することは反対論もあったが，MasonやMadisonがその必要性を強く訴え，可決された[23]。

　第二院の議員を第一院の議員が選出する決議5は否決された。第一院が第

---

[20] Wirls and Wirls, pp. 66-68; 有賀，pp. 212-213.
[21] Records, I, pp. 33-35.
[22] Records, I p. 48.
[23] Records, I, pp. 48-50.

I　全国民の代表：代表と議会制

二院を選出すると両者の関係が緊密となり，チェック機能が働きにくくなるとされたためである[24]。

　第二院の人口比例による代表は，小州の影響力が小さくなるとして支持を失い，かわりに各州の均等な代表と，第二院議員の州による選出が支持を広げていった。Madison らの意図した社会の上層を代表する上院と，各州を均等に代表する上院とは，相容れない性格のものだった[25]。

　6月7日に，デラウェア州の Dickinson が，第二院議員は州議会が選出するという動議を提出し，論議された。Dickinson はその理由として，州の意思は州政府によるほうが，より良く集約されることと，第二院はイギリスの貴族院のように傑出した議員で構成されるべきで，そのためには州議会による選出がよいとした[26]。

　このほか，第二院の規模やその代表制を巡っても議論があった。Madison は，第二院は人民の院より，より冷静で，秩序だち，より賢く審議的であるべきで，人数の多い第二院ではそれは実現しないと論じた[27]。議員数の問題は，州の人口に応じて代表権を配分するのか，各州に均等に配分するのかという，代表権の問題とも密接に結びついていた。Dickinson の州議会による選出の動議は可決された。Wilson が提案した第二院議員の人民による直接選挙案は，否決された[28]。

　6月8日には，決議6を修正して，国家立法部があらゆる州法に対して拒否権を持つとする提案は，Madison が強くその必要性を支持したが，州の権限を著しく弱めるとして，否決された[29]。

　6月9日から州の代表権に関する審査が始まった。大州と小州は激しく対立し，代表権の問題は，憲法会議最大の論点となっていった[30]。ニュー

---

(24)　*Records*, I, pp. 51-52.
(25)　Wirls and Wirls, pp. 83-87.
(26)　*Records*, I, pp. 150.
(27)　*Records*, I, pp. 151-152.
(28)　*Records*, I, pp. 155-156.
(29)　*Records*, I, pp. 164-169.
(30)　ジェンセン, p. 54.

ジャージー州のPattersonは，人口比例による大州に有利な代表権に強く反対する長い演説をおこなった⁽³¹⁾。

6月11日にコネティカット州のShermanは，後の大妥協の基礎となる，第一院の代表権の配分は州の人口を基礎に，第二院は各州が一票を持つことを提案した。小州は，第二院では均等に代表され自らを護る権利を持たない限り，大州に支配されると論じた。しかし，この提案は否決され，第一院の代表権の基礎を人口とすることを可決し，第二院についても第一院と同じく人口比例とする提案が可決された⁽³²⁾。第二院に関するこの可決は，一時的なものだった。

6月12日には，第一院議員の任期を3年，第二院議員の任期を7年とすることが，可決された。ヴァージニア州知事のRandolphは，州議会の民主的な放縦は確固とした第二院の必要を証明しており，第二院の目的は立法部の民主的議院をコントロールすることであり，第二院は確固として独立した組織であるべきだとして，第二院議員の7年間の任期を支持した⁽³³⁾。

6月13日に全院委員会は審査を終え，それまでの修正案を盛り込んだヴァージニア決議案報告書を，憲法会議に提出した。

ヴァージニア決議案報告書⁽³⁴⁾

決議1　国家政府は，立法部，行政部，司法部の三部で構成される。

決議2　国家立法部は二院で構成される。

決議3　国家立法部の第一院議員は，3年ごとに各州の人民により選挙される。（後略）

決議4　国家立法部の第二院議員は，各州立法議会により選任され，年齢は少なくとも30歳に達しており，その独立性を保障する十分な期間，すなわち7年間在任する。

決議5　各院は法案の発議権を持つ。

---

(31)　*Records*, I, pp. 177-179.
(32)　*Records*, I, pp. 196-202.
(33)　*Records*, I, p. 218.
(34)　*Records*, I, pp. 235-236.

Ⅰ　全国民の代表：代表と議会制

決議7　国家立法部の第一院の代表権は，連合規約に定められた規則によるのではなく，次の率に応じて割り当てる。すなわち，年季奉公人を含むすべての年齢，性，条件の白人その他の自由人と住民，各州内の納税しないインディアンを除く，その他の人々の5分の3を加えた総数の率による。

決議8　国家立法部の第二院の代表権は，第一院について定められた規定による。

　小州の代表は両院とも人口比例とすることに強く反発し，一院制の連合会議を強化する，いわゆる「ニュージャージー案」を6月15日に提出し，その審査が6月16日から全院委員会で行われた。

　提出者らは，連合会議の問題点は一院制や各州が均等に代表される点ではなく，その権限が弱い点にあり，州の連合には第二院は不要なこと，州は相互にチェックし合い，連合政府は個人を基礎に活動しているのではないので，人民を直接代表する議院は不要であること，また，この一院制の立法部の議員は，州議会によって選出されるので，二院制による抑制は必要ないと主張した[35]。しかし，立法部を二院制にすることについては，多くの代表が合意しており，またその目的についても一定の合意は存在していた[36]ため，ニュージャージー案は，6月19日に否決された。審議は憲法会議本会議の審議に入っていった。

　6月21日に決議案報告書の，決議2が可決され，決議3の第一院議員の人民による選挙が可決された。第一院議員の任期については，3年から2年に修正して可決された[37]。

　6月25日には，決議4が審議された。第二院の性格をめぐって長い討論がかわされた。Wilsonらは第二院の議員が州議会で選出されると，州を代表する議院となり，州の利害が持ち込まれると反対したが，州議会による選出の部分と30歳以上とする部分が可決された。第二院議員の任期について

---

(35)　*Records*, I, pp. 250-251.
(36)　Wirls and Wirls, pp. 76-82.
(37)　*Records*, I, pp. 353-354.

は，7年が否決され，4年，6年と5年が提案されたが，決着がつかなかった(38)。

翌日，引き続き第二院の議員の任期が審議された。6年，4年，9年が提案された。Madisonらは，第二院は富める少数者を多数者から守るべく構成されなくてはならないこと，また知恵と徳性で充分尊敬される機関になるべきとして，第二院の任期が長くあるべきことを主張した。これに対して反対派は，長い任期は貴族的な第二院を作り人民の自由にとって危険と反論し，第二院の目的は州を代表することで，長い任期は州との関係を弱めるとした(39)。

第二院議員の任期は下院議員より長くあるべきという点については，合意があり，多数派は4年以上の任期を支持していた(40)。結局，任期6年で，2年ごとに3分の1を改選することになった。

6月27日から州の代表権の問題が再度審議された。小州の代表は，少なくとも一院において各州は平等の表決権を持つべきとしていた。Madisonらは，州の均等代表に対しては激しく反対し，第二院の性格をめぐって審議が続いた。7月2日には，第二院の各州均等代表に関する投票が賛否同数になり決定ができなくなったことから，委員会を設置し，妥協案を作成することになった。委員会は，第二院では各州が均等に代表されることと，第一院には金銭法案の発議と修正権を専属的に与え，第二院にはその拒否権を与える案を作成した。

7月16日になりようやく，第二院における州の均等代表と，金銭法案の専決権を下院に与えることを抱き合わせて，州の代表権の問題が妥協に至った。いわゆる「大妥協」である。憲法会議の決裂を避け，これまでより強い権限を持つ国家的な政府を生み出すために，第二院における代表権の問題は譲歩された。

その後の審議の過程で，金銭法案の下院専決権については修正され，下院

---

(38) *Records*, I, pp. 397-409.
(39) *Records*, I, pp. 421-429.
(40) Wires and Wires, p. 107

I　全国民の代表：代表と議会制

は歳入法案の先議権を持つこととなった。また，大妥協の後に，第二院の議員数については各州2名とすること，議員は個人として投票することが決まった。

　第二院の権限についても，ヴァージニア決議案には盛り込まれていなかったため，大妥協の後に審議が始まった。

　ナショナリストらは州議会が選出する第二院が外交政策や行政・司法の人事に関する権限をもつことに反対していたが，小州に対する譲歩として人事任命承認権を，また南部諸州に対する譲歩として出席上院議員の3分の2による条約承認権を与えることを認めた。大統領弾劾裁判権も，第二院がもつことになった(41)。

　憲法最終草案は，9月12日に憲法会議本会議に提出された。条文の整理と，文体の調整の後，逐条審議が行われ，9月17日に，満場一致で可決された。

　憲法会議から各州の批准までの期間，憲法会議ではナショナリストに属したMadison, HamiltonとJayが，各州に連邦憲法案の批准を求めて，新聞紙上に投稿した論稿が『ザ・フェデラリスト』である。『ザ・フェデラリスト』では，上院の目的や機能について，下院への抑制・均衡を重視する説明がなされている(42)。

　具体的には，上院議員の任期を下院議員より長くすることと議員数を少数にすることで，上院にひいては連邦議会に安定性を与え，下院が立法の目的や原理について十分な理解が欠けていることを補い，対外的な信頼を得ること，国家的利益に関心や責任を持つことが期待された。年齢や市民権の要件を下院議員より高くすることで，より広い見聞と安定した人格の議員が選出されることが期待されたのである。州政府との関係では，上院議員が州の立法部によって任命されることにより，選り抜きの人物の任命を促すとともに，連邦政府の形成において州政府の権威を確保し，州政府と連邦政府との便利

---

(41)　ジェンセン, p. 132; Wirles and Wirles, pp. 114-134.
(42)　「第48篇　立法部による権力侵害の危険性」「第51篇　抑制均衡の理論」ハミルトン，ジェイ，マディソン（斎藤眞，中野勝郎訳）『ザ・フェデラリスト』岩波書店（岩波文庫），1999, pp. 225-234, 236-245.

な連絡役となる代理人を州政府に与えるという点が期待されていた。また各州均等な代表で上院が構成されることにより，上院が不適切な立法行為に対する一つの障壁になるにちがいないとされたのである(43)。

立法部を二院制議会とすることには，憲法会議の初期から合意が存在していた(44)。憲法会議では，州の利益をいかに代表するかという代表権の問題が議論の中心になり，その関連で上院議員の選出方法と任期が議論された。両院の議事手続きについては，議論されなかった。憲法会議の決裂を避けるための妥協の結果として，各州の均等代表による小州の権利の擁護が盛り込まれていったのである。結果的にはその「大妥協」の枠組みとして二院制が使われたということであって，その際植民地時代から広く受け入れられていた混合政体論による英知の上院という上院像が一定の下敷きになったとしても，その理念の実現として具体的な上院の姿が共有されていたわけではなかった。また，上院の目的や機能の細部についても，憲法会議の過程で多くの妥協が図られた。

その結果上院は，ひとつの一貫した理念に基づいて形成された機関ではなくなり，多くの妥協の積み重ねにより形成された機関となった。ナショナリストの国家的な上院と，フェデラリストの州の権利を護る上院，貴族的な上院と民主的な上院が混合されていった。共和政のもとでいかにアメリカに適した上院をつくっていくのか，議論が重ねられ新たな形態のアメリカ型の上院の制度的枠組みが形成された。

4 初期の上院とその後の変化に関する研究

初期の上院に関する近年の研究は，多くの妥協により生まれた上院が，さらに憲法制定者の意図とは異なる変化を遂げたことを示している。

初期の上院の変化を再構築的（reconstitutive）という言葉で表現しているのは，Swift である。Swift（1996）(45)は，1789年から1809年の最初の20年間

---

(43) 「第62篇 上院の構成」ハミルトン他『ザ・フェデラリスト』pp. 277-287.
(44) *Records*, I pp. 45-46;. Wood, p. 553
(45) Elaine K. Swift, *The Making of an American Senate: Reconstructive Change in Con-*

I　全国民の代表：代表と議会制

の上院は，憲法制定者の意図通り，イギリスの貴族院のように機能したが，しかし，その後の1809年から1829年の20年間で，上院は再構築的に，いわばアメリカ型の上院に変化したとしている。この期間に上院の立法活動は，より下院に近い活発なものになり，上院議員一人あたりの法案提出数も下院をはるかにしのぐようになった。

その変化の多くは，現在にも受け継がれているとしている。この再構築的変化は，全国的な政党，全国的な有権者，全国的な政府の政策課題，制度に対する見方，制度的な活動家の存在，の主要な変化の5要因が集まった結果で，新しい種類の上院が形成されたとしている。

Swift の描く「再構築後」から現在にいたる上院モデルは，両院が共に活発に活動するいわば下院と「対等な」上院モデルである。上院が変化した要因を，議会内外の要因から多面的に分析しているが，立法機能について下院との関係では，議員一人当たりの法案提出数の分析にとどまっている。上院と下院が立法過程においてどのように似ていて，どのように異なっているのか，また両院の関係については具体的には言及されていない。

Binder は，議会の少数派の権利に着目した一連の研究を行っている[46]。その中で，現代の上院の最大の特色は，フィリバスターであることを一貫して主張している。さらに彼女は，Smith との共著 Binder and Smith (1997)[47] で，少数者の権利であるフィリバスターをめぐる上院の議事規則の変遷とフィリバスターをめぐる政治を中心に，上院の歴史的変化とその特徴を分析している。

憲法制定者は，上院には下院を抑制する役割を期待したが，彼らは下院と対等な立法権と上院議員の構成の違いによってこれを実現しようとしたので

---

gress, 1787-1841, Ann Arbor: University of Michigan Press, 1996; 同じく初期の上院に関する研究としては，Roy Swanstrom, *The United States Senate 1787-1801: a dissertation on the first fourteen years of the upper legislative body*, Washington D. C.: G. P. O, 1985 がある．

[46] 代表的な研究としては Sarah A. Binder, *Minority rights, majority rule: Partisanship and the development of Congress*, Cambridge: Cambridge University Press, 1997.

[47] Sarah A. Binder and Steven S. Smith, *Politics or Principle?: Filibustering in the United States Senate*, Washington D. C.: Brookings Institution Press, 1997.

あって，両院の議事手続きについては，議論されなかった。

　1806年の上院議事規則の改正で，先決問題の動議の条項が削除され，フィリバスターが可能になった。しかし下院とは異なり，上院では先決問題の動議は，それまで討論打ち切りのための手段としては用いられていなかった。上院ではごく稀にしか使われない手続きであったため，単に議事規則を整理した際に削除したにすぎなかったのである。フィリバスターが可能となった上院の議事規則は，設立当初の上院の特徴ではなく，憲法制定者によって意図された上院像によるものでもなかった。

　Binder and Smith は，第1議会から第17議会までの両院の業務量を，一議員当たりの法案提出数，成立法案に占めるそれぞれの議院の提出法案の割合と，両院の記録投票数，会期日数，から分析した。その結果，第13議会までの初期の上院は，憲法制定者の意図通りの，下院通過法案の修正が中心の再考の院（revisory body）であったと結論づけている。初期の上院は，19世紀中頃や19世紀末，また現在の上院とも大きく異なるものであったとして，Swift（1996）や Swanstrom（1985）の見解を支持している。

　19世紀中頃になると，上院をとりまく環境は変化し，議員数の増加，業務量の増加，議員の両極化等が，議員の行動を変化させた。19世紀の間に，フィリバスターのコストは低下し，より魅力的な議会戦術となっていった。19世紀半ばから20世紀初めにかけて，上院議員一人当たりの法案提出数は大幅に増加し，上院通過法案数の増加など，上院が立法過程で果たす役割は，もはや下院通過法案の再考ではなくなっていた。下院と対等，時には下院より重要な役割を果たすようになっていったとしている。

　現代の上院を最も特徴づけている少数者の発言の権利の尊重，特にフィリバスターの権利に着目して，それが憲法制定者の意図や，その後の上院のあり方に関する特定の理念に基づいて形成されたものではなく，1806年の上院議事規則の改正が意図せざる効果をもち，議事規則の経路依存性と，その後の政治的な利害による選択の積み重ねで，今日の上院が形成されたことを明らかにしたのは，彼らの功績である。

　Swift や Binder らのような法案提出数などの業務量比較は，両院の活動量の違いの一面は示しているが，初期上院の活動実態を正確には反映していな

いと批判しているのが，Wirls and Wirls (2004) である。

初期の上院においては，人事と条約の承認がその業務の主要な部分を占めており，Swiftらの研究は立法面の業務量のみを比較して，これらを見落としている点が問題であると指摘している。これらもあわせて考えると，初期の両院の業務量は均衡していたとする。

また，初期の上院は，単に下院の抑制役ではなかった。下院は立法面では上院よりも活発であったが，上院はその望む法案をいつでも発議することができ，憲法の定めた歳入法案の場合を除き，単に下院の活動を待っているだけではなかったと結論づけている。

より長期的な上院の変化に関する研究として，Carmines and Dodd (1985)[48]がある。両院の勢力関係と機能分担の歴史的な発展を，憲法制定時から農業時代，工業化時代，脱工業化時代に画期し，それぞれの時代の社会の変化が両院の政治に変化をもたらしたとして，選挙政治の面と，制度的な政治の面から分析した。

憲法制度上，下院は直接に選挙されることや歳入法案の先議権を持つことから，上院よりも強力な機関になることが想定されていた。農業時代には，この憲法制定者の意図どおり，下院のほうが高い地位を占めより影響力のある機関であった。

南北戦争後の脱農業時代から，第一次大戦後の工業化時代になると，議会指導部の権力が弱まったこと，上院に直接選挙が導入され，外交政策が重要になってきたことなどから，憲法制定者の意図した二院制とは，非常に異なった二院制が生じた。とりわけ，上院は下院に比較して相対的に強力になってゆき，下院は立法技術面での専門性を深めていったとしている。

脱工業化時代においては，上院はより強力になり，外交のみではなく，金融，財政面でも強力になる可能性があることを示している。

これらの上院研究は，憲法制定者の意図した上院から，比較的初期の段階

---

(48) Edward G. Carmines and Lawrence C. Dodd, "Bicameralism in Congress: The Changing Partnership", in Lawrence C. Dodd and Bruce I. Oppenheimer eds., *Congress Reconsidered*, 3rd ed., Washington DC: CQ Press, 1985, pp. 414-436.

で上院が大きく変化し，下院と類似する存在になったとする点で一致している。上院と下院が互いに自律的でかつ対等の関係にあるアメリカ型の二院制は，憲法上の制度設計によってではなく，後の実践によって比較的早い段階で形成されたと言える。

5　上院研究の現在

(1)　上院研究の状況

現在，連邦議会研究はアメリカ政治学の活発な研究対象である[49]が，その中心は下院研究であり，上院研究は下院の研究に比べるとはるかに少ない。上院が下院といかに異なるか，その特色に関する比較研究や両院制の研究は，非常に限られているのが現状である[50]。

議会研究の手法として，行動主義政治学による研究が活発だった時代には，上院を対象とした研究も多くみられた。その後，組織論，新制度論による議会研究や計量的な分析手法が主流になると，これらの分析により適した下院の研究に重点が移っていった。政策過程においても，下院の果たす役割が相対的に重要になっていったことを反映して，下院研究の比重が大きくなった。

上院の活動は，非公式な制度や慣行による部分が多く，下院と比較するとはるかに一般化や理論化が困難である。連邦議会研究では委員会の研究がひとつの主流をなしてきたが，これも下院の委員会研究が中心であり，上院研究の多くは，下院研究で得られた理論を上院に応用したものである。このような研究方法は，上院への理解を深めるためには不適切な場合もある。上院研究では，議員数の少なさや，選挙区の大きさの違いなどの点から下院と比

---

(49)　廣瀬淳子「第7章　アメリカ連邦議会研究と理論の動向」『アメリカ連邦議会　世界最強議会の政策形成と政策実現』公人社，2004，pp. 189-230 参照．

(50)　Ross K. Baker, *House and Senate*, 3rd. ed., New York: W.W. Norton & Company, 2001, p. 9; 上院が編纂した上院の制度に関する包括的な文献一覧でも，両院協議会や両院合同委員会を除いた上院と下院の一般的な関係に関する研究には，1940年以降でも5点が挙げられているにすぎない。*The United States Senate: An Institutional Biography, 1789-present*, ―．< http://www.senate.gov/reference/resources/pdf/InstitutionalBibliography.pdf >

I　全国民の代表：代表と議会制

較する研究もなされているが，これらが必ずしも上院の本質的な特徴に導くわけではないことが指摘されている[51]。

二院制の研究は，比較政治分野で行われているものもあるが，必ずしもアメリカの二院制の細部を丹念に検証するものとはなっていない[52]。

以下では，主要な上院の先行研究から，現代の上院の姿と果たしている機能を検証する。

(2)　代表制，民主制からの研究

Fenno (1982)[53]は1970年代までの両院議員の行動を，選挙と選挙運動の視点から分析した。憲法の第17修正によって，上院議員は州議会による選出から，全州を選挙区とし有権者による直接選挙へと変化した後も，上院は議員数が少ないこと，議員の任期が6年と長く被選挙権年齢も高いこと，選挙区の性格が全州であり下院の小選挙区とは異なることなどから，上院議員の行動様式は，下院議員とは異なることを示した。

Lee and Oppenheimer (1999)[54]は，各州2名という上院議員の配分が，上院議員の選挙区や議会内での行動と，公共政策に与える影響を分析した。このテーマは，上院研究の中でもとりわけ類似の研究が限られている。

上院議員の議会内外の行動は，選出される州の大きさに左右されること，また，大統領や下院の政策選好よりも上院の影響力で，連邦補助金が，国内の分配的な政策プログラムに対して，小州に必要以上に過分に配分されていることを明らかにした。この点においては，憲法制定者の意図通り，各州2

---

(51)　Bruce I. Oppenheimer, "Let's Begin with the Senate: An Introduction to U.S. Senate Exceptionalilsm", in Bruce I. Oppenheimer, ed., *U.S. Senate Exceptionalism,* Columbus: Ohio State University Press, 2002, pp. 6-7.

(52)　例えば，George Tsebelis and Jeannette Money, *Bicameralism*, Cambridge: Cambridge University Press, 1997; Samuel C. Patterson and Anthony Mughan eds., *Senates: Bicameralism in the contemporary world*, Columbus: Ohio State University Press, 1999.

(53)　Richard F. Fenno, *The United States Senate: A Bicameral Perspective*, Washington DC: American Enterprise Institute, 1982.

(54)　Frances E. Lee and Bruce I. Oppenheimer, *Sizing Up the Senate: The Unequal Consequences of Equal Representation*, Chicago: University of Chicago Press, 1999.

名の均等代表は小州の権利を擁護しているとしている。

Baker（2001）は，両院の歴史的発展，議員数の違い，党派性と指導部，選挙，ロビイストやメディアとの関係の各観点から，両院の政治の違いに着目し，事例研究や両院議員等に約150回に上るインタビューを実施した結果を基に，両院の違いを多角的に分析した。

現在の二院制は憲法制定者が想定したのとは異なって，憲法制定後の歴史的な制度の変遷や政治環境の変化などにより，より似かよった存在に変化しているが，依然として両院には本質的な違いが存在し，その違いが両院を異なる性格の機関にしているという。Mansbridge（1983）[55]やVogler and Waldman（1985）[56]の主張する両院で異なった民主主義が，実現されているのである。下院ではadversary democracy，上院ではunitary democracyという，二つの民主主義である。Adversary democracyとは，選挙区内の社会の各利害をそのまま議会に反映させて議員がその代弁者となる民主主義であり，unitary democracyとは，全国的な観点から国益の実現を妥協と調整によってはかる民主主義である。上院は，unitary democracyが優先される議院であるとしている。

数少ない代表制に関する研究は，両院議員の任期や選挙区の違いが，現代の両院議員の行動にも違いをもたらしていることを示している。これらの点は，憲法会議での議論を通して実現された。その前提となった貴族院的英知の上院像は早い段階で失われたが，しかしその制度的な基盤となっている枠組みが，現代の上院の姿をなお大きく規定していると言えよう。

(3) 上院の立法機能に関する研究

近年の上院の立法機能に関する研究は，上院内外の政治環境が1970年代以降大きく変化し，それに伴って上院が政策過程で果たす機能が変化したことを明らかにしている。

---

(55) Jane J. Mansbridge, *Beyond Adversary Democracy*, Chicago: University of Chicago Press, 1983.

(56) David J. Vogler and Sidney R. Waldman, *Congress and Democracy*, Washington D.C.: Congressional Quarterly Press, 1985.

1960年代の両院の立法機能が，明らかに異なることを指摘したのは，Polsby (1970)[57]である。1960年代の下院は委員会制度を通して高度に専門化した組織であるが，これに対して，上院の本質は討論のための場であり，法案の詳細な内容には関心を払わない。下院議員にとっては法案を通過させることが議員の活動の中心であるのに対して，上院議員にとっては立法活動は周辺的な活動である。上院議員の活動の中心は，全国的な支持者を掘り起こすこと，全国的な規模で議論されるような政策課題を形成すること，将来法案化されるかもしれない新たな政策提案を生み育てることであるとしている。

これに対してOrnstein (1981)[58]は，立法過程で両院が果たす役割が1970年代に変化したことを示した。Froman (1967)[59]の両院の比較や，Polsby (1970) の両院の立法機能の違いに関する考察を検証して，1970年代の議会内外の大きな政治環境の変化によって，両院が変化し，下院はより上院に，上院はより下院に似てきた結果，Fromanの指摘した両院の特性の違いや，Polsbyの指摘した両院の政策過程における機能の違いは，あてはまらなくなってきたことを論証した。

Ornsteinは，下院の委員会や小委員会の委員の数の増大など1970年代の改革や一連の変化は，下院の委員会の専門性を失わせたこと，下院議員の目指すキャリアゴールも変化し，下院議員は詳細な法案審議から，より大きな政策課題に対処するようになったことを示した。

上院は，討議の府（deliberative body）であることが，その本質的な特徴であった。ところが1970年代に上院で専門的な立法スタッフの数が急増した。彼らは，法案の詳細を熟知し，多数の修正案の作成まで担うようになった。

---

(57) Nelson W. Polsby, "Strengthening Congress in National Policy-Making", *Yale Review*, Vol. 59, No. 4, June 1970, pp. 482-497.

(58) Norman J. Ornstein, "The House and the Senate in a New Congress", in Thomas E. Mann and Norman J. Ornstein eds., *The New Congress*, Washington DC: American Enterprise Institute for Public Policy Research, 1981, pp. 363-383.

(59) Lewis A. Froman, *The Congressional Process: Strategies and Procedures*, Boston: Little Brown, 1967.

その結果，上院議員の活動も，政策課題に関する大局的な討論から，法案の細部の修正に移っていったとしている。

しかし，両院の立法活動は，一致したわけではない。議員数や議事手続などの制度的要因により，下院は全国的な政策課題の自由な討論には適さないし，上院も立法の詳細に通じるには適さない機関である。このため，1970年代の変化後の立法過程における両院のあり方は，必ずしも安定的なものではないことを示している。

両院の本会議における政治について，1950年代の安定期から，1970年代，1980年代における変化を分析しているのが，Smith (1989)[60]である。

上院と下院では共に，本会議での法案修正が1960年代から増え始め，1970年代に急増した。両院に共通して作用する議会外の政治勢力の変化による要因により，本会議は政策過程における非常に重要なアリーナに変化していったと，分析している。

両院における変化は，意思決定の仕組みを，より各議員が対等な，本会議中心の過程へと移行させた。1980年代に下院では議事進行規則で修正案の提出を制限するようになって，両院の修正案の提出数の増加傾向には差が生まれた。しかし，依然として両院の本会議の政治は，異なっている。上院は下院より本会議中心であり，この傾向は，1960年代以降も変わっていないとしている。

議会内外からの改革圧力や変化に対して，両院の議員数の違い，議事規則，慣行，議員の期待，政党の役割の違いが，両院の対応の違いをもたらしてきた。過去40年間にわたって大きな変化があったが，依然として両院には，本質的な違いが存在している。上院は，より平等で，対等な決定過程であるのに対して，下院はより多数決主義的で，より分権的な構造を保持しているとSmithは結論づけている。

下院の抑制・均衡という憲法制定者の意図した上院の機能が現在も実現されているとする研究としては，Sinclairらの一連の上院の立法過程に関する

---

(60) Steven Smith, *Call to Order: Floor Politics in the House and Senate*, Washington D. C.: Brookings Institution, 1989.

研究がある。

　Sinclair は長年にわたる議会研究から，1970年代以降の議会の内外の変化，例えば議員の特性の変化や議会スタッフの増加，メディアや圧力団体の急増，といったワシントンの政策コミュニティーの変化などが，いかに両院の立法過程を変化させたかに着目した。委員会や指導部をめぐる政治などの議会内の権力構造が変化し，1950年代とは大きく異なる立法過程で法案が成立するようになってきたことを明らかにしている[61]。なかでも上院に関する研究は，現代の上院研究を代表するものである。

　これまで紹介した研究者も明らかにしているように，1950年代から1980年代にかけて，上院が大きく変化した。Sinclair（1991）[62] は，このような変化がなぜ起こり，政策過程にどのような変化をもたらしたのかを，議員の変化，政策過程の変化，議員の行動の変化，組織や制度の変化，立法の活性化の各側面から実証的に検証した。

　1950年代の上院議員の活動の中心は委員会であった。その後，有力な委員会の委員の数が増大し，小委員会数の増大により小委員長職も増大した。委員長の権限は制限され，陣笠議員が委員会でより大きな力をもつようになっていった。委員会スタッフや議員スタッフが増大し，その援助により新人議員でも活発な活動が可能になった。審議の公開が進み，議員の行動様式も変化した。

　現代の上院では，個々の議員の活動の場が広がり，本会議が活動の中心となっている。議員の権限はより平等で，広範な政策分野について活動している。フィリバスターなど上院の議事規則が認めた個々の議員の権利は，以前はほとんど行使されることはなかったが，今ではその活用は日常化している。

---

(61)　立法過程の変化に関する代表的な研究は，Barbara Sinclair, *Unorthodox Lawmaking: New Legislative Processes in the U.S. Congress*, 3rd ed., Washington D.C.: CQ Press, 2007.

(62)　Barbara Sinclair, *The Transformation of the U.S. Senate*, Baltimore: Johns Hopkins University Press, 1991（paperbacks edition, first published in 1989）；なお，類似の1950年代以降の上院の変化に関する研究としては，Fred Harris, *Deadlock or Decision: The U.S. Senate and the Rise of National Politics*, New York: Oxford University Press, 1993, がある。

1970年代までに上院の本会議は，より活発な意思決定の場となっていったのである。

　Sinclairはこの変化の原因として，議員については，1959年から1965年の間にリベラル派民主党議員が増大し，上院の権力構造を彼らの目指す政策実現の障害とみなして，改革しようとしたことを挙げている。1960年代から70年代にかけて議会外では，利益団体や政策研究機関等が急増し，限られた鉄の三角形から政策過程への参加者が増大していった。新たな政策課題の出現などで，政策課題も大幅に変化したのである。

　これらの1950年代から1980年代までの上院の変化は，議会内部の変化も一因ではあるが，主として議会外の要因により，上院をより各種利益を反映しやすい場とし政策アジェンダ設定の場へと変化させたと同時に，上院を非効率な政策決定機関に変化させたとSinclairは結論づけている。上院は，1950年代や60年代に比較すれば，はるかに活発に活動するようになったが，より多くの議員が決定過程に関与し，平等な影響力を持ち，決定を遅らせたり，妨害することができるようになったためである。とりわけ，議員数が100名と小規模であることと，個々の議員に平等に大きな権利が与えていることが，上院を特徴づけているとする。

　また，上院と下院は，実態として機能分担が存在しており，上院はアジェンダの設定において中心的な役割を果たすことで，政策過程において決定的に重要な役割を果たしているとしている。

　Sinclair (1999)[63]では，憲法会議から今日までの上院のあり方を概観し，現代の個人主義化した上院の立法過程の特色について，詳述している。

　憲法制定者が意図したのは，両院の議員の選出方法や立候補要件の違いによって，両院が異なった性格をもつことであった。しかし，現在の上院は，むしろフィリバスターが可能な，少数者の権利が守られる議事手続きによって，下院とは異なった存在となっている。フィリバスターが日常化し，党派

---

(63) Barbara Sinclair, "Coequal Partner: The U.S. Senate", in Samuel C. Patterson and Anthony Mughan eds., *Senates: Bicameralism in the Contemporary World*, Columbus: Ohio State University Press, 1999, pp. 32-58.

的な抵抗手段として利用されるようになった1990年代以降は特に，立法において上院は下院に比べて非効率な議院となっており，時には政治的な行き詰まりをももたらす原因ともなっている。

この論文では主に代表制と議事手続きの観点から，上院の立法過程を論じている。憲法制定当時と比較して現在までの上院の変化を論じてはいるが，Sinclair の描く現在の上院の基本的な立法機能モデルは，憲法制定者と同じく，あくまで下院を抑制するための上院というモデルである。それが現在では憲法制定者の意図とは異なり，議員の代表制の違いではなく，フィリバスターによって実現されているとしているのである。そして，現在においてはむしろ，上院の抑制が効きすぎて，抑制より行き詰まりを招いている点に強い懸念を示している。

Sinclair (2002)[64]は，91議会 (1969‑70) から105議会 (1997‑98) までの期間における法案の可決率に関する計量分析から，この期間に重要法案の成立率が低下していることを示し，上院の本会議が最大の障害となっているとしている。近年の上院の特色は，個人主義と党派性の増大にあるが，個人主義は1970年代半ばまでに出現し，党派性は1980年代から顕著になった。これが，成立率低下の主要な原因となっていると結論づけている。

上院を最も特徴づけているのは，本会議で無制限の討論と修正を許す上院の議事規則である。しかし，これらの規則は意図してではなく，むしろ意図せずにそう定められたものとする Binder らの説を支持している。

法案の通過に実質的に60票が必要な上院は，立法や政策変更への大きな障害になっている。強力で独立した第二院の存在は，アメリカの政治制度において常に現状維持的な方向に貢献してきた。そして，近年の上院の変化は，この傾向に拍車をかけているとしている。

Sinclair (2005)[65]では，さらに107議会 (2001‑2002) までの重要法案の審

---

(64) Barbara Sinclair, "The 60-Vote Senate: Strategies, Process, and Outcomes", in Bruce I. Oppenheimer, ed., *U.S. Senate Exceptionalism*, Columbus: Ohio State University Press, 2002, pp. 241-261.

(65) Barbara Sinclair, "The New World of U.S. Senators", in Lawrence C. Dodd and Bruce I. Oppenheimer eds., *Congress Reconsidered*, 8th ed., Washington D.C.: CQ Press,

議を分析し，Sinclair（2002）の結論を再度確認している。

　その上で，現代の上院は，Polsby（1975）[66]の指摘するように，アジェンダ設定，討論，政策の卵を育てる，などの重要な機能を果たしているとする。上院の議事規則が認めている特権や，メディアへのアクセスしやすさを生かして，上院議員は多様な見方や，代替するアジェンダを示している。法案の詳細には影響力がなくとも，国家的な政策アジェンダに大きな影響力を持つことで，全国的な政治に影響力を持っているとしている。

　上院の変化を前提としながら，1970年代までの上院を前提としたPolsbyを追認しており，アジェンダ設定機能については，上院内外の政治的な変化の影響が充分検証されていない点に問題がある。

　Binder（2003）[67]は，立法過程論の観点から，立法の行詰まり（stalemate）がなぜ起こるのか，また逆に立法活動を推進する要因は何かを，定量，定性の両面から分析した。立法の行き詰まりをもたらす制度的な要因として，憲法制定者の意図とは異なった上院の発展による両院関係の変化，フィリバスターなどの議事手続き，政党組織の出現，加えて，分割政府などの選挙結果の要因や政策内容の要因などを多面的に分析した。

　現代の上院は，立法活動においても，下院と対等なパートナーとなっている。大きな政策変更を実現する場合には，両院の協議がより頻繁になり，より中心的になってきた。両院関係について，行き詰まりをもたらすものは，両院の党派的な違いと，政策選好の違いであると結論づけている。

　上院の特質として，Sinclairの一連の研究やBinderらと同じようにフィリバスターに着目しながら，異なった結論を導いているのが，Wawro and Schickler（2006）[68]である。

　　2005, pp. 1-22.
(66)　Nelson Polsby, "Good-bye to the Senate's Inner Club", in Norman Ornstein ed., *Congress in Change*, New York: Praeger, 1975.
(67)　Sarah A. Binder, *Stalemate: Causes and Consequences of Legislative Gridlock*, Washington DC: Brookings Institution Press, 2003.
(68)　Gregory J. Wawro and Eric Schickler, *Filibuster: Obstruction and Lawmaking in the U.S. Senate*, Princeton: Princeton University Press, 2006.

現代の上院の立法過程等を最も特徴づけているのは，フィリバスターに代表される少数者の権利の擁護である。彼らは憲法制定時から109議会 (2005-2006) までのフィリバスターの制度と歴史的展開に関して，定量分析，定性分析，事例研究を組み合わせて，各種理論モデルの適合性を検証した。

無制限の討論を許す上院議事規則は，憲法制定者の意図したものではないが，少数派の権利の擁護や衝動的な行動の抑制となるという意図とは，一致している。それでは，何故討論の制限なしに上院は立法機能を果たし得ているのか。Wowro らは，フィリバスターのコストは，フィリバスターを抑止するのに充分なほど大きいとする。

討論時間を制限しない議事規則が維持されていることは，Binder (1997)，Binder and Smith (1997) らのように，経路依存性によるものではなく，上院の多数派の意思により選択してきた結果であると主張している。多数派によるフィリバスターをめぐる議事規則改正への脅しが，上院において少数派の抵抗を実質的に抑制し，上院が機能不全の混乱に陥ることを防いできたという。変更される可能性のある上院の規則が，クローチャールール導入前の上院においても，少数派の抵抗を抑制してきたのである。

フィリバスターが全く野放しにされてきたわけではない。現在では，上院議員の5分の3に当たる60票でフィリバスターを止めることができるクローチャールールが導入されているが，このような制度改正は，上院議員数の増大や，直接選挙導入などの政治的状況の変化の影響によるとしている。それでも依然として，法案通過に60票必要な点が上院を特徴づけているのである。

これらの一連の研究では，現代の上院が，憲法制定者の制度設計によらずに，フィリバスターが可能となっている上院の議事規則によって法案の成立を阻害し，結果として下院を抑制し，立法の障害となっている実態を強調している。

6　連邦議会研究にみられる上院の特質

憲法会議では多くの妥協の積み重ねにより，アメリカ連邦議会の基本的な

制度が定められた。憲法制定者の意図した上院は，下院とは異なる特性を持つ議員で構成され，民主的な下院を抑制する貴族的英知の上院であった。上院は，議会内外の多くの要因により，比較的初期に大きく変化し，その後も上院議員を直接選挙とする憲法改正を経て，1970年代以降にも変化を続けて，憲法制定者の意図した上院とは異なったものとなっている。

憲法制定時と現在の上院が大きく異なった存在であることでは，どの先行研究も一致している。現在の上院は，下院とより似た方向に変化した点についても，研究は一致をみている。それが上院の意思による選択の積み重ねか，経路依存的に偶然によるところが大きいのかについては学説が一致していない。

しかし，依然として，上院と下院は異なった存在であることも，多くの研究が示している。異なった代表制により異なった民主主義が実現されているとして，それが政策過程や政策結果にどのような効果をもたらしているのかについての知見は，非常に限られたものである。

結局現在の上院は，下院とどのように異なっているのか。上院の特質については，フィリバスターに着目した研究が中心であり，フィリバスター以外の特質を取り上げた研究は十分に行われていない。フィリバスターが，下院を抑制するという憲法制定者の意図を実現する形になっていることでは，大方の研究者の見方は一致している。しかし憲法制定者が下院を抑制する原理として上院に期待したものは，貴族的英知であったが，現在の上院がフィリバスターで実際に実現しているものが何なのかについて，研究者たちの間に一致した知見があるわけではない。Sinclairの指摘のように，単に上院は抵抗と停滞の院をもたらしているだけなのか。少数者の権利を擁護するとしても，下院の党派的，組織的政治では実現されない利益の実現とは，具体的にはどのようなものなのかについては明らかではない。

BakerやPolsbyらのように上院は国家的な政策課題を設定し国家的な利益を実現するとしても，それが，例えば外交や財政の分野においてどのように実現しているのかについて，アメリカの研究者たちの一致した見解があるわけではない。結局のところ上院が立法において実現しているものが何なのかは，今なお明らかにされていないと言ってよい。

Ⅰ　全国民の代表：代表と議会制

　立法機能については，法案の提出数や成立数などの比較的簡易な比較が研究の中心となっている。しかし，上院は，修正案の提出も制限されないなど，フィリバスターの他にも両院の議事規則には大きな違いがある[69]。その議事規則の違いが，政策過程，立法機能にどのような相違をもたらしているかについての検証も十分には行われていない。

　上院の研究が十分に行われていないことは，アメリカの立法過程研究の今後の大きな課題を提示している。

---

(69)　詳細については，廣瀬淳子「アメリカ連邦議会の立法動向――上院の動向と参議院の課題」北大法学論集 57 巻 3 号 2006.9，pp. 211-231 参照．

相違と決定
――代表における集団と規律に関する試論――

只 野 雅 人

1 両院関係の変化と国会における合意形成
――顕在化するアポリア

　2007年7月の参議院議員選挙以降，衆参両院の多数党が明確に食い違うという「ねじれ国会」の顕在化により，国会における合意形成のあり方が，様々な側面で重大かつ深刻な問題として意識されるようになっている。長らく「カーボンコピー」などと揶揄されてきた参議院は，一転して「強い第二院」としての相貌をあらわにした。かつては衆議院の優越のひとつに数えられてきた法律案の再議決の制度は，政権の存立を揺るがしかねない強力な拒否権として，強い懸念をも呼び起こしている。

　日本国憲法のもとで参議院が政権形成にどのように関わるかは，本来立ち入った検討を要する問題である[1]。衆議院中心の政権形成を構想する立場からしても，たとえ半数改選とはいえ，普通直接選挙による参議院議員選挙の結果は無視しえない。衆議院議員選挙をいわば「政権形成」の場と位置づければ，その次の参議院議員選挙は，「政権評価」選挙としての性格を帯びざるを得ない。参議院が直接選挙による限り[2]，「直近の民意」の重みは決

---

(1) この点につき詳しくは，さしあたり拙稿「議院内閣制の基本構造」土井真一編『岩波講座憲法4 変容する統治システム』（岩波書店，2007年）77頁を参照されたい。
(2) 参議院議員選挙については，憲法上，間接選挙も不可能ではないとの見解も有力である（芦部信喜／高橋和之補訂『憲法〔第4版〕』（岩波書店，2007年）251頁，樋口陽一『憲法Ⅰ』（青林書院，1998年）226頁）。しかし，参議院が法律の可決につい

して小さくない。そして「政権評価」選挙は，衆議院の多数派を基盤とする政権と参議院との間の相違を生み出しやすい。それは，「制度的には首相にとって，衆議院よりも参議院からの方が法案に対する支持を獲得するのが難しい」[3]ことを意味する。

　加えて，現在の政党システムを前提とすると，「ねじれ国会」という事態は，今後も十分におこりうる。1994年の「政治改革」以降，「政権交代の可能性」と「政策本位・政党本位」を主眼に，おそらくはイギリスをモデルとして，衆議院議員選挙においてはいわば厳格な二大政党を志向する制度改革や議会制の運営が行われてきた。二大政党間の政権交代が予想される局面では，参議院議員選挙において，衆議院と異なる党派構成が生み出される蓋然性は決して小さくない。しかもその場合，参議院で第一党となるのは，次期衆議院議員選挙で多数と政権の獲得を目指す政治勢力であろうから，衆議院を基盤とする政権が進める政策について，あまつさえ制度上容易ではない参議院からの合意の調達は，なおいっそう困難になる。一連の改革や運用がモデルとしてきたイギリスの議院内閣制には，直接公選で強い「拒否権」をもった第二院は組み込まれていない。「正統性の欠如を意識して貴族院が行ってきた自己検閲」[4]——貴族院は「マニフェスト」で表明された法案の成立を妨げないといういわゆる「ソールズベリー慣習」——を，直接公選で「直近の民意」に依拠しうる参議院に単純に求めるわけにはいかないであろう。

　二院制がとられる場合，両院間でいかに合意形成を行うかは，避けて通ることのできない難題である。日本国憲法制定後の国会においても，この点は重要な課題であった[5]。しかしながら「55年体制」の成立以降，両院で同

て衆議院にほぼ比肩する強い権限を有しているとの認識を前提とすれば，民主的正統性を大きく減じる間接選挙の採用は，正当化しにくいように思われる。
（３）　竹中治堅「首相と参議院の独自性：参議院封じ込め」選挙研究 No. 23（2008年）5頁。
（４）　M. M. Helgeson, *L'élaboration parlementaire de la loi : étude comaparative（Allemagne, France, Royaume-Uni）*, Dalloz, 2006, p. 332.
（５）　只野・前掲注(1)を参照されたい。

じ政党が多数を占める状況が常態化し,両院間の合意形成は本来の重要性を失った。与党内で合意を取り付ければ,少なくとも制度上は,国会での決定に困難は生じなかった。

1990年代以降,参議院において自民党の過半数割れが「常態化」するようになると,両院間の合意形成という課題は,にわかに重要性を回復する。ただし合意形成のためにとられたのは,参議院を含めた多数派形成を可能にする連立政権——「国会内閣」(高見勝利)——という手法であった。国会内部での対立によるリスクを極力回避し,インフォーマルな「上流」での合意形成を目指す手法は,「55年体制」下での合意形成の手法と相通じるものがある。しかし今日,そうした手法の限界が顕在化している。

以上のような問題状況を前提に,国会における合意形成のあり方を探るのが本稿の主題である。そもそも議会の存在意義は,フランスの議会実務家の言葉を借りれば,「政治的対峙を通じて,ありうべき最良の処方へと至ることを可能にする理念の清澄(décantation)」[6]にある。「相違は正当であるばかりでなく,肥沃なものでもある」[7]ことがまず確認されねばならない。議院内部において,また二院制にあっては両院間において,相違があることは議会制の生理である。しかし相違は他方で,合意・決定を困難にする「病理」ともなりうる。審議を通じて浮かび上がる様々な相違と対立からどのように合意を導き,決定を行うかは,議会制にとって最も重要な課題である。

相違から合意を導き決定を可能にするためのメカニズムは多様であるが,本稿では,まずは集団と規律という側面に着目してみたい。いうまでもなく今日の議会活動は,個々の議員よりもむしろ,院内の議員集団——会派,そして内閣を支持する議会多数派と内閣に対抗する少数派を中心に展開される。議院内部及び両院間の相違は,会派や多数派・少数派間の関係に強く規定される。「相違」の指標は,個々の議員というよりも,一定の規律を備え,それ自体が独自の「集合的アクター」[8]としての議員集団である。

---

(6) J.-P.Camby, «Droit parlementaire, droit de la minorité?», *Mélanges en l'honneur de Pierre AVRIL : La République*, Montchrestien, 2001, p. 420.

(7) P. Avril, *Essai sur les partis*, L.G.D.J., 1986, p. 42.

(8) E. Damgaad, «How parties control committee members», H. Döring (ed), *Parlia-*

I 全国民の代表：代表と議会制

規律は，相違から合意を導く上で重要な意味をもつと同時に，合意の阻害要因ともなり得る。こうした集団と議員，そして集団相互間の相克の中で，議院内部，さらには両院間の合意形成のメカニズムが形成されることになる。以下では，議院内閣制をとる諸国との比較を交えつつ，集団と規律という視点から，「ねじれ」を契機としてにわかに重要性を増した日本国憲法下の国会の合意形成のあり方について，手がかりを探ってみたい。

2 集団と規律

(1) 憲法・議会法における会派

日本国憲法が国会各院の構成単位として直接規定するのは，「全国民を代表する選挙された議員」である。憲法上，議員集団の存在に言及した規定は見出されない。もっともこのことは，比較憲法的にみて，別段特異ではない。

たとえば政党の存在を憲法上規定するドイツにあっても，両院の合意形成機関である合同委員会の構成を定める連邦憲法53条a項が「会派(Fraktion)」に言及するのみである。しかも政党は，基本法上，連邦議会を構成する活動主体ではない。基本法が直接規定するのは，「主権者としての国民－その政治的意思形成の協働者としての政党――全国民の代表たる議会及び議員」という政治的意思形成過程である[9]。フランス第五共和制憲法も，「政党及び政治団体」を「選挙による意思表明に協力する」ものと位置づける（4条1項）が，「議員グループ（groupe parlementarie）」については直接定めていない。

一方，議会法に目を転じると，議会活動の実態を反映し，ドイツ・フランスともに「会派」「議員グループ」の位置づけは明瞭である。ドイツの連邦議会議事規則は，「会派」を同一政党に属する連邦議会の5％以上の議員集団と定義し，議事運営上の基礎単位として様々な権能を付与している。「議事規則上，個々の議員が活動主体として登場するのは希有」で，「会派こそ

---

ments and majority rule in Western Europe, Campus Verlag（Frankfurt）and St. Martin's Press（New York）, 1995, p. 308.

(9) 苗村辰弥『基本法と会派』（法律文化社，1996年）9頁。

が連邦議会の諸活動における主役であり，連邦議会は『会派議会』である」といわれる(10)。

　フランスにおいても，「議員グループ」は，「議会生活の本質的機構」(11)である。議会両院の規則は，議員グループを「政治的共通性（affinité）」により集合した集団と規定し，構成員の名簿とともに政治宣言（déclaration politique）の提出を義務づけている。下院・国民議会では20名以上，上院・元老院では10名以上が定数として定められている。議員グループは，ドイツ同様，議会活動の主体として様々な権能を付与される。もっとも，個人主義的な議会法の伝統もなお根強く，本来グループに属しない議員が政治傾向の近いグループに加わること（apparenté）が認められている。

　これに対して，日本の議会法における「会派」の位置づけは極めて限られている。国会法が各会派の所属議員数に応じた委員選任を定め（42条・46条），また立法事務費の交付に関する法律が，会派単位での事務費交付を定めるにとどまる。前者は，委員会の構成を議院構成と同様にするために「やむなく会派を登場せしめたという印象を否定できない」(12)し，後者についても会派の定義が「議院におけるその所属議員が1人の場合を含む」とされていることから明らかなように，会派への言及は便宜的な性格が強いように見える。議院規則にも，会派についての積極的な位置づけはみられない。帝国議会以来の先例に倣い，2名以上の集団が会派として扱われる(13)。会派同様に憲法上の位置づけを欠く政党が，「政治改革」以降，積極的に法制度の中に組み込まれてきたのとは対照的である。

　「ひとたび大常任委員会の指名がなされるや，規則はもやはグループを知らない。規則は議会の機構の中でグループにいかなる活動も割り当てていない」(14)。規範に着目する限り，国会は，議会運営を知悉した実務家による一

---

(10)　同書・16頁。

(11)　P. Avril et J.Gicquel, *Droit parlementaire*, Montechrestien, 3e éd, 2004, p. 94.

(12)　松澤浩一『議会法』（ぎょうせい，1987年）283頁。

(13)　衆議院事務局『衆議院先例集〔平成15年版〕』120－121頁。

(14)　E. Pierre, *Traité de droit politique électoral et parlementaire*, supplément, 1919, p. 1280.

I　全国民の代表：代表と議会制

世紀前のフランス議会法についてのこの描写と同様の状況である。しかし日本の議会法の沈黙は，もちろん，議事運営における会派のプレゼンスの欠如を意味しない。会派の役割と規律は，むしろ他国以上に際だっている。

(2) 規律の機能的分析

「ドイツ，イギリス，フランスの議会慣行が否定しがたい類似性を示す唯一の領域があるとすれば，それは表決である。恣意的比較のそしりを受けることなく，検討対象の3つのシステムの主たる邂逅点は，ほとんどいうまでもなく，顕著な投票規律にある」[15]。それぞれに異なる制度の規範構造，政党システム，そして二院制を備えた，ドイツ，イギリス，フランス三カ国の議院内閣制の比較研究の著者は，このように指摘している。「顕著な投票規律」は，議院内閣制においては，機能的に必然的な帰結である。

まず何より，政府の存立が議会――さしあたり第一院を念頭に置くことにする――多数派の信任に依存する議院内閣制においては，規律ある議会多数派の存在が不可欠である。それは，「責任ある政党内閣の存在にとっての必要条件」[16]とみることもできよう。政府を支える議会多数派に対抗するために，少数派の側も，多数派ほどではないにせよ，通常は強い規律を保つ必要に迫られる。

加えて，「大部分の議員は，彼ら固有の長所よりも党派的帰属にもとづき選挙されている」[17]ことからすれば，支持者の意向に沿うべく，所属政党――通常は会派とも密接な関係を有する――の方針に従い行動するのは自然なことである。それは議員の当選可能性を高めることにつながる。政党が選挙制度――候補者の選定や選挙運動など――において，あるいは財政面において，制度上一定の「特権」を享受している場合には，規律に従うことがな

---

(15) M. M. Helgeson, *op. cit.*, p. 423.

(16) S. Bowler, D. M. Farrell and R. S. Katz, «Party cohesion, party discipline, and parliaments», *Party discipline and parliamentary government,* Ohio State University Press, 1999, p. 3.

(17) J.-C. Colliard, *Les régimes parlementaires contemporains*, Presses de la fondation nationale des sciences politiques, 1978, p. 216.

おいっそう重要な意味をもつことになる。

　もっとも支持者との関係は、同時に、規律を阻害する要因としても機能しうる。それは、「個々の議員は通常、選挙区、利益集団、私企業、職能団体、公的制度など多数の帰属をもっている」[18]ことを意味するからである。組織としての決定と議員個人の代表する利益が衝突する場合、とりわけ議員がある程度堅固な個人的選挙基盤を有していれば、組織の規律に反する投票行動をとる可能性も排除できない。「政党の利益が主要な関心事であるとしても、選挙区、利益集団の一方あるいは双方が、実際には代表の重要な焦点である」[19]ことは、実証研究によっても示唆されている。「高度の地方主義とクライアンテリズムにより特徴づけられたシステムでは凝集の維持はより困難である」といえよう[20]。

　「顕著な投票規律」はそれだけに一層、相違や多様性が過剰に顕在化することにブレーキをかけ、議院内閣制の機能を維持する上でも不可欠のものである。よく知られるように、イギリス議会においては、規律を担う院内幹事と会派の指令を記した党員命令書の意味とを併せもつ «Whip» という言葉が用いられる。猟犬を統率する鞭をも想起させるこの言葉は、投票規律の意味を考える上で実に象徴的である。

　以上の規律を支える機能的要素は、次にみるように、いずれも憲法の代表原理と重なり合っている。

(3)　規律と代表原理

　投票規律——あるいは日本風にいえば「党議拘束」——を典型とする議事運営における集団的規律の常態化は、「代表民主制の理論と政治的現実との間の明白なゆがみ」[21]を生み出してきた。「自由かつ平等で独立の判断主体・意思形成主体」[22]という議員像が、今日においても、日本の憲法学にお

---

(18)　E. Damgaad, *op. cit.,* p. 310.
(19)　*Ibid.*, p. 317.
(20)　S. Bowler, D. M. Farrell and R. S. Katz, *op. cit.*, p. 12.
(21)　Ph. Lauvaux, *Les grandes démocraties contemporaines*, 2e éd mis à jour, P.U.F., 1998, p. 91.

I 全国民の代表：代表と議会制

いては規範上想定されているように見える。憲法学の体系書の国会の章は，各議院の構成要素あるいは活動主体として，「議員」の項を置くのが通例であるが，「会派」「規律」への言及はほとんどみられない。「憲法学はこれに深い関心を示してこなかった」[22]という評価は正鵠を得ている。

「代表民主制の理論」と「政治的現実」とを整合的に説明することは，少なくとも法的な次元にとどまる限りは，困難ではない。会派あるいは政党が規律に反した議員に辞任を強制することができないのであれば，「一般に政党の拘束を自由委任と矛盾すると考えるべきではなかろう」[24]と説明することは，ひとまず可能である。「とはいえ現実には，議員が一般に極度に政党に従属している限りにおいて，区別は微妙である」[25]。「自由かつ平等で独立の判断主体・意思形成主体」を前提とする限り，「党派による態度決定の準備と多数派力学が立法の決定を規定しており，そこでは公開の会議での議論は一般に周辺的な影響力しか持たない」[26]という強い規律が支配する議会のあり方，決定の予見可能性の高さやその帰結である審議の機能の低下は，議会制の「病理」と捉えられることになろう。

「自由かつ平等で独立の判断主体・意思形成主体」という古典的な代表理論に拘泥することなく，「政治的現実」をむしろ代表民主制の「生理」と捉えることも可能である。とくに日本国憲法の場合，ドイツやフランスとは異なり，命令的委任禁止規定が憲法に置かれていないだけに，そうした代表理解に対する規範上の決定的な障碍はないともいいうる。「議員が原則として『人民』の単位としての選挙区の有権者団の意思に従属する」べきことを前提とすれば，政党や政党と密接なつながりをもつであろう会派の「規律」を，代表原理からむしろ積極的に位置づけることも可能になる[27]。そこでは，

---

(22) 松澤浩一「立法過程における議員・会派・政党」駿河台法学13巻1号（1998年）62頁。

(23) 同・66頁。

(24) 有倉遼吉＝小林孝輔編『基本法コンメンタール憲法〔第3版〕』別冊法学セミナー（日本評論社，1986年）184頁〔芦部信喜執筆〕。

(25) M. M. Helgeson, *op. cit.*, p. 426.

(26) *Ibid.*, p. 478.

(27) 杉原泰雄『憲法II 統治の機構』（有斐閣，1989年）169頁。

「主権者としての国民―その政治的意思形成の協働者としての政党―全国民の代表たる議会及び議員」という代表のプロセスにおいて，「政党とその公約を媒介として『人民』とその単位に対する議員の従属が維持されていること」[28]を保証する規律の意味は決定的に重要である。この場合，「意見と反対意見との自由な戦い――討論――のうちから正しい結論が生まれる」という «government by discussion» の理念の後退は，必ずしも議会制の「病理」として否定的に捉えられるべきものではない[29]。

しかし他方，「人民」による代表の拘束という視座は，規律をめぐり同時に難題をはらむ。なるほど法的には，「相互に交換可能な並列した市民の凝集」としての「一者」としての「人民」を観念しうる。「一者」としての「人民」は，しかしながら，現実においては様々な多様性を内包する存在である[30]。代表の行動をかかる「人民」の意思によって忠実に基礎づけようとすればするほど，現実の人民が内包する多様性にどのように肉薄しうるのかという，困難が生じる。しかも「人民」が内包する多様性は，決して所与のものとして存在しているわけではない[31]。「人民」の多様性は，上でみた議員の帰属の複数性を不可避としよう。

かかる多様性から一定の合意を導く契機は，もちろん「主権者としての国民―その政治的意思形成の協働者としての政党―全国民の代表たる議会及び議員」という代表のプロセス自体に内在している。捉えがたい「人民」あるいは「人民」の多様性――「民意」ということもできよう――に選挙における選択というフィルターをかけることで，多様性は代表可能なものとして像を結び，議会において顕在化する。そうした多様性の「尺度」となる政党あるいは会派の凝集を維持する規律は，「代表に単純化という不可欠の要素をもたらす」[32]点において，重要な意味をもっている。しかし「人民」による

---

(28) 同書・170頁。
(29) 宮沢俊義「議会制の生理と病理」『憲法と政治制度』(岩波書店，1967年) 38－39頁。
(30) 石川健治「憲法学における一者と多者」公法研究65号 (2003年) 127頁。
(31) この点につき詳しくは，杉原泰雄＝只野雅人『憲法と議会制度』(法律文化社，2007年) 第2部・第2章を参照されたい。

Ⅰ　全国民の代表：代表と議会制

代表の拘束という視座は，それを徹底しようとすれば，規律によって「単純化」された多様性に満足することはできない。規律は人民代表の理念にとって，常にアンヴィバレントな存在である。「集団の規律を代表者の個人的責任と調和させねばならないという均衡の問題」[33]が，複数の帰属を背後に有する議員に常に突きつけられることになる。

では以上のような視点から，日本国憲法下の国会をどのようにみるべきであろうか。

(4)　国会における規律

「55 年体制」下の国会の問題状況を分析したある論考は，「病理」の一つとして，「極端なまでに徹底した会派の方針または決定による，国会——厳密には各議院の内部における所属議員の活動に対する拘束」[34]をあげている。そして党議拘束の過剰な強さを生み出す要因として，内閣提出法案をめぐる「与党審査」の手続を指摘する。国会提出前の立法手続の上流部分において，与党内の合意を調達する与党内審査は，一面においては，官僚主導に対する政治の影響力行使を意味するが，その結果として国会審議の形骸化を招いたとして，様々な批判にさらされてきた。法案の提出前に，国会両院で多数を制する与党の方針が決まってしまえば，与党にとっては「審議よりはひたすら速やかな法案の『通過ないし成立』を図ることが重要な関心事とならざるを得なくなる」。高度の予見可能性どころか，表決結果がほぼ既定であることを前提とすれば，野党の対応も硬直的とならざるを得ない。国会運営をめぐる与野党間の「シナリオ」作成が重視され，「所属議員の党議と無関係の自由で活発な言論は，コントロールが困難であるから，シナリオ作成には，むしろ不要あるいは有害とされかねない」[35]。

「内閣提出法案の事前審査を行うかわりに国会でのその成立に責任を負う

---

(32)　J.-C. Colliard, *op. cit.,* p. 216.

(33)　P. AVRIL, «Quel équilibre entre exécutif et législatif ?», *R.D.P., numero speciale «La VIe République ?»,* No1/2 2002, p. 279.

(34)　松澤浩一「立法過程と会派」駿河台法学 10 巻 2 号（1997 年）96 − 97 頁。

(35)　同・110 − 115 頁。

与党と，国会を拠点に極めて選択的ながらこれを批判し抵抗する野党との間の，時に硬直的な対決を伴う調整過程」としての国会は，審議機能の後退や国会内における法案修正の欠如とともに，「内閣は法律案の提出後自らの資格においてはその成立のために何らなす術をもたない」という状況をも生み出してきた[36]。

「顕著な投票規律」を共通の特徴とする西欧議院内閣制諸国においては，委員会レベルでは野党のみならず与党からも修正案が提出され，法案が修正されることも決して希ではない[37]。それだけに，会派規律の維持，そして政府による介入手段が，議会運営をコントロールする上で重要な意味をもっている。

これに対して，日本の国会における「党議拘束」の強さの意味合いは，西欧民主主義諸国とはかなり異なっている。以上からも明らかなように，それは分裂の顕在化を抑えるためというよりは，与党内審査に象徴されるような，周到な事前調整の帰結とみるべきであろう。与党の所属議員の「帰属」は様々であり，完成された事前調整メカニズムは，官僚機構とも連携したそれらの多元的な調整の仕組み――「仕切られた多元主義」――であったといえよう[38]。両院にまたがる多数派は，強い規律を備える一方で，決して等質ではなく，一元的な調整のメカニズムを有してもいなかった。

1990年代以降の統治構造改革は，国民多数の選択に支えられた内閣・首相の主導性を動因とする「一元的民主政治」を志向することで，「多元的民主政治」の変革を企図した[39]。しかしながら，「一元的民主政治」が前提とする規律ある二大政党のシステムは，冒頭でもみたように「強い参議院」との間で強い摩擦を引き起こしている。加えて，国会における調整を通じ相違

---

[36] 成田憲彦「議会における会派とその役割」リファレンス451号（1988年8月号）15－17頁。

[37] 大山礼子「国会改革と議院内閣制――議員立法活用論を手がかりとして」一橋論叢115巻1号（1996年）129頁，徳永貴志「フランス第五共和制における修正権と政党システム」一橋法学7巻2号（2008年）327頁。

[38] 飯尾潤『日本の統治構造』（中公新書，2007年）36頁以下。

[39] 詳しくは，只野・前掲注(1)91頁以下を参照されたい。

Ⅰ　全国民の代表：代表と議会制

から合意を導く慣行や仕組みを不要としてきた従来の日本の国会運営の土壌が，対立を一層先鋭化し，抜き差しならないものにしているように思われる(40)。修正を前提としない与党案の表決というシナリオと，参議院における否決を既定のものとするシナリオとが前提となれば，野党が多数を占める参議院の強い拒否権が決定的障碍となるのは必定である。表決結果の高度の予見可能性と修正・妥協の可能性の低さは，相違から合意を導く議会制の存在意義それ自体を無にしかねない。すでにみたように，「顕著な投票規律」を備える西欧の議院内閣制にあっても議会内での修正は決して例外ではない。「顕著な投票規律」が必須となるものそれゆえのことである。

ところで議院内閣制における「相違」は，次にみるように，会派というよりは政権党と反対党という二極的な形をとるのが通例である。「ねじれ国会」においても，「ねじれ」の主役は，衆議院と参議院であると同時に，衆議院の勢力に依拠する政府「与党」と参議院で多数を占める「野党」である。

3　政権党と反対党

多数派対少数派，あるいは政権党対反対派という構図は，議院内閣制においては，二大政党制と多党制とを問わず，生じるものである。「選挙民→議会→内閣」という責任の連鎖を基盤に機能する議院内閣制にあっては，「立法機関内部にある凝集性をもつ投票ブロックの維持」こそが，議会と選挙民双方に対する内閣の責任を確保する上での必要条件となる(41)。もちろん，単独の政権党が議会多数を占めることになる前者と，連立政権が常態の後者とでは，議会運営のあり方は少なからず異なる。連立が不安定な場合や，とりわけ政権党が相対多数を有するにすぎない場合，議会運営は極めて困難にならざるを得ない。しかしそうした場合にはなおさら，凝集と規律の維持がもつ重要性は増すことになる。たとえば記名投票という議事運営上の手法は，選挙民に対する代表の責任を明示する手段であるだけでなく，メンバーの忠

---

(40)　大山礼子「議事手続再考――『ねじれ国会』における審議の実質化をめざして――」駒澤法学 7 巻 3 号（2008 年）33－34 頁。

(41)　S. Bowler, D. M. Farrell and R. S. Katz, *op. cit.*, p. 3.

誠の有無を監視することで，とりわけ多数派・政権党の凝集と規律を確保するための基本的な手段でもある[42]。

多数派・政権党対少数派・反対派という視角から議事運営を考える場合，重要な意味をもつのが，「反対党の地位」あるいは「少数派権」[43]である。「反対党の地位」あるいは「少数派権」は，内閣に対する責任追及を念頭に，多数派が立法を行い少数派が統制する，あるいは，内閣が統治し野党を中心とする議会がそれを統制する，という図式のもとで論じられることが多い[44]。「反対党の地位」あるいは「少数派権」は，しかしながら，統制にとどまらず，立法の過程それ自体にも重要なインパクトを及ぼしうる。

一般的には，「議事手続や議会慣行が少数派に一定の権利や拒否権を付与している場合，政府・野党関係は合意型になる傾向をもとう」。議事運営には，少数派の協力を取り付けることが必要になるからである。一方，「少数派の権利をほとんど認めず，議事日程に対する政府側だけの高度の統制と多数派・少数派双方の強い政党の凝集を伴った多数派支配型議会は，ほとんどバーゲニングへのインセンチヴを提供しない」[45]。

二大政党の対峙が強調される後者のタイプの議会は，たしかに「選挙民→議会→内閣」という責任の連鎖がもっとも明瞭にあらわれる体制でもある。しかしそうした明瞭さは，他方において，「政治的対峙を通じて，ありうべき最良の処方へと至ることを可能にする理念の清澄」という，議会の存在意義を損なう虞とも背中合わせである。多数派支配が色濃く表れる一方で，規律ある二大政党制のもとで「影の内閣」をはじめ反対党の存在を公認してきたイギリス議会法とは異なり，「反対派の地位の承認」に消極的であり続けたフランス第五共和制の議会についての以下の指摘は示唆的である[46]。

---

(42) *Ibid.*, p. 11.

(43) 日本においてこの問題の重要性を強調するものとしてとりわけ，孝忠延夫『国政調査権の研究』（法律文化社，1990年），吉田栄司「権力統制機構としての権力分立制と複数政党」公法研究57号（1995年）を参照。

(44) 高橋和之『国民内閣制の理念と運用』（有斐閣，1994年）28頁。

(45) T. Saalfeld, «On dogs and whips», H. Döring (ed), *op. cit.*, p. 548.

(46) J.-P. Camby, *op. cit.*, p. 420.

I　全国民の代表：代表と議会制

　　「そこから帰結される規範はほとんど，議会内部の対話から生まれる構築物，衡量の帰結であるためしはなく，法的には強者の，すなわちこの場合は執行府とそれを支える多数派の道理が表明する，そして結果として弱者の道理がおよそ打ち克つ見込みのない，主張の帰結である」。
　この指摘は，「内閣はいったん自民党から法律案に対する支持を取り付ければ，衆議院と参議院両方で法律案を成立させられることを期待できる」[47]ことを当然の前提としていた「55年体制」下の国会運営にもかなりの程度，妥当しよう。加えて政権交代の可能性を欠いた多数派支配型の国会は，本来多数派支配型議院内閣制の下で最も明瞭にあらわれるはずの「選挙民→議会→内閣」という責任の連鎖をも不明確にした。
　単独政党による両院の安定多数が失われて明らかになったのは，冒頭でもみたように，強い参議院と二極的政党システムを前提とした多数派支配型の国会運営との不整合である。両院で多数派を確保しうる連立内閣――「国会内閣」（高見）――という新たな慣行の形成は，日本国憲法の規定する両院制のシステムそれ自体が，主として衆議院多数派に依拠する内閣と政権党に対する強い抑制手段であることを示すことになった。加えて2007年の「ねじれ国会」の出現は，規律ある二大政党制のもとでは，「制度的には首相にとって，衆議院よりも参議院からの方が法案に対する支持を獲得するのが難しい」（竹中）ことを強く印象づけた。かかる憲法の規範構造は，合意型の国会運営との親和性を強く示唆しているように思われる。もっとも，野党が多数を占める「強い参議院」と対峙する内閣・政権党にとっては，通例の合

　　2006年6月22日の憲法院判決は，「反対派の地位の承認」にかかわる国民議会規則の改正について，「憲法4条1項〔政党・政治団体の結成と活動の自由〕を見誤るに至り，……正当化し得ない取扱いの差異をグループ間に確立する効果を有する」として，違憲判断を示した（Décision n° 2006-537 DC du 22 juin 2006）。これに対し，2008年7月の政治制度全般に関わる憲法改正によって，「法律は，世論の多元的表明と，政党及び政治団体の国民の民主主義生活への公平な参加を保証する」との条項が第4条に付加されるに至った（当初の案では，より明瞭に，「政府を支持することを宣言しなかった政党及び政治団体に対して特別な権利を付与することができる」となっていた）。
(47)　竹中治堅『首相統治』（中公新書，2006年）191頁。

意型の議会よりも，合意調達の条件はなおいっそう厳しい。両院関係は，「相違」から「合意」を導くプロセスの最後の局面である。

4　両院関係と政権党・反対党

　第二院の存在理由のひとつとしてよくあげられるのが，「多数派の論理の緩和」という側面である。それは，第二院の補完的代表という性格と不可分に結びついている。補完代的代表は，国家の領土構造や階級構造——あるいはある種のメリトクラシー——とも結びつく（地域代表や貴族院）だけに，第二院の正統性に関わる問題を提起する。しかし，「政治的法的機能の特殊性がこの原罪を埋め合わせ，その存続を保証している」のである[48]。

　補完的代表は，「その構成と構成員の特殊な関心」ゆえに「第一院のより政治的なアプローチを補完」することで，「立法の質の改善」にも結びつくとも論じられる。また，補完的代表である第二院のリズムや時間感覚が第一院と異なっている点も重要であろう。「第一院は選挙と政府綱領のテンポで活動するが，第二院はその選出形態ゆえに継続性を有しており，それが瞬間に時間を優位させることを可能にする」がゆえに，「立法過程への第二院の介在はそのリズムを和らげることを可能にし，原則としてテクストの掘り下げた検討を保証する」のである[49]。

　もっとも，「多数派の論理の緩和」や「立法の質の改善」という一見中立的なメリットは，容易に政治性・党派性を帯びるものでもある。政治性・党派性が問題にされればただちに，民主的正統性の欠如という「原罪」が大きくクローズアップされることになる。それ故の「補完的代表」でもあり，その場合には通常，より強い民主的正統性を備えた第一院の優位によって，最終的な決着が図られることになろう。

　日本国憲法下の参議院について，「数の政治」に対する「理の政治」の理念が強調され，「非政党化」の必要性が説かれるのも，決して理由のないこ

---

(48)　M. M. Helgeson, *op. cit.*, p. 336.
(49)　*Ibid.*, pp. 343-344.

I 全国民の代表:代表と議会制

とではない。不信任と解散という政権の存立と関わるメカニズムからは一線を画し,継続性のある長期の任期を保証された参議院もまた,「多数派の論理の緩和」「立法の質の改善」を担う補完的代表としての性格を帯びているように見える。しかし補完的代表と決定的に異なるのは,少なくとも法律の表決という議会の最も本質的な機能において,強い「拒否権」を有しているという点である。衆議院と半ば対等の強い権限は,当然ながら,強固な民主的正統性抜きには正当化困難であろう。普通直接選挙という参議院の民主的代表基盤は,しかしながら同時に,参議院の政治性・党派性を強めざるを得ない。冒頭でも述べたように,普通直接選挙で選出される議院を,政権形成から全く切断することは困難である。補完的代表と第一院の優位を通じ「相違」から「合意」を導く二院制とは異なる政治制度である(50)。

では,以上のような二院制をとる日本国憲法の下では,「相違」から「合意」を導くメカニズムは,そもそもどのようなものとして想定されているのか。緩やかな政党規律を許容する,あるいはそれとむしろ適合的なアメリカ型の大統領制とは異なり,「選挙民→議会→内閣」という責任の連鎖を基盤に機能する議院内閣制にあっては,集団的規律が重要な意味をもたざるを得ない。この点を前提とすれば,少なくとも,両院間の明瞭な党派構成の相違,とりわけイギリス型の強い規律を備えた二大政党システムと日本国憲法の二院制との両立は極めて困難であるというほかない。決定への高いハードルの設定は,一般には多数派・政権党に少数派に対する妥協を促すが,政権を争う強い規律をもった二大政党が両院それぞれで多数を占めるという状況で,妥協や合意を期待することは困難であろう。「衆議院と会派構成の異なる参議院は,現在よりも参議院の権限を縮小した場合にのみ許容することができる」(51)。

堅固な二大政党制のもとで安定した政権運営を可能にする処方箋のひとつは,二大政党による「大連立」という対応かもしれない。しかしそれはまさ

---

(50) この点について詳しくは,杉原泰雄=只野雅人『憲法と議会制度』(法律文化社,2007年) 364頁以下を参照されたい。

(51) 長谷部恭男『憲法〔第4版〕』(新世社,2008年) 350頁。

に，政権党に対峙しうる反対党の存在を前提にしてのみ機能する「選挙民→議会→内閣」という責任の連鎖を無意味にしかねない選択である。そもそも，「イギリス型」の議院内閣制のイメージに倣い，衆議院議員選挙を「政権選択選挙」と位置づけ，小選挙区を中心とした選挙制度を維持する限り，同じ選挙区でひとつの議席を争うことになる政党同士の連立は想定しにくいはずである。

　以上からすれば，過度の内閣の不安定までは帰結しない「穏健な多党制」と日本国憲法の規範構造の整合性が説かれるのも十分に理由のあることである[52]。それは，衆議院の過半数は有するが 3 分の 2 には達しない与党が，参議院において過半数を欠いていても，問題の如何によっては両院の合意をとりつけるといった，ある程度柔軟な多数派形成をも可能にするかもしれない。「イギリス型」を前提としなければ，日本国憲法の二院制のもとでも，「大連立」とは異なった合意形成の道筋を描きうる。

　ただし，この点と関わり指摘しておかねばならないのは，合意型の議会運営を前提にする場合にあっても，「民意」による代表の拘束という視点を維持するのであれば，妥協や合意には一定の限界があるのではないか，ということである。集団的規律が議院内閣制の機能の帰結であるとしても，その正当化理由は，先に見たところからすれば，有権者の選択に求められなければならない。現実の「人民」は決して一様ではなく多様性を内包した存在であり，そうした多様性を「民意」として具体化するのが代表の重要な機能であるとしても，選挙において提示される公約や政見の重要部分についての本質的な修正や妥協は，民意への諮問抜きには正当化が難しいように思われる。さらに多数派連合の形成も，「民意」による選択という契機抜きには，やはり正当化しにくいであろう。

　こうした点を留保した上で，日本国憲法の議院内閣制と二院制のもとで「相違」から「合意」を導く道筋を考える場合，さしあたり特に重要と思わ

---

(52) 高見勝利『現代日本の議会政と憲法』(岩波書店，2008 年) 28 − 29 頁。ただし高見は，国会両院にまたがる多数派形成――「国会内閣」――には批判的である（同書・124 − 125 頁）。

れる点を二つだけ指摘し，甚だ不十分な小考を結ぶことにしたい。

ひとつは，両院の「相違」の調整点として憲法が予定する機関，両院協議会の構成と運営をめぐる問題である。いうまでもなく，両院間で議案が往復する中で，次第に合意が形成されるというのが，本来は二院制における立法過程の常態のはずである。往復のプロセスは，«Navette»，«Shuttle system» などと形容される。「内閣はいったん自民党から法律案に対する支持を取り付ければ，衆議院と参議院両方で法律案を成立させられることを期待できる」という意識を前提にすれば，極めて不安定な仕組みに映ろうが，«Navette» あるいは «Shuttle system» を通じ，相違を絞り込み一致点を確認してゆく——フランスの議会法の近時の用語法では「漏斗 (l'entonnoir)」とも呼ばれる——こと，そしてその上で残された相違について最終的に両院間で調整を行うことが，まさに議会の存在理由自体と不可分の意味をもつのである。この面での「相違」の顕在化は懸念されるべきものではなく，議会生活に不可欠の要素である。両院協議会は，二院制には「不可欠の調整機関」[53]である。日本国憲法の場合，衆議院の法律案再議決について3分の2の特別多数という高いハードルを課すと同時に，両院協議会を予定している。高いハードルの設定は，両院協議会での審議に重きを置いていることの表れであるとみることもできよう。

「相違」から「合意」を導くための重要な制度として両院協議会をみた場合，従来の運用で問題となるのは，その構成である。両院の議決が食い違った場合に開催される協議会は，各院の議決案に賛成した会派の代表により構成されるものとされてきた（「見なし否決」の場合のみ，参議院は会派割り当てで委員を選出する）[54]。各院の賛成会派の代表が対峙する構造をとった帰結でもあるが，成案を得るには3分の2以上の賛成が必要である。

委員の選出方法はイギリスに倣ったものであるといわれ，「各議院で選挙した十人の委員は，それぞれ各院毎に，一つの委員会のような協議委員団のごときものを構成する」[55]ことになる。議院の代表という視点にはもちろん

---

(53) 鈴木隆夫『国会運営の理論』（連合出版社，1953年）445頁。

(54) 浅野一郎＝河野久編『新・国会事典』（有斐閣，2003年）173頁。

一定の合理性がある。しかし議院内部，あるいは議院を横断する多数派・少数派それぞれの内部にも様々な「相違」があることを前提とすれば，議案に反対した会派も含め，会派構成を反映した形で委員を選出することも十分考慮に値するように思われる。もっともその場合にあっても，各会派の代表が議院内部と同様の強い規律を保ち続ければ，有意な成案を得ることは困難であろう。議院と協議会の性質の相違をふまえた柔軟な視点が，各会派に必要になるかもしれない。

いまひとつは，従来から繰り返し指摘されてきたことではあるが，各議院の自律権の確立という問題である。議院法を予定していた明治憲法とは異なり，日本国憲法は本来国会法を当然の前提としているわけではない。「憲法上法律の所管とされたものを除き，両議院の自主的な立法にゆだね，国会法の存在を予定していない点で，明治憲法の考え方と根本的に異なる」[56]。それゆえ憲法学においてもかねてより，国会法が両院関係や内閣など外部との関係にとどまらず，委員会の構成など本来議院の自律権に属する事項にまで過剰に干渉しているのではないか，という点が問題とされてきた[57]。国会法の修正には衆議院の同意が必要であり，なおかつ長年にわたり運用されてきたルール全体の見直しに関わるだけに困難な問題である。しかし，ようやく参議院の「独自性」を語りうる状況が生まれているだけに，立法に異なる視点をもたらすという意味でも，委員会構成をはじめ議員の自主組織権本来の姿について考えてみるべきであるように思われる。

繰り返しになるが，事前の合意形成という過去の慣行の枠にとらわれ，「相違」の「病理」ばかりを過剰に懸念すべきではない。「ねじれ国会」の顕在化は，議員集団，政権党と反対党，両院それぞれを通じてあらわれる「相違」の「肥沃さ」に目を向け，従来十分に意識されることのなかった国会における合意形成の意味と条件について，再考する好機でもある。

---

(55) 鈴木・前掲注(53)452頁。
(56) 芦部信喜／高橋和之補訂『憲法〔第4版〕』（岩波書店，2007年）300頁。
(57) 大石眞『議院自律権の構造』（成文堂，1988年）211頁以下，黒田覚『国会法』（有斐閣，1958年）13頁以下，松澤浩一『議会法』（ぎょうせい，1987年）43頁以下等を参照。

II 国権の最高機関

首班指名の法理
―― 国会の首班指名・再論 ――

松 澤 浩 一

1 序　論

(1) 再論の序

さきに「国会の首班指名」（駿河台法学19巻1号（2005年））において，半世紀以上にわたる日本国憲法下の首班指名の実態分析を行い，内在する諸問題を指摘して，憲法の趣旨に適合する首班指名とは何かを解明するとした。しかしながら，些か結論を急ぎ過ぎて，充分な考証を行わないままに所論を進めたきらいがあった。当然に論及すべき主題であっても，考察を加えずに終っている部分もあった。

よって，あらためて論考を行い，その結果を以下に述べる。

日本国憲法においては，政治制度として議院内閣制が採用されているが，その議院内閣制の下で首班指名をどのように行うか，首班指名そのものは，内閣制度の創設以後現代に至る実際政治の運用上においても，最も重要な課題であった。国政の中枢機関で最大の権力機関である内閣の首長，すなわち内閣総理大臣を誰にするか，これを決定することが首班指名であるが，その指名した者のいかんによっては，国政運営の理念や手法その他が大きく変動するからである。したがって，首班指名に関する理論的諸問題については，法的にも政治的にも充分に究明されなければならない。

(2) 議院内閣制と権力分立

議院内閣制は，ゆるやかではあるが権力分立を基本原理としている。その

発生の国イギリスでは，不文憲法のためであろうが，権力分立制に立つシステムとはいい得ない。それゆえ，議院内閣制は権力分立とは無関係であるかの如くに見えるが，そうではない。ただアメリカの大統領制の如く厳格ではないというに過ぎない。成文憲法諸国の議院内閣制は，等しく権力分立を基本原理とし，その上に立って実際の運営が行われている。

(3) 議院内閣制と政党

議院内閣制は，民選議会の存立と活動を前提とし，民選議会が国政運営の中枢に定着してその本来の機能を発揮することが重要である。そのような民選議会の活動を荷う者は，いうまでもなくその構成員である議員だが，その議員は，近代以降組織化されていずれかの政党に所属して議会で活動するのを通例とするから，議院内閣制は，民選議会を通じて政党制を基礎とする。

政党は，国民の多様な意見や利害，要望等を吸収してこれらを国政に反映させ，有権者国民の信任に応えることをその任務とするから，政党も多様化して複数の政党が存在し，競合する。そのため，有権者国民は支持政党を選別して選挙の投票を行うようになるから，各党各派の所属議員の多寡は，政党が獲得した国民の信任の多寡と等しいものとなり，結果として集約された民意の表明と解されることとなる。そして，最大多数の所属議員を有する政党が最も多くの国民の信任を獲得したとして，政権につくことを認めて民意の支配を具現する。そのゆえに，議院内閣制は必然的に政党内閣となる。

独立した人格を有する多数の人々で構成される社会は，単一の意思，単一の利害で統合されるというようなことはあり得ないから，独裁者の支配する専制国家でない限り，国民の意思や利害を代表する政党は，必然的に複数となる。政党が複数存在することは，同時に政権の受け皿が複数存在していることを意味している。議院内閣制における政党は，政権の獲得を目標として活動する政治団体であるから，複数存在する各党各派はそのいずれもがいつでも，政権について国政の運用に任じ得る用意がなければならない。

政権にはついたがその運営に失敗し，政権を下りることすなわち内閣総辞職となると，次期政権の構成，具体的には後継首班の指名が最大の課題となる。議院内閣制においては，在野の反対党の党首を指名し，これに政権を委

ねることを通例とする。政権の運営に失敗してこれを維持し得なくなった場合，当該内閣のみならず，当該内閣を組織してその運営を支持し，民選議会でその信任の確保に努めた与党もまたその責任を負うべきものと考えられ，次期政権に関与すべきではないとして下野を余儀なくされるのである。いわゆる政権交代である。

　注意すべきは，政権交代で在野の反対党の党首が後継首班に指名され，これに基づいて組織された内閣は，少数党内閣となることである。多数党が野党となり，少数党が政権につくという異例の事態が生れるが，議院内閣制では，政党もまた国民に対して責任を負うべきものと考えられており，政権運営の失敗は，当該内閣のみならずその内閣を支える与党の責任でもあるとして，政府与党の座を下りるべきものとされ，他方，少数党内閣の存立が許容される。

　(4)　首班指名の構造
　議院内閣制は，3つの国家機関が存在し，そのいずれもが正常にその機能を果すことによって成立する政治システムである。立法府としての民選議会，行政府としての内閣，および国政に関する実質的な権能を持たない名目的，形式的な機関とされる国の首長，の三者がこれである。国の首長は，世襲制の君主とするイギリスやベルギー，一定の手続で選出された任期の定めのある大統領とするドイツやイタリアなどの二種がある。議院内閣制は，このように同一の政治システムでありながら，国家体制は異なる国々に採用され得るところにその特質がある。

　これら3つの機関は，近代以降における人権保障の要請にしたがい，統治機構の組織原理として権力分立制が採用されているところから，一定の役割を分担するものとされている。民選議会は立法権を行使し，国の首長は名目的，形式的ながら行政権の帰属主体として存立し，内閣は実質的に行政権の主体としてこれを行使するものとされている。

　それでは，これら3つの機関は首班指名でどのような役割を荷うのか。先ず，民選議会は，首班に指名されるべき人材を提供する。議院内閣制は民主政治のシステムであるから，国政の中枢機関で最高の権力機関である内閣は，

民意に基づいて組織されなければならない。民選議会の議員は，内閣の首班として選挙されたものではないけれども，その地位は民意に基づくものであるから，民意を代表して内閣を組織し，国政の運営に当る適格性が認められるのである。

内閣は，首班指名を受けた者が組閣し，首班以下各閣僚が任命されて成立するが，その内閣は行政権の主体として国政を運営する。それゆえ，内閣総理大臣が誰かは，国政運営の理念やその手法を左右し，国民生活に重大な影響を及ぼすことになるので，その民主的な選任は重要な課題である。

第三の国の首長は，国政に関する実質的権能は持たないとされつつ，最高で最重要の人事案件である首班指名では決定的な権限を有することになっているが，それはなぜか。1つには，民主的な立憲制に先立つ専制的体制の下で，首長たる君主が信任する臣下の中から内閣首班を選任したことに由来するのであろうが，その2としては，指名すべき者は民選議会の議員に限定されていること，3として，立法と行政の二権の帰属機関にまたがることになるため，その両者に実効的影響力を持たず，政治的に中立の堅持が必須である首長の地位において行われる判断は，公正と考えられるからである。

2　首班指名の実質

(1)　序　説

日本国憲法67条1項は「内閣総理大臣は，国会議員の中から国会の議決で，これを指名する」ものとし，同6条1項で「天皇は，国会の指名に基づいて，内閣総理大臣を任命する」と定め，内閣総理大臣の選任については，国会の指名と天皇の任命という二段構えの構造がとられている。1つには，任命権者である天皇は国政に関する権能を有しないとする日本国憲法4条1項の趣旨を具体化したものといえるが，内閣総理大臣の選任は，二段構えとならざるを得ない本質的な問題があるからに外ならない。

(2)　首班指名と閣僚選考の不可分性

内閣は，いうまでもなく首班すなわち内閣総理大臣と，所定数の閣僚すな

わち国務大臣で構成される合議制の国家機関であり，国の三権の一である行政権の帰属主体である。よって，アメリカの大統領のように，首班1人を選任すれば完了となるわけではない。首班指名を受けた者は，直ちに所定の他の閣僚を選考して，内閣を組織する準備を整えなければならない。いわゆる"組閣"である。首班指名と組閣人事は，表裏一体ともいうべきもので切り離し得ない関係にある。

　1947年（昭和22年）5月23日，日本社会党々首の片山哲が日本国憲法に基づく最初の首班指名を受け，翌24日内閣総理大臣に任命された。しかし，社会党は衆議院の第一党とはいえ過半数を有するものではなかったから，他党との連立を計りその協議を進めたが容易にこれが成立せず，そのため閣僚の選考も進めることができず，片山首相は1人ですべての国務大臣を兼任するという1人内閣となり，6月1日に至り，ようやく全国務大臣を任命し得て，正常な内閣を組織することができたという事例がある。

　上の例で明らかなように，首班指名は，指名それ自体で完結するものではなく，引き続く閣僚選考と一体であることに注意しなければならない。被指名者にとっては，閣僚選考は回避し得ない義務的なものである。日本国憲法68条は，内閣総理大臣の国務大臣任免権を定めているが，右の如く組閣を義務的なものと把握するならば，閣僚任免権の自由な行使を制約するから同条の趣旨に反すると解されるかも知れない。けれども，それはそうではない。被指名者の組閣義務と内閣総理大臣の国務大臣任免権とは，全く無関係なのである。組閣は，関係閣僚の選考と該当する相手方の閣僚就任について同意を取り付けることであり，その組閣完了の時点で被指名者が内閣総理大臣に任命されたとき，各該当者をそれぞれ国務大臣に任命して新内閣が成立することになるから，国会の議決により首班に指名された者が負う組閣の義務は，被指名者たる地位において負う義務であって，内閣総理大臣としてのそれではない。

　いずれにしても，首班指名は，国会議員の一員を首班に指名することのみではなく，その指名を受けた者が，直ちに国務大臣に任命すべき者の選考を開始すべきことを含んだ国務であることは，疑いがない。

Ⅱ 国権の最高機関

(3) 政権の構成と運営の委託

首班指名は，内閣総理大臣に任ぜられるべき者の指定であるが，同時に，被指名者による組閣，すなわち閣僚の選考を内包しているから，政治的観点からは，次期政権の構成という把握が可能である。そして，成立した新内閣は，憲法と各種の法令の定めるところにより行政権を行使するが，それは国政の執行に任ずることに外ならないから，首班指名は，このような国政の運営執行をも展望するものと解することができる。要するに，首班指名は，法的には内閣総理大臣に任ぜられるべき者の指定であるが，政治的には政権の構成とその運営の委託を意味するといえる。

その政権の構成と運営を委託する相手方は誰かといえば，政党である。議院内閣制は，政党制を基盤とし政党をその運用の中核とする。政党制によって民意の動向を確認し，政党を通して有権者国民の国政に対する支配的意思の所在が表明されるものとして，国政運営の中心に政党が据え置かれている。それゆえ，衆議院において最大多数の所属議員を有する第一位の政党は，最大多数の有権者国民の支持を獲得した結果であり，選挙を通じて表明された国民の国政に対する意思と解し得るところから，その第一位の政党の党首を首班に指名することを原則とする。これにより民意を尊重し，民意に従うという民主政治の要請に応えるのであり，この政治原理が「憲政の常道」にほかならない。

次に，新内閣の存立に必要な国会，ことに衆議院の信任については，当該内閣の与党によって確保される。その党首が内閣総理大臣となり，幹部領袖が国務大臣に任じられて組織された内閣は，その政党の政治理念の下にその政党の主張する諸施策を実施すべき任務を負わされている。政党は，選挙に際して，有権者国民に対し公約を行い，マニフェストを宣明してその支持を獲得し，国会ことに衆議院で多数派を形成し得たのであるから，その公約ないしマニフェストを具体化させ，実現すべき政治的責任があるのである。

政党が有権者国民との間で上の如き政治責任を負うという関係は，その大小にかかわらずすべて同一である。ただ小政党の場合，国会で少数派のためその提案に多数の賛成が得られず，その実現が困難であるのに対し，最大多数の所属議員を有する第一党の場合は，その多数派の力で国会の議決を獲得

し得るから，公約やマニフェストを実現すべき諸施策を提案し，これを可決成立させることは容易である。

ことに，上のような活動は，政権を獲得しその運営執行に任じられた場合，内閣を通じて行うことができるから，確実にそして有効適切に行い得るので，政党はいずれも政権の獲得を目指すのである。しかし，第一党となって党首が首班指名を受け，政権の構成とその運営の委託を受けながら，所与の期間これを保持できず，中途で政権を投げ出すことがある。たとえば，1948年10月昭和電工事件での芦田内閣，74年12月金脈事件での田中内閣の総辞職などがこれで，総理大臣や主要閣僚が刑事々件の被疑者となり，あるいは資金獲得の大きな疑惑を生むなどで，世の指弾を浴びて在職できなくなり総辞職に追い込まれたことがその例である。

上のような場合，問題の内閣を組織してこれを支持した政党すなわち政府与党は，当然国民に対する責任，すなわち政権の構成とその運営の委託を受けた責任を果していないこととなるであろう。国民の信任の下に多数派として政権の構成と運営を委ねられたにもかかわらず，これに応えられなかったその責任は，その内閣ではなくその存立基盤である政党の負うべきものである。議院内閣制の諸国では，このような場合，後継首班には在野の反対党の党首が指名される。いわゆる政権交代であり，この政治原理もまた憲政の常道である。

(4) 首班指名の投票

現行の議会法すなわち衆参両院の議院規則における首班指名に関する規定は，記名投票で指名されるべき者を定めるとしている（衆規18，参規20）から，その実体は選挙である。それゆえ，その選挙すなわち首班指名に際して議員が指名の投票をするかどうか，それは議員の権利であり自由であると解して，指名の投票をしてもしなくても，議員の自由な判断に属すると解することもできなくはない。しかし，首班指名という事案の性質上，日本国憲法は議員の自由な判断に属せしめてはいないと解される。国会議員は，有権者国民との間で，適切な判断をして日本国と日本国民のために，最も有益な内閣総理大臣を選定するという政治的，道義的な義務を負わされており，首班

指名の投票は，その義務の履行と解することが日本国憲法の趣旨に適合する。

次に，首班指名の投票は信任を意味すると解して，被指名者から次の段階の組閣に際して入閣または閣外協力を求められた場合，これに応じなければならぬかという問題がある。政党の問題として考えると，被指名者ないしは彼の所属する政党から提携を求められた場合，それが入閣する連立方式であれ，閣外協力方式であれ，当該被指名者に投票した議員またはその属する政党は，これらの要請に応じなければならぬのかということである。

これに対しては，肯定的に捉えることもできようが，実際には否でなければならない。政治的とはいえ被指名者の要請に応ずべき義務を負うとなれば，各議員の投票権は，政治的取引の道具となり，いわゆる党利党略の手段として利用されるようになることは必然だからである。いいかえると，首班指名のための各議員の投票権は，何等の義務も附随しないし，何等の制約要件もない。そうであることにより，首班指名の公正が確保されるのである。各議員が特定の議員を被指名者として投票することと，当該被指名者を支持し又は反対し，信任し又は不信任とすることとは全く別問題である。各議員は，被指名者となるべき議員の，首班としての適格性ないし適任性についての判断で投票すればよく，支持不支持等は関係のないことなのである。

3　首班指名権の所在

(1)　序　　説

首班指名は，政権の構成とその運用の委託という政治的意味を持つ国務であるが，議院内閣制諸国においてはそれは国の首長に属する権能とされ，国の首長が指名するのを通例とするが，日本国憲法は国会の権限とし，国会が内閣総理大臣を指名することとした。一言でいえば，天皇の国政関与を全面的に排除したからである。

けれども，首班指名の権能は，政権の構成とその運用の委託という性質を具えているから，権力分立制に立ってその帰属主体の問題を考えると，行政府以外の他の二権の機関に帰属させることは，抑制均衡の基本理念に違背する疑いが極めて強く，権力分立そのものと相い容れないことになるのではな

いか。

　一般に国の首長は，君主であれ大統領であれ，実質的権限は持たず，名目的，形式的ながら三権の一である行政権の帰属主体でもあり，国の首長であると同時に行政府の首長でもある。その首長が行う首班指名は，国民の最大の支持を集めた民選議会の多数党の党首を指名するという制約の下にあるけれども，国政の運営上最も重要な権限にほかならない。それゆえ，首班指名権の帰属主体に関しては，行政府内に位置づけられるから権力分立制とは相反せず，これと矛盾対立することとはならない。しかるに日本国憲法においては，国の首長についての定めがなく，首班指名については，民選議会であり立法機関である国会の権限と定めたから，権力分立制との調整がどうなるのか，重要な問題を生ぜしめている。

　もとより，国会議員の中からの首班指名であるから，それを国会自身で行うことにどのような障害があるのかという反論はあり得る。けれども，指名することと指名の対象となることとは，その根本において大きな相違がある。たとえば，1953年（昭和28年）3月のいわゆるバカヤロー解散後の総選挙で議席を減少させた自由党は，その後の16回国会における首班指名で，衆議院の第一党であったけれども党首の吉田茂は過半数を獲得できなかった。よって，上位二者の吉田と改進党々首重光葵との決選投票となり，吉田204，重光115，白票78で吉田の指名に決したことがあるが，この事例について考えてみよう。

　選挙で議席を減少させた自由党は，民意の支持を失ったといえるのであって，この点から見ると，衆議院では第一党の位置を占めてはいるが，果して政権を荷うことが認められるのかどうか，大きな疑義のある議席数であった。解散前は222議席であったが選挙では195，無所属議員を加入させて国会召集日にはようやく202議席となっていた。これに対して，左右両派に分裂していた社会党は，両派併せて解散前の116議席を138に伸ばし，自由党から分れた鳩山自由党も22から35と拡大させていたから，総選挙で表明された民意が，吉田の首相再任を明白に肯定したとはいい得ない，いわば微妙なものであった。しかるに，選挙後の首班指名では前記のとおり吉田に決している。何故か。138議席を擁する両派社会党が，決選投票では白票ないし棄権

II 国権の最高機関

としたからである。この場合、両派社会党が改進党の重光支持に廻れば、決選投票では吉田は敗れて重光が指名を受けることになり、政権交代が実現したであろう。そういうチャンスであったにもかかわらず、両派社会党の所属議員は、政党という枠内での分別が超えられず、積極的な行動に出ることがなかった。

その理由は種々あろうが、この場合、仮に重光の指名が成立しても、改進党は当時第二位の勢力で同党単独では少数党内閣となること、当時の両派社会党には重光内閣が成立しても提携し協力する意思がなかった（と推察される）こと、などの理由で、重光支持の場合、改進党からの提携協力の要請に対し拒否し得ない結果をもたらすと考え、白票を投ずることになったと思われる。要するに、この場合は、政党として提携協力する意思がないのに重光指名はできないということであったろう。

第二のケースは、1954年（昭和29年）の造船疑獄事件で自由党の吉田内閣が倒れ、その後継首班の指名がそれである。このとき、改進党や自由党鳩山派を中心として新たに鳩山一郎を党首とする日本民主党が結成されていたが、首班指名に際しては、日本民主党と両派社会党の三党は、協議の上55年（昭和30年）3月上旬までに総選挙を行う旨の共同声明を発表した。衆議院における指名の議事では、鳩山257、自由党後継党首の緒方竹虎191で鳩山指名に決した。両派社会党その他の各派も鳩山を指名した結果である。

これにより政権交代が行われたが、ここには重大な問題がひそんでいる。これまでほとんど論議されることはなかったけれども、その問題とは、首班指名の議事に入る前に、日本民主党と両派社会党の三党間で協議が行われ、成立する新内閣は新政策は行わない選挙管理内閣とし、翌55年（昭和30年）3月上旬までに衆議院を解散し、総選挙を施行すべきものとする合意を形成しており、その上で両派社会党は民主党の鳩山に投票していることである。これは、衆議院解散─総選挙と首班指名との取引ではないだろうか。もとより個人のそれではなく、公党間の協議ではあるが、その実質は政党間の取引にほかならない。

首班指名について、たとえ政党間の協議とはいえこのような取引が許されるとするならば、首班指名は、各党各派によって条件が付され、見返りが求

められ，利益誘導すら行われるようになってもこれを阻止することはできないこととなろう。それでは公正な首班指名は期し得ないことになるのではないか。

　また，上の場合新内閣は速やかに総選挙を実施すべき選挙管理内閣と位置づけているが，衆議院解散の前後に，たとえば大規模な自然災害や，国内で凶悪な国際テロ事件などが発生したときはどうするのであろうか。新内閣は，それでも翌年3月上旬までに衆議院を解散しなければならないのであろうか。要するに，このような条件付きで首班指名の投票をすることが不合理であること，また政治腐敗の原因となる危険が極めて大であることを指摘しておこう。

　さて，この2つの事例から読みとれる弊害というか，適正な首班指名を阻害する要因は何かといえば，それは政党制である。上の第一の事例では，所属議員の中に異議があったかどうかは不明ではあるが，白票という党議で政権交代への途を閉じた主体は，政党である。第二の事例では，政権交代を実現するためとはいえ取引を行って，指名の妥当性を具えようとした主体もまた政党であった。要するに，首班指名に際して各党各派はそれぞれどのように対応するか，政党としての正当な根拠ないしは理由がなければならないとされているように思われる。

　これまでの事例を通覧すると明らかなように，首班指名の投票では，各党各派はいずれも自党の党首に投票している。それがわずか10数票でしかなく，過半数獲得の見込みは全くないとしても，そうなのである。有権者国民の目から見れば，過半数獲得の見込みの全くない自党々首への投票にどのような意味があるのか，単なる自己満足に過ぎないのではないかと思われるが，実際にそういう投票が繰り返されているのである。

　既述のように，日本の議院内閣制の下でも各政党はその所属議員数の多寡にかかわらず，いずれも政権を獲得しその座につくことを目指して活動し，文字通りしのぎを削るような戦いを日常的に展開している。したがって，政党という視点に立てば，たとえ自党々首が獲得できる投票が10数票の見込みであったとしても，その当落はおそらく問題外なのであろう。

　このように考えると，各政党はいずれもその所属議員が行う首班指名の投

Ⅱ　国権の最高機関

票では，自党の党首に投票すべきものとし，決選投票となって他党の党首への投票を余儀なくされた場合は，原則的に白票ないし棄権で対処するものとしていることが理解される。そして，その原則によることが適当ではない場合には，政党間の取引で自党の主張が明確となるような方法がとられてきたといえよう。

　問題は，ここに在る。このような政党制の論理は，立法府である国会においては認められ，それが明確でそれに基づく活動が活発な場合，国会は適切に活動していると評価される。法律案や予算等を審議し議決するという立法機関としての国会の活動に政党が参加する場合の，そしてそれが普通の政党の活動なのであるが，それには各党各派はいずれもその特色を打ち出して強く国民にアピールすることに努力する。それは当然のことと受けとめられ，そこに議会制民主政治のあるべき姿を見出すのである。

　しかしながら，首班指名はそうではない。議案審議に参加して行う政党の普通の政治活動とは，全く異質のものであるべきことが求められているのである。

(2) 首班指名と政党制

　首班指名は，単に内閣総理大臣に任命すべき者の指定のみではなく，組閣すなわち閣僚選考をも含む国務であるから，いかなる政権の構成と運用を図るのかが考慮され，その上で指名が行われるべきものである。したがって，その人物や識見，手腕，力量等にすぐれた議員であっても，その所属する政党が政権の構成と運用の委託を受ける能力に欠けること，すなわち必要な所属議員数を持たないときは不可としなければならない。基本的には，衆議院における過半数の所属議員を有する多数党の党首ということになる。国会ごとに衆議院における内閣に対する信任を確保し得ることが重要な要件なのである。

　議院内閣制における首班指名は，政党制と密接に結びついており，政党制を基礎としその上に立って運営されるのであるから，政党を無視し又は排除したところでは議院内閣制は成立しない。けれども，上にみたように，1953年の第五次吉田内閣の成立および54年の鳩山内閣の成立に際しての問題は，

実に政党制に起因することに注意しなければならない。政党制にがんじがらめに縛られて自由な発想を失った結果，そうなっているのである。

　53年のケースでは，たとえば，両派社会党の所属議員は，決選投票に際して政党という枠組の中で考えるから，他党々首への投票など論外ということになるのであろうが，客観的に分析すれば，前の国会で両派社会党は吉田内閣不信任決議案に賛成しているのであるから，この首班指名では吉田指名の成立を阻止して，重光指名で政権交代が実現されるよう行動することが筋の通った政治活動ということになるのではないか。個人としては，その投票を考えた議員もいたであろうが，党議で決選投票は白票と決定すればそれに従わざるを得ず，また議場を出た議員も少数ではなかったことは，決選投票における白票という党議に問題のあることを示したものではないかと考えられる。

　54年のケースでは，両派社会党所属議員は，最初の投票から自党々首ではなく，日本民主党の鳩山一郎に投票するためであったろうが，三党協議で鳩山内閣は選挙管理内閣として早期解散を行うべきことを約定し，その上で鳩山に投票している。首班指名の投票で自党の党首ではなく，他党の党首に投票するにはそれなりの理由ないしは名分がなければならないと考えられているようであり，そのため三党協議というような手段を取ったものと思われる。いずれにしても，政党という枠組からの発想に基づくものであることは前例と同一である。

　ところで，これらのケースで政党という枠組を取りはずしたらどうだろうか。各議員は，政党制の仕組みの中から脱け出し，その所属政党の党内規律から解放された自由な立場で，議員個人として首班候補者を選考することとするのである。このように，議員自身の発想や知見に基づいて判断すべきこととした場合，前記の問題事例においては違った結果が出たであろうことは，53年の事例で決選投票に際して退場した議員の多かったことに徴しても，明らかである。

　各議員は，政党人としては所属政党の党首を指名せざるを得ないが，少数派の議員の場合，それが非現実的であるため空しい想いを禁じ得ないのではなかろうか。いいかえると，自己の投票で日本国の首相を選任するという実

II 国権の最高機関

感を持つことができないのではなかろうか。政党制の枠組の中で行われる現在の首班指名の実際においては，各党各派それぞれのコントロールの下で各議員はがんじがらめに縛りあげられ，そのため日本国憲法が求めている本来的な首班指名を行い得ないのである。

首班指名は，衆議院の多数党の党首を指名することを原則とするから，政党制は必要不可欠であるが，他方，現行の首班指名制度の下では，その適正な執行を妨げる阻害要因ともなっていると考えられる。そうであれば，適正な首班指名を行うためには，阻害要因となる場合の政党制を除去することを考慮しなければならぬであろう。

第二は，首班指名に関する国家機関の関係である。前述のように，首班指名については3つの国家機関が関与するが，従前の日本国憲法についての理解では，行政府の内閣と立法府の国会は存在しても，他の議院内閣制諸国には存在する国の首長またはこれに相当する機関は，ないものと考えられてきた。だが，果してそうなのかというのがここでの主題である。

日本国憲法41条は，国会は国権の最高機関と定めているが，最高機関としての具体的な権能は何もないと解され，そのため，主権を有する国民の代表機関ということを考慮した美称だと解されてきた。しかし，このような理解は，首班指名権についての正当な解釈に立つものではないといい得る。

既述のように，議院内閣制においては，権力分立制の上で行政権の帰属主体は国の首長としつつも，それは名目的，形式的な定めで実質的には内閣が行政権を行使するものとし，その首班は国の首長が指名し，任命するが，それは立法府である民選議会の議員，ことに下院の多数党の党首でなければならぬとされている。このように，国の首長，民選議会，内閣という3つの機関の存立と関与があって，民主的で適正な首班指名が行われると考えられている。

しかるに，日本国憲法においては国の首長については明確な定めがなく，また天皇は国の象徴で国政に関する権能は一切認められず，首班指名権は国会に帰属するとしたところから，議院内閣制に通例の国の首長，立法府，行政府という首班指名に関与する3つの機関が存立しないことになった。問題は，この点である。

議院内閣制もゆるやかとはいえ権力分立制を組織の基本原理とするから，立法府と行政府との抑制均衡の関係は保持されなければならない。それゆえ，民選議会の議員の中から首班を指名するのであれば，民選議会自身で行えばよいとすることが考えられるであろうが，議院内閣制諸国のシステムがそうではないことは，おそらく権力分立制との関係で問題のあり得ることがその理由ではなかろうか。

　立法府は行政府に対する抑制のため，質問権や国政調査権を有しているが，いずれも，行政府の活動の事後における作用であり，また，内閣の命運を左右する不信任決議権が認められるが，これも内閣の責任を明らかにするためその出所進退を考慮せよと求めるもので，罷免ではないから間接的な作用に止まり，行政権の独立を左右するような性質のものではない。

　これに対して，首班指名は，政権の構成とその運用の委託という行政権の運用そのものであり，純粋に行政府内において処理されるべき性質の国務であって，行政そのものあるいは行政府に固有の権能といえるのである。したがって，権力分立制によって三権をそれぞれ当該機関に分属させるとすれば，最重要な行政作用というべき首班指名は，議論の余地もなく行政府に帰属させるべきものとなるであろう。

　上のように考えられるからこそというべきかどうか，議院内閣制の諸国では首班指名権は行政府に帰属するとされ，行政府のトップに位置づけられる国の首長の権能とされる。この場合，その首長は，国の最高位に在るとはいえ，実質的な国政に関する権能は一切有せず，名目的，形式的な存在とされる。その首班指名も，民選議会における多数党すなわち第一党の党首を指名するという原則があり，また，政変が発生した場合の後継首班の指名は，原則として反対党の党首であることという政治原理，これを日本では憲政の常道といったが，この政治原理に規制されているのである。

　日本では，明治憲法の下で一時期右のシステムの実施につとめたが，その確立定着には失敗した。その原因は，天皇の強大な国政に関する権限にあると考えられ，現行日本国憲法では民主政治の実現を図るため，天皇の国政関与を一切排除した。その結果として，首班指名権も天皇ではなく，国会の権能とされた。

Ⅱ　国権の最高機関

しかしながら，首班指名を国会の権限とした場合，さきに指摘した権力分立制との適合性や，政党制とその運用との関係をどうするのかは重大な問題となる。

(3)　首班指名権の所在

議院内閣制における首班指名は，政党制をその基礎としながら，その運用の基本的部分においては，政党制の枠組を脱却して行われるべきものとしており，日本国憲法もこの点を考慮して所要の処置を定めることとなった。それは，首班指名を行う国会を立法機関とは別個の「国権の最高機関」の地位につけたことである。その旨の明文の定めがあるわけではないが，首班指名の実質的な分析検討を踏まえて日本国憲法の定めを見ると，その趣旨を把握することができよう。

首班指名においては国会議員はいずれも，無条件では他党の党首を指名する投票は行わない。これが，60年にわたる日本の首班指名の歴史から抽出された，1つの結論である。首班指名の投票は，議員の所属する政党の党首または代表者に対して行うべきものという原則，といってもよい。国会議員はこの原則について，おそらく何等の疑いもない明白な政党制の1つの原則，とうけとめているのではなかろうか。そうであるからこそ，1953年の16回国会における首班指名の決選投票では，多数の白票が投じられることとなり，また，翌54年の吉田内閣倒壊後の首班指名では，政党間の取引ともいうべき三党協議を行わざるを得なかったのであり，結果として，適正とはいい難い首班指名の投票が行われたといえるのである。

これに対して，日本国憲法は，適正な首班指名が行われるよう配慮した規定を設けているが，従来はこの点が必ずしも正確に理解されているとはいい得なかった。それゆえ，現在では依然として従前どおりの手続で行われ，改善はみられない。

しからば，日本国憲法の配慮とは何か。それは41条に定める「国会は国権の最高機関」とする旨の定めである。

首班指名は，国の最重要の人事案件であって最高の国務であり，その処理は国の首長の手で行われるのが普通である。しかし，日本国憲法は，国の首

長という地位ないしは機関を明確には定めず，天皇はこれに準ずる地位にあると考えられるが，国政関与が認められないからその手中に置くことはできない。よって，国民代表機関である国会を立法機関のみではなく，これとは別個に「国権の最高機関」の地位につけ，あたかも議院内閣制諸国の首長と同様の地位において，首班指名を行うべきものと定めたと解するのである。

　この点は，権力分立制との調整も考慮されているのであろう。首班指名権を立法府としての国会の権限としたのでは，立法府たる国会は，行政府すなわち内閣に対して極めて強大な権能を持つことになり，立法と行政の二権のバランスは完全に崩れることとなろう。けれども，議院内閣制諸国の首長は，国政に関する実権を一切有しない名目的，形式的な機関であるが，行政府のトップでもあるから首班指名権が認められているので，日本国憲法は，国会をこのような首長と同様の地位につけて首班指名権をその手中に置くこととしたのである。もとより，この場合の国会は，立法府としてのそれではなく，国民を代表する機関であることはいうまでもない。

　第二は，政党制の問題である。国会議員は，首班指名に際しては自己の所属する政党の党首を指名することを基本とし，他党の党首を指名することは特別の場合に限定されている。各党各派はいずれも，他党からの指名投票を想定せず，たとえ僅かであっても自党々首の指名に固執する。

　政党内閣制がとられている以上，議員は，自己の所属する政党の主義主張を展開し，その勢力の拡大伸長に努めるべきものとされ，首班指名の議事に出席参加することもその一環と考えられているからであろう。首班指名といっても特別のことではなく，議長，副議長の選挙や議案審議のような通常の議事の一種として対処しているからにほかならない。16回国会の首班指名での決選投票における多数の白票や，89回国会のそれの決選投票における被指名者の得票138に対して，これを大きく上回る252の白票は，右の如き政党本位，政党中心の考え方や行動から生み出された投票行動の結果であり，政党本位の立場では理解し得ても，有権者国民には容易に腑に落ちるものではないのではないか。強大な政党制のために政権交代のチャンスを逸失した事例であるが，白票を投じた議員は，いうまでもなく当然の事理と解しているのであろう。

II　国権の最高機関

　しかしながら，このような政党制をベースとした首班指名は，日本国憲法が予定し，日本国憲法の予期した手続ないし方法ではない。日本国憲法が国会の議決で指名すると定めている首班すなわち内閣総理大臣は，国の機関であり日本国の内閣総理大臣であって，特定の政党の内閣総理大臣ではない。国会議員は，内閣総理大臣に指名すべき者に投票するが，それは日本国の，そして日本国民のための内閣総理大臣を指名することでなければならない。

　このことは，現在まで必ずしも明確に意識されていたとはいえないようで，むしろ政党制が前面に出過ぎていたため，多数党の党首とその所属議員にとっては重大な関心事であるだろうが，その党首が被指名者となる可能性は99％ないと考えられる少数党の所属議員にとっては，首班指名の議事とはいっても特に重大性は意識されないのではなかろうか。

　現行の首班指名は，政党制の枠組の中に深くとり込まれていて，その結果前述の如き問題を生ぜしめていてもその改善は論議されず，国の内閣総理大臣の指名なのだと声高く主張してみても，政党制の強烈な枠組の中に吸収されてしまうのみなのである。したがって，政党制の強烈な枠組を取りはずさない限りは，現行の首班指名の実態を改革することは不可能であろう。

　けれども，三権の一である立法権を行使する国会，そして民選議会である国会については，政党制を排除することは活力の源泉を断絶するも同然であって，本来的な国会を抹殺するに等しい。複数の政党が互いに政権を目指して国民にアピールし，その支持を取り付けるために活発に活動することにより，国会の本来的な活動が行われることになるのであるから，立法府としての国会から政党制を取り除くことは，国会の存在を無意味なものとすることになろう。それでは国会の存立の否定といってもよい。よって，日本国憲法は，国会に対して2つの地位を与え，それぞれその地位における権能行使は，それに相応した規正原理と，それにふさわしい活動形態において行うべきものとした。

　日本国憲法41条は，国会に対し「国権の最高機関」の地位と，「国の唯一の立法機関」の地位という二種の地位を与えているが，それは，2種類の性質の異なる国権を付与したので，その行使はそれに相応する地位において行うべきものとしたからである。その1は，通常民選議会に与えられる立法権

とその行使で，それは議院内閣制における一般的な位置づけである。ただし，これによって首班指名権の帰属までも包攝することは到底困難であること，権力分立制との適合性にも疑義があり得ること，および首班指名は一般的には名目的，形式的な国家機関とされる国の首長に属する権限であるが，それはそういう取扱いが最も適切だからであって，それを国会の権限とするならば，やはりその性質上立法権の主体としては妥当性を欠くことになるので，立法機関としての国会ではなく，国民代表機関としての，そして他に具体的な国政に関する権能を有しない最高機関としての地位，において国会が首班指名権を行使すべきものとしたと解される。日本国憲法は，首班指名は，国会が普通の立法機関の地位を離れて最高機関の地位に立ち，その上で，すなわち最高機関として行うべき国務だと規定しているのである。

(4) 首班指名権の行使と規正原理

これまで本論において解明したところと，前の「国会の首班指名」において分析検討した結果を統合して，日本国憲法における首班指名とは何かを考えると，国政に関して実質的な権能を持たない議院内閣制諸国の首長と同様に，国会は国権の最高機関の地位に立ち，最高機関として首班指名を行うべきものということができる。

そこで特に考慮しなければならない問題がある。議院内閣制諸国の首長は，いずれも一党一派に偏しない，政治的にはニュートラルであることである。首長は，政治的に中立であるからこそ，政党制をベースとした政党内閣を組織するため，首班指名を適切にそして公正に行うことができるのであって，格別の混乱や障害を生ぜしめることがないのである。政党制を基礎としてその上で政党の政治活動を認め，政党による政権構成すなわち政党内閣を基本とするシステム，いうまでもなくそれは議院内閣制であるが，ここでは，首班指名に際していずれかの政党に偏倚するようなことがあってはならない。指名権者の政治的中立は絶対的要件である。

しかしながら，民選議会である国会の脱政党化あるいは政治的中立の実現は，国会の完全な機能不全をもたらす致命的要因でもある。そこで日本国憲法は，国会に対し，国権の最高機関と唯一の立法機関という2つの地位を与

え，首班指名権を行使する国会は脱政党化した最高機関として，立法権を行使する国会は通常の政党活動が認められる政党制をベースとした立法機関として，明確な区別の上で活動すべきものと規定したのである。

しからば，最高機関としての国会における首班指名は，実際にはどのように行われるべきか。最高機関としての国会の各議院においては，立法機関ではないから通常の議案審議などの場合と異なり，政党制を離脱しなければならない。そのため，各党各派はいずれも，党議で自派の党首を指定して所属議員に指名投票を強制するが如きは，許されないこととなる。

立法機関としての国会における政党の活動は，各党各派がそれぞれ独自に一定の活動方針と，これに基づく個別の審議案件についての賛否の意思を定め，所属議員はそれぞれこれらの党の確定した意思に従い，各委員会や本会議の議事に参加し，発言し，表決する等活動するのが普通である。しかしながら，最高機関としての国会においては，政治的中立の要請があるから，政党のこのような所属議員に対するコントロールは一切許されないこととなる。日本国憲法が規定した「国権の最高機関」は，議院内閣制諸国の首長とほぼ同様の地位で，政治的にはニュートラルでなければならないからである。そうであれば，衆参両院の議員すべてがそれぞれ，所属政党の意思に基づく拘束がとり払われるから，指名のための選考や投票は，自己の意思に基づき主体的に行うべきこととなる。

いいかえると，国権の最高機関たる国会は，衆参両院において各党各派いずれもがその政党活動の一切を停止し，他方，国会議員は，いずれもその所属党派による拘束ないしは規律が消滅して独立と自由が保障されることになった状態において成立するのである。首班指名は，そういう最高機関としての国会において行われるべきものなのである。

けれども，上の場合における各議員の行動は，所属政党による統制は排除されても完全に自由ではない。すなわち「憲政の常道」という政治的規正原理に従わなければならぬからである。憲政の常道は，かつて日本の政党と国民が一体となって強大な専制的政治勢力と戦い，獲得した民主的な政治原理であって，議院内閣制諸国に共通の普遍的な規正原理である。

それでは，憲政の常道とはどのような政治原理であろうか。第一は，首班

すなわち内閣総理大臣は，衆議院における多数党―第一党の党首であること，第二は，多数党内閣が倒れた場合は，在野の反対党の党首が後継首班に指名されるべきこと，ただし，この場合の内閣総辞職が内閣総理大臣の死亡，病気その他一身上の理由であるとき，および党則等による党首の任期満了を理由とするときは，当該多数党の後継党首が指名されるべきこと，第三は，日本国憲法68条1項にもその定めがあるように，閣僚および政務官は，原則的に，いずれも首班の属する政党に所属する国会議員であること，がこれである（宮澤俊義・日本憲政史の研究（岩波書店，1968年）92頁参照）。

憲政の常道の要点は，議院内閣制の基盤である政党制の上に立つ多数党内閣制であること，その適正な運営を確保するため，政党間の政権交代が円滑に行われるべきことを保障する政治原理といえよう。これにより，国会の各議院において首班指名の議事が行われるときは，各議員は，いずれも所属政党の規律を離脱して自由で独立しているが，他方では，上の政治原理すなわち憲政の常道に従って所要の選考を行い，指名の投票を行うべきこととなる。

いいかえると，国会の各党各派はいずれも，首班指名の議事に際しては党首への投票を所属議員に強制することなく，各議員はいずれも，所属党派の拘束を受けないとともに，最大多数の有権者国民の信任を獲得した事実を尊重し，この民意に従うため，党派の違いを超越して第一党の党首を指名する。これが憲政の常道第一原則の趣旨である。

憲政の常道第二原則は，政権の交代である。これまで完全に無視されて政権交代は行われず，政権たらい廻しが常態となっていたことはさきの「国会の首班指名」で指摘したとおりであるが，日本国憲法の定める議院内閣制を適正に実施するには，今後はこの第二原則に忠実に従う外はない。

ここで特に注意すべきは，政権交代によって在野の反対党が政権につくと，それは少数党内閣となることである。第一原則に従って多数党が政権につくが，その政権が所与の期間これを維持することができずに倒れた場合は，第二原則に従って反対党が政権につくことになるけれども，その反対党は当然に少数党であるからである。議院内閣制は，民主政治の原理に従って多数党内閣を原則とするけれども，その適正かつ弾力的な運営を確保するため必要な限度において，少数党内閣の存立もまた，容認されていることに注意しな

II 国権の最高機関

ければならない。

次に，首班指名における各議員の投票について，再度論及したい。さきに指摘したように，指名の投票は，各議員の完全な自由に属する。その自由を制約する何等かの義務を負わせるようなこと，たとえば組閣に際しての協力あるいは連立の受諾の義務，などを伴うものではない。また，指名することは信任を付与することではない。信任，不信任は，その内閣の実際の活動，実績をみて判断すればよいのであって，指名それ自体で決せられることではない。

また，首班指名は，政権の構成とその運用の委託ということであるから，過半数を制する多数党が存在せず小党が分立して，政権の構成と運用にたえ得る政治勢力が存在しないというような場合に，憲政の常道をどのように運用するかという問題がある。たとえば，1993年（平成5年）の127回国会における細川内閣成立の場合の如きケースである。

ここでは，指名前の総選挙の結果，最大多数の自民党が232で以下社会党77，新生党55，公明党52，日本新党39，民社党19，新党さきがけ13その他となった。そのため，多数党の自民党であっても過半数には達せず，他の各党はそれ以下の群小政党であった。このような場合に，政党の枠組を離脱して独立した各議員は，首班指名にどのように対応すべきか，多様な考え方や手法があるだろう。

上の場合，第一に考えるべきは直前の選挙の意味である。当時は，小選挙区制導入による政治改革が大きな問題となり，これにどう対応するかで積極派と消極派に分れ，時の宮沢内閣の方針は対立する両派の間で明瞭ではなかった。そのため，積極派の野党から宮沢内閣不信任決議案が提出されたところ，与党自由民主党内の積極派がこれに賛成し，よってこれが可決されたので衆議院は解散され，総選挙となった。その結果は前記のとおりである。

ここでは，最大多数の第一党の党首指名という憲政の常道第一原則に従えば，自由民主党の党首となる。しかし，同党は第一党とはいえ過半数の議席を持ってはいないから，政権基盤は不安定なものとなろう。このような場合，二，三位連合等少数党の提携で多数派形成を図る手法があり，ここでは，社会党，新生党，公明党，日本新党，民社党，新党さきがけの各党が反自民党

勢力を結集して非自民連合を形成し，その盟主に日本新党の細川護熙をたて，自由民主党をしのぐ多数派勢力を形成した。

これにより，多数党である自由民主党の党首河野洋平か，各党各派の連携で多数派を形成した非自民連合の盟主細川か，という形で首班指名が争われることとなった。総選挙の結果，上のような政治状況となったことを考えると，非自民連合の形成は妥当でこれにより過半数を確保することとなったから，細川指名の成立は当然でその選択は当時の政治状況の下で適切であったといい得る。

これを要するに日本国憲法の定める首班指名は，国会議員の各員がそれぞれ議院内閣制諸国の首長と同様の地位に立つこと，すなわち立法機関の一員ではなく最高機関の一員として，憲政の常道に従い政治的中立を保持して自由な選考の上，指名の投票をすべきものなのである。

4　結　論

以上の所論を総括すると，先ず日本国憲法は天皇の国政関与を一切排除したので，議院内閣制諸国に共通の首班指名に関する3つの機関の一を欠くことになった。これを補完するため憲法は，国の首長に相当するものとして国会を国権の最高機関と位置づけ，この最高機関たる国会が首班指名を行うべきものとした。しかるに，この憲法の定めは，今日まで正しく理解されず正しく運用されなかった。60年以上にわたって国会は最高機関としてではなく，立法機関すなわち三権の一である立法権の主体として首班指名を行ったから，ゆがめられた形でそれが行われることは避けられず，さきに「国会の首班指名」で指摘したようなさまざまな問題をかかえた運用となった。

そうであれば，正常な首班指名すなわち日本国憲法の規定の趣旨に適合した首班指名とは何か。先ず，首班指名という国務ないしは権能の性質にかんがみると，その帰属または運用の主体は，国の首長ないしはこれに相当する機関であることを要するところから，日本国憲法はこの点を考慮して特に「国権の最高機関」を設け，国会が首班指名を行う場合は，「立法機関」ではなく「国権の最高機関」の地位について行うべきものとしたのである。

II 国権の最高機関

　そのための要件，すなわち国会が立法機関ではなく最高機関となるにはどのような要件の整備が必要となり，どのような状態においてそうなるのか，いいかえると，最高機関であることと立法機関であることとの違いは何かが問題である。

　前述のように，立法機関たる国会は，議院内閣制における民選議会として政党制を基盤とし，政党が中核となって活発に活動することが認められる国家機関である。そして，議院内閣制は，これを前提としこの上に立って民選議会で最多の所属議員を有する政党，すなわち第1党に政権を委ねるべきものとしつつ，政党間で政権交代が行われるという弾力的な政党内閣をもって，三権の一である行政権の帰属主体とする。それは，民選議会における各党各派の所属議員数の多寡が有権者国民の政治的意思の表明の結果であるから，この明示された民意を尊重し，これに従って政権が組織されるべきものだからである。

　しかして，民選議会における政党政派の所属議員の多寡を通じて民意の所在を確認し，これに基づいて政権を委ねるべき政党の党首を首班に指名することは，議院内閣制諸国では政治的にニュートラルである首長の任務であり，権能である。これが首班指名に関する3つの機関の関係であるが，ここで注目すべきは，議院内閣制における民選議会は，首班指名に関しては，本来的に指名を受ける側に位置するいわば客体であって，指名するという主体的な立場にあるのではない点である。

　しかるに，日本国憲法は首班指名について，本来的にはその客体である国会を同時にその主体とも位置づけながら，その差違については明文の定めを設けず，すべてを実際の運用にまかせたため混乱の生ずることは避けられなかった。

　それでは，国会が通常のあるいは本来のというべき立法機関ではなく，国権の最高機関となるためには，いかなる要件をそなえるべきか。前述したように，それは政党制を離脱し無党派の基盤に移り替わることである。国会は，根本的には政党制を基盤とした民選議会であるから，その国会の議員の中から首班を指名する以上は公正な指名を確保するため，指名権者は，いずれの政党政派にも偏倚しない，政治的に中立であることが必須の要件となる。

一般に議院内閣制諸国の首長は，いかなる政党政派にもかたよらない政治的中立の堅持が必須とされ，これが国民の信頼を集め，その首長に首班指名という最重要の権能をあずける根拠ともなっている。ことに，首班指名権の客体である民選議会は，各党各派のいずれもがその勢力の大小多寡にかかわらず，政権の獲得を目指して活動する場であり，政党の政治活動が広く許容された唯一の国家機関である。そういう民選議会である国会の議員の中から首班を指名するとすれば，諸国の首長がそうであるように，指名権者の政治的中立は必須条件となり，公正な指名は政治的にニュートラルであって始めて実現し得ることになろう。

　けれども，立法機関たる民選議会に政治的中立を求めることは，自殺を強制するも同然で適当ではない。同時に，そのような立法機関に首班指名権を委ねることもまた，中立公正に行われるべき首班指名を政党政派の争いの渦中に放り込んで泥まみれにすることとなる。さらには，首班指名の主体と客体を合体してその区別を混淆し，適正を喪失する重大な要因ともなろう。89回国会における首班指名の如き事例の生ずる所以である。

　よって，憲法は国会に首班指名権を委ねたのではあるが，それは立法機関としての国会ではなく，「国権の最高機関」という独自の地位を与え，国会は，普通の立法機関ではなく最高機関の地位について首班指名権を行使すべきものとした。ただし，憲法はその要件を定めず，すべてを実際の運用に委ねたから，その趣旨が正しく理解されないままに混乱はあったが，それは，一言でいえば脱政党化であり，最高機関たる国会は，各党各派のいずれもがその活動の一切を停止し，国会議員の全員は，いずれもその所属党派の覊絆を離脱して独立した状態の下で成立する。そして各議員はいずれも，個人としての独自の認識と判断をもって指名の投票を行うこととなるが，これがすなわち最高機関としての国会の首班指名なのである。

　衆議院において，最多数の所属議員を有する第1党は何党か，その党首は誰か，第2党は何党でその党首は誰か等，衆議院における政党政派の勢力状況は客観的事実であるが，この事実は，総選挙の行われた時点における民意の所在を表明するものであり，各党各派の勢力の大小は，有権者国民の信任の多寡が表明されたものと理解されている。

Ⅱ　国権の最高機関

　上のように，政党を媒介として民意の所在を確認し，これに基づき，最多の信任を獲得した第1党の党首を首班に指名し，同時に当該第1党に政権の構成と運営を委任するシステムが議院内閣制であって，これを実現するための規正原理が憲政の常道である。したがって，その基本的要素となる首班指名は，衆議院における各党各派の勢力状況という客観的事実に基づいて，公正に行われなければならない。すなわち，上の客観的事実についての認識は人によって異なるものではないから，この認識に基づき，憲政の常道に従って首班に指名すべき者は誰かを判断すれば，政党政派がその活動を停止しその垣根がとり払われたところで当該判断が行われた場合，国会議員の全員の指名は一致する。日本国憲法の定める国会の首班指名は，まさに上の如き結果となるべきものであって，現行の如き各党各派に分裂した投票結果となるような方法ではない。

　次に，国会の指名を受けた者によって組織された内閣は，特定の政党をベースとした政党内閣であることが普通だが，そうだからといって当該政党の内閣かといえばそうではない。日本国憲法の下では，内閣は名実ともに行政権の帰属主体として国政の運営執行の任に当るが，それは，日本国および日本国民全体のためにそうするのであって，特定の政党やその政党の支持者のために存立し活動するのではない。

　日本国憲法15条2項は，「すべて公務員は，全体の奉仕者であって，一部の奉仕者ではない」と定め，公務員の政治的偏向を禁止し，厳正に中立を保持すべきものとしている。この規定における「公務員」には，当然に内閣総理大臣を始め全国務大臣が含まれることはいうまでもないが，このような憲法の定めをまつまでもなく，内閣は本来的に不偏不党で政治的中立を堅持し，日本国と日本国民のために活動すべき国家機関でなければならない。

　そうであれば，その成立の根本要因となる国会の首班指名もまた，政治的には偏向のない政党政派の勢力関係とはかかわりのない，中立的な状態において行われることが適切であることはいうまでもあるまい。前述のような政党政派を超越した国会，すなわち国権の最高機関としての国会において全議員の指名を受け，その指名に基づいて任命された内閣総理大臣と，その内閣総理大臣に任命された国務大臣で組織する内閣であれば，現行の如き一党一

派に偏倚した指名投票に基づく内閣とは異なり，政党内閣の政治的中立という一見二律背反的となる原則の強調も，容易に理解されることとなろう。

　さらに，上の如き最高機関たる国会を規律する基本原理は，既述のように憲政の常道である。さきに「国会の首班指名」においても，立法機関としての国会の活動は多数決原理の規律を受けるが，最高機関としての国会は憲政の常道が基本原理だとしたので，ここで若干の補足をすれば，次のとおりである。すなわち，最高機関としての国会の活動を規律する基本原理が憲政の常道だということは，正確にいえば，最高機関としての国会の各議院を組織する議員の全員が，それぞれ個別に憲政の常道の規律の下に行動すべきものということであり，これによって各議員が指名の投票を行うべきこととなるという意味である。その投票により被指名者が決定されるがその決定は，多数か否かによるからその限りでは多数決原理の規制の下に置かれることになる。しかし，単純に多数決原理の規制下にあるというのではなく，国会議員の全員がいずれも憲政の常道にしたがうべきことになるという点で，立法機関たる国会とは異なるのである。

政府の憲法解釈とその変更
――国会・内閣・内閣法制局――

浦 田 一 郎

1　はじめに

　政府の憲法解釈[1]は実質的には内閣法制局が作ったものであるとし，その解釈の変更や内閣法制局等の組織改革が主張されている。そこには立憲主義をめぐる重要な問題が含まれていると考えられるので，取り上げることとしたい。これらの主張をめぐる議論を国会の憲法論議を中心にして紹介し，若干の検討を加えることとする。国会の憲法論議については，議事録に見られる質疑と，質問主意書・答弁書に現れた質問・答弁を取り上げることとする。これらの議論を通して，国会の役割についても考えていきたい。
　インターネットにおける国会の議事録において「憲法解釈」と「内閣法制局」の二つのキー・ワードの両方が出てくる発言を議事録単位で数えた。ただし，法制局が内閣法制局に変わった1962年7月1日より前は，基本的に「内閣法制局」の代わりに「法制局」で検索し，その中から議院法制局関係のものを除いた。その期間のうち，1948年2月15日から1952年7月31日まで法制局が廃止され，その職務は実質的に法務庁，法務府が担当した。その組織の中で「法制長官」，「法制意見長官」の下で職務が行われていたので，その機関については「法制」で検索し，関係のないものを除いた。1947年5月3日に日本国憲法が施行されてから，2008年3月2日現在で最新の議

（1）　浦田一郎『立憲主義と市民』（信山社，2005）231-233頁。解釈論としても，法の解釈は認識と実践との総合的作用として構成されるべきだと考えている。

事録が見られる2008年2月26日までの約62年間で，186件が現れる。それを年代毎に見ると，1940年代が7件，50年代が35件，60年代が21件，70年代が8件，80年代が4件，90年代が35件，約8年間の2000年代が76件である。すなわち90年代以降，特に2000年以降にはっきり集中している[2]。

上記の発言が具体的な憲法問題を論じている場合が141件，そのうち平和主義関係が103件，さらにその中で集団的自衛権関係が42件，その他が38件である。その他の中には政教分離や私学助成の問題等が含まれている。若干の例外を除けば，基本的に平和主義関係であり，その中で集団的自衛権関係が中心的である。

憲法解釈と内閣法制局をめぐる国会論議は一般論の形で論じられることもあるが，時代やテーマとの関わりが強いことが分かる。すなわち，全体として平和主義関係が多く，その中でも1950年代には再軍備問題あるいは個別的自衛権の問題，90年代以降，特に2000年以降は自衛隊の海外出動，特に集団的自衛権の問題とともに論じられてきたと言ってよい。これは常識的に理解されてきたことであるが，ある程度数字によって確認することができる。

1と2で政府の憲法解釈をめぐる議論を紹介し，そのうち1で政府解釈がどのように認識されているか，2で政府解釈の変更についてどのように議論されているかを見ていきたい。さらに3で政府の憲法解釈について立憲主義の観点から若干の検討を加えたい。

2 政府解釈の理解

(1) 政府解釈の性格

有権解釈の一つとしての政府解釈の性格は，どのように理解されているであろうか。法的判断を専門的に行う司法部門に対して，政治部門は政治的判断を行う機関として一般的に理解されている。しかしながら，政治部門は法的判断も行っている[3]。この側面は軽視されてきたが，もっと重視される

---

(2) ちなみに，衆参の憲法調査会が設置されたのは，2000年1月20日である。
(3) 安西文雄「憲法解釈をめぐる最高裁判所と議会の関係」立教法学63号（2003）69頁は，アメリカにおいても憲法解釈についてそのような理解が一般的であるとす

必要がある。「有権解釈権といたしましては、質的には最高裁の憲法解釈が重要であるというのはもちろんであります。量的には政治部門、議会や行政府による憲法解釈の方が、最高裁が異なった解釈を示さない限り現実を支配するという意味で大きな位置を示しているという御意見があります。」[4]憲法解釈はまず政治部門において行われ、その中で国会が一次的解釈権を持つとされる。上記佐藤議員の発言を受けて、山口繁前最高裁長官も以下のように述べている。「国会が唯一の立法機関でございますから、その立法過程において当然憲法適合性を審査されるわけでございまして、第一次的な憲法適合性審査権は国会にあるわけでございます。ただ、その憲法適合性について問題が生じました場合に、それが具体的な事件に付随して最終的な判断を下すのは最高裁判所である」。同種の発言は議事録の中で繰り返し見られる。国会による憲法解釈は、解釈に関する特別の手続ではなく立法によるものが通常考えられている。「国会が立法することによって憲法の解釈を示す」[5]。

　政治部門の中で内閣も憲法解釈を行う。それは法案や行政の憲法適合性を確保するためである。「内閣としての憲法解釈は、こういう法案等の審査に際して必要であるというだけではなくて、行政執行そのものの憲法適合性を確保する上でも必要になる場合が多々あります。」[6]そのために内閣として解釈を統一する必要がある。「内閣として統一した憲法の理解のもとに行政を一貫して進めなければならない」[7]。その内閣の解釈は国会に示されることがある。「立法のプロセスで憲法解釈を前提としてそれを国会にお示ししている」[8]。その憲法・法令解釈の性格について、総合性や論理性が強調さ

る。
（4）　佐藤勉議員156回2003（平成15）年5月15日衆・憲法・統治3号14頁。肩書は全て発言当時のものとして議事録に示されたものである。以下、同じ。この発言は、内野正幸『憲法解釈の論理と体系』（日本評論社、1991）163頁に基づいていると思われる。
（5）　飯尾潤参考人151回2001（平成13）年3月7日参・憲法3号4頁。
（6）　阪田雅裕内閣法制局第一部長151回2001（平成13）年6月6日参・憲法9号2－3頁。
（7）　同3頁。
（8）　同7頁。

れている。「一般的に，憲法を始めとする法令の解釈は，当該法令の規定の文言，趣旨等に即しつつ，立案者の意図や立案の背景となる社会情勢等を考慮し，また，議論の積み重ねのあるものについては全体の整合性を保つことにも留意して論理的に確定されるべきものである。」[9]。

政治部門の憲法解釈の重要性について，以上のような一般論に加えて，付随的違憲審査制や司法消極主義という特殊性がしばしば指摘されている。「付随的違憲審査制また統治行為論のもとで」，「国会がまず，今ある憲法はどういうふうなものなのか，そういうことをきちんと議論しないといけない」[10]。「司法が十分役割を果たしていない場合には」[11]，「最高裁が憲法9条の解釈権を事実上放棄している以上」[12]として，同趣旨のことが言われている。これらの発言は，全て内閣法制局ではなく国会が憲法解釈を行うべきだとする文脈でなされている。

(2) 内閣法制局の役割

そこで，内閣法制局について見ていこう[13]。当事者は，内閣法制局の知名度が低く，「封筒のあて名も3分の1ぐらいは法政大学の『法政』というふうになっております」と言う[14]。内閣法制局設置法3条に規定されている権限の中で重要なのは，法律案等の審査を行う審査事務と，法律問題に関し内閣等に意見を述べる意見事務である。これらを通して，憲法解釈が示される。内閣法制局の憲法解釈は，「政府の行政運営の統一性を確保するとともに，公務員の憲法尊重擁護義務を適切に果たす上で重要な意義を有す

---

(9) 伊藤英成議員提出内閣法制局と自衛権についての解釈に関する質問に対する答弁書（2003（平成15）年7月15日衆議院提出）。同趣旨の答弁は繰り返されている。
(10) 中村哲治議員154回2002（平成14）年4月25日衆・憲法3号（その1）8頁。
(11) 早川忠孝議員162回2005（平成17）年2月3日衆・憲法1号32頁。
(12) 山崎拓議員151回2001（平成13）年5月9日衆・本28号8頁。
(13) 内閣法制局百年史編集委員会『内閣法制局百年史』（大蔵省印刷局，1985），中村明『戦後政治にゆれた憲法九条――内閣法制局の自信と強さ〔第2版〕』（中央経済社，2001），西川伸一『立法の中枢・知られざる官庁・新内閣法制局』（五月書房，2002）等参照。浦田・前掲注(1)299－302頁。
(14) 阪田・前掲注(6)2頁。

る」[15]。法律については一義的には所管の省庁が解釈するが，憲法については内閣法制局が内閣としての憲法解釈の統一を図る[16]。

　審査事務が厳しく行われることは，いろいろな形で言われている。「法案の審査は，……骨格の部分から枝葉，よく言われるてにをはに至るまでいろんな角度，縦横斜め，場合によってはひっくり返して見たりというようなことで検討を加えていく」[17]。「極端な場合には題名と附則という字だけ残ったという例もあるくらい，実に詳細に検討いたしまして，法案としての完ぺきを期しております。」[18]「条文一行に3時間かけるから参事官」[19]。

　特に憲法問題については慎重である。「憲法上の問題とかいうことになりますと，われわれが自信のないものは，それはやはり通さぬことにしております。」[20]「仮に裁判所が政府の行為あるいは立法を何らかのきっかけで裁かれる，憲法適合性を判断されるということになったとしても，決して違憲であるというふうな判断がされることのないような憲法解釈をということを心がけている」[21]。

　このような内閣法制局による審査は，「各省庁の専門的見地からする立法的要求を，……修正させてしまう可能性をふくんでいる」[22]という指摘がある。

　審査事務について，「閣議に附される法律案，……を審査し，……内閣に上申する」とされている（設置法3条1号）。従って，法案は内閣法制局の審査

---

(15)　津野修前内閣法制局長官156回2003（平成15）年5月15日衆・憲法・統治3号4頁。
(16)　阪田・前掲注(6) 3頁。
(17)　同2頁。
(18)　吉國一郎内閣法制局長官71回1973（昭和48）年6月27日衆・文教25号26頁。
(19)　「内閣法制局・実像と虚像4」讀賣新聞1997年7月29日朝刊。参事官は内閣法制局の所掌事務をつかさどる職員である（設置法5条3項）。
(20)　高辻正巳法制局次長40回1962（昭和37）年3月22日衆・内閣19号14頁。
(21)　阪田・前掲注(6) 7頁。
(22)　佐藤竺「司法官僚と法制官僚」『岩波講座・現代法』(1966) 6巻（潮見俊隆編「現代の法律家」）58頁。西川伸一「内閣法制局による法案審査過程——『政策形成過程の機能不全』の一断面として」政経論叢72巻6号（2004）303頁，同旨。

をパスしなければ，閣議に上げられない(23)。意見事務について，「法律問題に関し内閣……に対し意見を述べる」(同3号)とされている。意見事務の場合を含めて一般的に，「内閣法制局の意見は，政府部内におきましては専門的意見として最大限尊重されることが制度上当然のことと予定されている」(24)。「事実上尊重されるもの」(25)とされ，法的拘束力はないと説明されている。内閣法制局見解が内閣によって受け入れられれば，内閣の見解となる。

　実際の内閣法制局の役割について，政府弁護的だとする指摘がしばしばなされてきた(26)。「時の政権とかあるいは時の行政に極めて有利な形にも流れやすい」(27)。逆に，「内閣の政策が内閣法制局によって規定されている」とする批判も，特に90年代以降数多く見られる。国連平和協力法案にかかわって自衛隊派遣に慎重論を採った内閣法制局に対して，1990年10月加藤六月自民党政調会長が内閣法制局長官の罷免を主張した。これは内閣法制局にとっての「大津事件」とも言われた(28)。首相経験者による内閣法制局批判もある(29)。内閣と内閣法制局の関係について，「時の政権に対しては政権維持装置として『貸し』をつくる一方，解釈には口をはさませず面目を保つのである。このギブアンドテイクの関係」(30)が指摘されることもある。

　国会では内閣法制局は内閣を弁護する。長官は法律案に「判を押す」以上，「弁明を申し上げる。」(31)法律案を「合憲と言うに決まっている」(32)。事実上

---

(23) 西川・前掲注(13)73頁。
(24) 津野・前掲注(15)3頁。
(25) 同4頁。
(26) 『内閣法制局百年史』前掲注(13)204頁以下。
(27) 末松義規議員156回2003（平成15）年5月29日衆・憲法7号（その1）15頁。
(28) 国正武重『湾岸戦争という転回点』（岩波書店，1999）160，172頁。工藤敦夫内閣法制局長官は「そんな大袈裟な（笑）」と言っているが（237頁）。
(29) 中曽根康弘「『集団的自衛権』を認めない内閣法制局は法匪である」正論平成14年6月号（2002）101頁。
(30) 西川・前掲注(13)79頁。
(31) 高辻正巳内閣法制局長官48回1965（昭和40）年2月27日衆・予算1分6号11頁。
(32) 島聡議員154回2002（平成14）年5月23日衆・憲法・政治4号6頁。

の問題として，内閣法制局による支配に対する不満が述べられてきた。「政治部門における憲法解釈については，それが政府の一部門である内閣法制局に事実上委ねられているのは不当であるとする意見が多く述べられた」(33)。これらは武力行使制限論，特に集団的自衛権行使違憲論に対するものである。これらの議論に対して，「むしろ国会がその解釈を鵜呑みにしていることが問題であるとする意見」(34)が出されている。内閣法制局からすれば，その意見は「国会等に対して拘束力を有するといった性格のものではない」(35)。「国会においてもそういう政府の憲法解釈に問題がないかということを一つは十分に御議論をいただきたい」(36)ということになる。

司法との関係で，「内閣法制局こそ，第一次違憲審査所」(37)だとする議論がある。「最高裁の違憲審査に対する姿勢は一貫して消極的であり，その結果，内閣法制局が実態面で最高裁の役割を果たすがごとき事態を招いている」(38)。さらに内閣法制局による事前の違憲審査が厳しく行われるので，裁判所，特に最高裁の違憲判決が少ないと言われることもある。「日本で違憲判決が少ない理由の一つとして，重要な法律が内閣提出の政府立法として成立し，政府立法に対しては内閣法制局の違憲審査を含む精緻な審査が行われていることを挙げることができます。」(39)

内閣法制局の役割について，その両面性を指摘するものが多い。「創造と抑制」であり，施策遂行のための法的制度を築き，違憲のそしりを受けないようチェックするという当事者の発言がある(40)。「内閣法制局は一方におい

---

(33) 『衆議院憲法調査会報告書』(2005) 404頁。
(34) 同。志方俊之参考人156回2003（平成15）年7月9日参・憲法8号8頁。
(35) 津野・前掲注(15) 4頁。
(36) 阪田・前掲注(6) 7頁。
(37) 五十嵐・小川『議会――官僚支配を超えて』(岩波書店，1995) 72頁。
(38) 参議院憲法調査会『日本国憲法に関する調査報告書』(1995) 184頁。江田五月議員151回2001（平成13）年6月6日参・憲法調査会9号7頁。
(39) 中村睦男参考人151回2001（平成13）年3月14日参・憲法4号2頁。大石眞「内閣法制局の国政秩序形成機能」公共政策研究6号 (2006) 7，12頁。
(40) 大森政輔内閣法制局長官「内閣法制局・実像と虚像・番外編」讀賣新聞1997年10月11日朝刊。

て法治国家を支えるものとしての役割を自覚しながらも，他方においては内閣の顧問としての立場から時の政府の施策を法律的に弁護しなければならない立場に置かれている。」[41]さらに，「内閣法制局は，いわば憲法秩序の維持の機能を果たす一種の憲法保障機関として位置づけることができる」[42]とする評価もある。

3 政府解釈の変更

(1) 解釈の変更

以上のような政府の憲法解釈の変更を求める動きがあり，その中心は言うまでもなく集団的自衛権不行使解釈の変更である。

そこで，政府解釈の変更を求める立場から，過去において解釈変更が行われてきたのではないかがしばしば問題にされてきた。それに対して，公式には解釈変更の例は文民解釈の一例だけとされている[43]。制憲議会における吉田茂首相の自衛権否認的見解と自衛力論の間には政府解釈の変更があったのではないかとする質疑は，何度もなされている。それに対して，「その説明ぶりの言葉は若干の変遷がございますけれども，そこに流るる基本的な考え方というものに憲法解釈の変更を伴うような変更はない」とする答弁がなされてきた[44]。同趣旨のことを微妙な形で言っている。「憲法施行後，間もないころは，解釈，運用に若干の揺れがあってもおかしくなかった。自衛隊の発足に伴い，昭和29年（1954年）12月に説明ぶりを変えてから，四十何

---

(41) 片岡寛光『内閣の機能と補佐機構』（成文堂，1982）258頁。西川・前掲注(22) 280頁も，「法律の番人と権力の侍女」とする。

(42) 大石・前掲注(39)15頁。

(43) 島聡議員提出政府の憲法解釈変更に関する質問に対する答弁書（2004（平成16）年6月18日衆議院提出）。

(44) 石破茂議員の質疑に対して，大森内閣法制局長官140回1997（平成9）年2月13日衆・予算12号34頁。吉田見解とそれをめぐる質疑・答弁について，浦田一郎「自衛力論をめぐる憲法解釈と憲法改正」法の科学37号（2006）84－86頁，同「対内的実力に関する近代戦争遂行能力論――自衛論前史1」法律論叢79巻4・5合併号（2007）37－38頁。

年一貫しているということに注目してほしい。」[45]

　前述のように政府解釈の総合性・論理性を指摘した上で，その憲法解釈の変更について特に慎重でなければならないとする政府見解が示されている。「前記のような考え方を離れて政府が自由に法令の解釈を変更することができるという性質のものではないと考えられる。中でも，憲法は，我が国の法秩序の根幹であり，特に憲法第9条については，過去50年余にわたる国会での議論の積み重ねがあるので，その解釈の変更については十分に慎重でなければならないと考える。」[46] 従って，安易な変更をすれば，憲法解釈や憲法自体の信頼が損なわれるとする。「仮に，政府において，憲法解釈を便宜的，意図的に変更するようなことをするとすれば，政府の憲法解釈ひいては憲法規範そのものに対する国民の信頼が損なわれかねないと考えられる」[47]。これらの答弁は慎重な解釈変更の可能性を否定していない。上記のことを「前提に検討を行った結果，従前の解釈を変更することが至当であるとの結論が得られた場合には，これを変更することがおよそ許されないというものではない」[48]。

　小泉純一郎首相は，内閣発足に当たって，集団的自衛権の研究という形で変更を模索する動きを見せた[49]。その後断念し，明文改憲に取り組もうと

---

(45)　大森・前掲注(40)12日朝刊。

(46)　答弁書・前掲注(9)。保安隊を自衛隊に変えようとする論議の中で，当時の林逹夫法制局長官が内閣毎に憲法解釈の変更が可能だと述べたことがある。「おのおのその内閣の特殊性を持っておりますから，その内閣の正しいと信ずる憲法解釈をおとりになる，これは当然のことだと思います。」(19回1954（昭和29）年4月23日参・外務・内閣・大蔵連合3号5頁) この発言自体は自由党から社会党に内閣が変わったとした仮定の話であるが，一般論を展開している。その理由は，①内閣は異なる国会の意思に基づく，②解釈は進歩する，③最高裁判例の変更もあり得るというような点である（同22日同2号22頁）。ただし，事実の問題としては「政府としては全然根本の態度は変つておりません」とする。

(47)　藤末健三議員提出集団的自衛権についての政府見解等に関する再質問に対する答弁書（2005（平成17）年11月4日参議院提出）。

(48)　答弁書・前掲注(43)。その点を強調するものとして，佐瀬昌盛「金縛りが解けた集団的自衛権」Voice 2001年7月号122頁。

(49)　浦田一郎「政府の集団的自衛権論――従来の見解と小泉政権下の議論」市民と憲

したと思われる。「便宜的な解釈の変更によるものではなく，正面から憲法改正を議論することにより解決を図ろうとするのが筋だ」[50]。安倍晋三首相の下で作られた私的諮問機関「安保法制懇」は政府解釈の再検討に着手したが，安倍内閣の崩壊後 2008 年 6 月に注目されないまま報告書を提出した。明文改憲がやや長期的な問題になり，再度政府解釈の変更の模索は行われるのではないかと思われる。

解釈変更の方法として，多様な主張がなされている。乱暴な形では内閣法制局長官の罷免が度々言われてきた。1991 年 1 月に西岡武夫自民党総務会長は，「内閣法制局幹部が自衛隊機派遣に首を傾げているようだが，首を傾げるぐらいならば，首を切ってしまえばいいんだ」と言ったと伝えられている[51]。「首をかえればいいじゃないですか。」[52]解釈変更を行う人物を任命しようと言うのであろう。内閣法制局とは別に，「単なる法律論だけでなしに，各方面の御意見を聞く」[53]という趣旨で内閣関係者の私的諮問機関を設けて，解釈の変更を目指す方法も考えられた。この考え方に基づき，1984 年 8 月官房長官の私的諮問機関として「閣僚の靖国神社公式参拝に関する懇談会」が設けられた。前述の「安保法制懇」も同様のものであろう。その上で，「政府の見解を変更する場合には当然閣議決定でいい」[54]とする。

さらに政府解釈変更のための国会の役割が強調される。「国会は実は議決をすれば古い法律を廃止して新しい法律をつくることができるのに，憲法解釈は変えられないということがしばしばなされるというのは少し問題であ」[55]る。国会による取組の最も基本的なものは立法であり，「安全保障に関する基本法を制定すべきであ」り，「これまであいまいにしてきた憲法解

法研究者をむすぶ憲法問題 Web（http://www.jca.apc.org/~kenpoweb）（2001）。
(50) 小泉純一郎首相 159 回 2004（平成 16）年 2 月 27 日参・本 7 号 8 頁。
(51) 国正・前掲注(28) 250 頁。
(52) 東祥三議員 151 回 2001（平成 13）年 6 月 13 日衆・外務 13 号 23 頁。
(53) 政教分離に関して，藤波孝生内閣官房長官 101 回 1984（昭和 59）年 5 月 8 日参・内閣 10 号 11 頁。
(54) 福島啓史郎議員 153 回 2001（平成 13）年 10 月 26 日参・外交 4 号 6 頁。
(55) 飯尾・前掲注(5)。

釈を確定」$^{(56)}$すべきだとする。議員立法による場合が考えられるが,「内閣法制局の憲法解釈とは異なる立法措置がなされた場合の内閣法制局の権限のあり方について」質問が出されている。その法律の憲法解釈や執行をどうするかという質問であるが,法案に関する国会審議において「十分な論議が行われ,政府の意見も十分に聴取されることが期待される。」$^{(57)}$従って,「国会が制定した法律を……誠実に執行することは当然である」とし,問題は生じないと答弁している。

国会決議による方法もしばしば考えられてきた。以前にも,1981年に自民党内に自衛隊合憲決議の動きがあり$^{(58)}$,民社党の佐々木委員長は「国会で,自衛隊の存在は合憲である旨の決議を行い,もって一部の疑義を解消し,国民的コンセンサスをつくるべきだという意見」$^{(59)}$を出した。国会決議は全会一致が原則なので,実現は困難との指摘がなされた。また「憲法問題を国会の多数決で決めるはおかしい」という批判も出された$^{(60)}$。90年代以降も国会決議論は少なくない。「山崎自民党幹事長が国会で決議したらどうかという御発言をしているようでありますが,それも一つの方法ではないかな」$^{(61)}$。なお決議は法的拘束力を持たないが,国会に対する内閣の連帯責任(憲法66条3項)から内閣に対して政治的・道義的拘束力を有していると考えられている。

(2) 組織改革

政府,特に内閣法制局の解釈に対して批判的な立場から,組織改革の主張も出されている。

その中には国会の強化を主張するものがある。一般的に国会を重視し,

---

(56) 武山百合子議員156回2003（平成15）年1月30日衆・憲法1号6頁。
(57) 島聡議員提出内閣法制局の審査権限等に関する質問に対する答弁書（2001（平成13）年12月18日衆議院提出）。
(58) 朝日新聞1981年1月21日朝刊。
(59) 佐々木良作議員94回1981（昭和56）年1月29日衆・本4号8頁。
(60) 朝日新聞1981年1月30日朝刊。
(61) 小泉首相151回2001（平成13）年5月15日衆・予算17号3頁。

II 国権の最高機関

「内閣法制局は廃止し，その機能を立法府たる国会に持ってくるべき」[62]だとする。国会内に何らかの機関を設けるべきだとするものがある。「国会においてこそ憲法の抵触性の有無の審議をする，そのための機関が恒常的に必要なんではないか」[63]。議院法制局の強化を主張するものもある。「衆参の議院法制局を一体化して国会法制局として，それの立場を強化する」[64]。「内閣の提案してきた法案を議会法制局がチェックする」。その上で内部の機能分化を図る。「議会法制局の立法補助の部分と，……憲法との関係でのきちんとした審査権というものを，機能を分けてやっていく」。議院法制局の強化とともに，内閣法制局の縮小を求めるものもある。「憲法解釈の機関として立法府たる議会にある衆参両院の法制局を強化し，執行機関の一部局たる内閣法制局を縮小する」[65]。既存の組織の活用が主張されている。「現在の憲法調査会あるいは憲法調査特別委員会……憲法審査会……これらの機関は憲法の調査，解釈において内閣法制局よりも強力な権限を有すると考えておりますので，これをぜひとも活用していきたい」[66]。新たな委員会の設置を求めるものもある。「国会が自ら憲法判断を行うようにすることが必要であることから，憲法委員会を常設の委員会として置くべきであるとする意見が述べられた。」[67]

憲法解釈について参議院の役割を強調するものがある。「現在の最高裁判所・内閣法制局の在り方に対する問題意識を背景に参議院に，解釈機能・違憲審査機能を持たせるという提案があった。」[68]

裁判所の改革案も出されている。その中には裁判所の権限強化を主張して

---

[62] 平野達男議員156回2003（平成15）年5月19日参・本24号10頁。

[63] 早川・前掲注(11)。渋谷秀樹参考人161回2004（平成16）年11月24日参・憲法5号22頁。

[64] 野田毅議員156回2003（平成15）年5月15日衆・憲法・統治3号19頁。

[65] 鹿野道彦議員162回2005（平成17）年2月10日衆・憲法2号21頁。

[66] 園田康博議員164回2006（平成18）年6月1日衆・本33号30頁。

[67] 衆議院憲法調査・前掲注(33)405, 410頁。山花郁夫議員162回2005（平成17）年2月17日衆・憲法3号21頁。

[68] 参議院憲法調査会・前掲注(38)156頁。松井孝治議員159回2004（平成16）年2月18日参・憲法1号21頁。

いるものがある。「内閣法制局が事実上行使している憲法適合性についての抽象的審査権を，司法権とは別の国家機能として最高裁判所に移すことも憲法上できないことではない」[69]。「現行の制度であれば，内閣法制局とそれから立法府の法制局との見解が分かれたときに終審裁判所へゆだねるという過程を明確にする必要があろう」[70]。さらに憲法裁判所の設置を主張する議論が多い。「行政権の一部である内閣法制局が憲法解釈を独占することがあってはならず，憲法院や憲法裁判所をつくるような形で，司法ができる限り違憲立法審査を行う機関をつくるべき」[71]だとする。それに対して，慎重論も出されている。内閣「法制局がそのような意見を出すことがそもそもいけないのか，あるいはそれとも法制局の出す意見がそもそも気に入らないのか……。……最高裁の改革，さらには憲法裁判所を設置して積極的に憲法判断を示すことになると，そこで出される憲法解釈が気に入らない場合，今度は内閣法制局に向けられた批判が裁判所あるいは憲法裁判所に向けられる可能性がある」[72]。

集団的自衛権行使を認める立場にとって，政府解釈はどれ程強い桎梏になっているか。以上のような政府解釈をめぐる議論は，そのことを示している。

4 政府の憲法解釈と立憲主義

(1) 政府の憲法解釈

立憲主義は憲法によって政治を拘束するとともに，憲法によって政治を正当化する両面的役割を果たしている。解釈論としては，前者が重視される。この立憲主義の観点から，政府の憲法解釈について私見を簡単に述べてみたい。

---

(69) 江田五月議員154回2002（平成14）年4月10日参・憲法4号3頁。
(70) 山下英利議員162回2005（平成17）年2月9日2号参・憲法3頁。
(71) 参議院憲法調査会・前掲注(38)185頁。衆議院憲法調査会・前掲注(33)404頁。
　　舛添要一議員154回2002（平成14）年4月10日参・憲法4号2頁。
(72) 渋谷・前掲注(63)15頁。

II 国権の最高機関

　政治部門において憲法解釈は必然的に行われ，また立憲主義にとって必要なものである。実際に膨大な憲法解釈が行われてきており，立憲主義の観点からもっと注目される必要がある。政治部門の中で国会と内閣，さらに地方自治体がそれぞれに憲法解釈を行うことが必要である。最高裁の判決が確定するまでは，国権の最高機関である国会が最高の有権解釈を行うべきものである。しかし，政治部門では裁判所と比べて直接的に政治的考慮が働く[73]ので，注意を要する。議院法制局や内閣法制局等の法制の専門家の役割が尊重され，また政治部門の憲法解釈が市民に公開され市民の評価を受ける必要がある。内閣法制局の官僚性に対する批判は，その前提の上で行われるべきものである。外国人の公務就任権に関する「当然の法理」は，その代表的なものとして批判されてきた。

　日本の違憲審査制は活発ではなく，特に最高裁の法令違憲が2008年9月現在で7種8件であり，極端に少ないことが指摘されてきた。そのうち，戦後の内閣法制局が正常に審査したものは少ない[74]。そこで前述のように，最高裁の違憲判断が少ないのは，内閣法制局による事前の違憲審査が厳密だからだとする議論が少なくない。しかしながら，これは支持できない。立憲主義国家と目されるところでは，通常事前の違憲審査機関が設けられている。アメリカの事前審査は弱いと言われる[75]が，それでも議会に「法制局」(Office of the Legislative Counsel) が設けられている[76]。イギリスでは「大蔵省所属国会法律顧問事務局」(Office of Parliamentary Counsel to the Treasury)[77]，ドイツでは政府提出法案について連邦法務省[78]，フランスでは日本の内閣

---

(73) 西原博史「政治部門と裁判所の憲法解釈――『憲法実現』と『決断としての枠』の狭間で」公法研究66号 (2004) 140頁。

(74) 在外国民の選挙権に関する最大判2005 (平成17)・9・14民集59巻7号2087頁と，婚外子の国籍に関する最大判2008 (平成20)・6・4判時2002号3頁の2件である。

(75) 西川・前掲注(22)269頁。

(76) 前田英昭「英米の法制局の沿革」レファレンス186号 (1966) 95頁。

(77) 同92頁。

(78) 山口和人「ドイツの立法過程」中村・大石編『立法の実務と理論』(信山社，2005) 579頁。議院法制局は存在しない (同580頁)。

法制局のモデルになったコンセイユ・デタ (Conseil d'Eat)[79]が審査に当たる。しかし，これらのアメリカ，ドイツ，フランスでは活発な違憲審査が行われている。それは，裁判所が事前の違憲審査とは異なる「憲法的価値の擁護ないし人権保障の発展」[80]という観点を重視して審査しているからであろう。閣法に対する最高裁の違憲判決がほぼ存在しないのは，「内閣法制局と最高裁判所が基本的に同じ役割を共有」[81]しているからである。裁判所，特に最高裁が内閣法制局と同じような違憲審査をしているということである。

裁判所によって使われる立法裁量論や統治行為論は，政治部門における判断を追認する効果を持っている。その判断には，政治的判断だけではなく，憲法解釈，実質的に内閣法制局の憲法解釈も含まれている。裁判所が立法裁量論や統治行為論を使う前提として，内閣法制局による憲法解釈に対する基本的に肯定的な評価が存在するように思われる[82]。最高裁と内閣法制局は二人三脚で戦後日本の統治機構の形をつくったと言われることもある[83]。

政府解釈の変更[84]は，法的安定性の観点から一般的に慎重でなければならない。慎重さの度合いは対象によって異なるはずであり，憲法解釈に関す

---

(79) 山下健次「コンセイユ・デタ——その立法・行政活動」立命館法學 34 号（1960）143 頁以下，山岸敬子「フランス行政訴訟制度認識のための研究ノート——コンセイユ・デタにおける諮問機能の訴訟的影響」一橋研究 4 巻 2 号（1979）138 頁以下，同『行政権の法解釈と司法統制』（勁草書房，1994）191 頁以下，晴山一穂「フランス行政法におけるコンセイユ・デタの位置と役割——コンセイユ・デタ研究の最近の新しい動向をふまえて」広岡隆ほか編『現代行政と法の支配』（有斐閣，1978）229 頁以下。

(80) 佐藤岩夫「違憲審査制と内閣法制局」社會科學研究 56 巻 5・6 合併号（2005）102 頁。

(81) 同 104 頁。

(82) 特に砂川事件最高裁判決（最大判 1959（昭和 34）・12・16 刑集 13 巻 13 号 3225 頁）では，政府見解に忠実に沿った自衛権論を展開した後で，一見明白付き統治行為論を出している。

(83) 中村明「統治行為論の実質を担う内閣法制局——内閣法制局の仕事の核心」公共政策研究 8 号（2008）予定。

(84) この問題を検討したものとして，南野森「憲法解釈の変更可能性について」法学教室 330 号（2008）28 頁以下。

Ⅱ　国権の最高機関

る場合には特に慎重でなければならない(85)。

(2)　平和主義の解釈

　政府の憲法解釈をめぐる問題は以上のような一般的な問題であるより，平和主義，特に集団的自衛権の問題(86)である。

　集団的自衛権行使否認の憲法解釈は日米安保体制と結合している。日本は安保条約6条によってアメリカに基地を提供するが，5条の共同防衛では集団的自衛権を行使しないことになっている(87)。これは認識の問題としては国家の基本的な法としての実質的意味の憲法中の憲法(88)であり，戦後日本社会が作ってきた。その法的正当化という政治的役割を内閣法制局は担わされたが，内閣法制局がこのような憲法を作ったわけではない。

　内閣法制局は，形式的意味の憲法としての日本国憲法の下でその法的正当化を自衛力論によって行った。「9条の文理に照らしますと，我が国による武力の行使は一切できないようにも読める憲法9条のもとでもなお」(89)，日本が武力攻撃を受けた場合の個別的自衛権は否定されていないが，日本が武力攻撃を受けていない場合の集団的自衛権の行使を認める余地はないとしてきた。これは憲法9条の下で限定的な武力行使を認める解釈である。従って，限定的にせよ武力行使を認めてきたとして，あるいは武力行使を限定してき

---

(85)　長谷部恭男『憲法の理性』（東京大学出版会，2006）22頁は，「いったん設定された基準については，……守るべき理由がある」とし，その理由として「いったん譲歩を始めれば，……踏みとどまるべき適切な地点はどこにもない」ことを挙げる。この議論も解釈の変更が一切許されないとしているわけではなく，やはり慎重でなければならないことを言ったものと思われる。

(86)　浦田一郎「政府の集団的自衛権論――その射程と限界」杉原泰雄先生古稀記念論文集刊行会編『二一世紀の立憲主義――現代憲法の歴史と課題』（勁草書房，2000）249頁以下，同「現代日本社会と憲法――半立憲主義憲法としての日本の憲法」公法研究70号（2008）31頁以下，参照。

(87)　同「現代日本社会と憲法」。

(88)　これは基本的には「制度としての憲法」（渡辺洋三『憲法と現代法学』（岩波書店，1963）24－25頁），「実効的憲法」（樋口陽一『比較憲法〔全訂第三版〕』（青林書院，1992）28－29頁）を意味している。

(89)　秋山收内閣法制局長官159回2004（平成16）年1月26日衆・予算2号5頁。

たとして，両方から批判を受け得る。

　法は法的生活を送る市民から日常用語によって理解されるものであり，そのことを前提にしなければ法は存在できない。法の解釈においても，日常用語による理解は一つの重要な要素となる。従って，憲法9条は「我が国による武力の行使は一切できない」と，先ず読まれる。さらに日本国憲法には，明治憲法と異なり，軍事力の存在を前提にした規定がない。そのことを含めて総合的に判断して，9条は非武装平和主義規定として解釈されるべきだと，私は考えてきた[90]。そのような立場から見て，政府の憲法解釈には相当に問題が含まれている[91]。解釈の変更を行うとすれば，非武装平和主義の方向にのみなされなければならない。

　他方で，国際法に合わせて集団的自衛権の行使を認めるように，政府の憲法解釈を変更することを求める議論がある。そうなれば，小泉純一郎内閣の下で内閣法制局長官を務めた阪田雅裕が言うように，「わが国も国際法は遵守しなければならないわけですから，……9条というものはあってもなくても同じ」[92]ことになる。手続的に見れば，集団的自衛権行使承認への憲法解釈の変更論は憲法96条が求める国会の発議と国民投票によらずに，閣議決定や国会の多数決によって改憲を行おうとするものである[93]。

5　おわりに

　以上のように，憲法解釈は政治部門において国会だけではなく内閣によっても行われる。そのことはもっと注目されなければならない。その場合に実質的には内閣法制局が果たしている役割は大きく，その解釈の変更を求める

---

[90]　浦田一郎『現代の平和主義と立憲主義』(日本評論社，1995)。
[91]　同「戦後憲法政治における9条の意義」ジュリスト1260号 (2004) 54 – 55頁。
[92]　阪田雅裕「集団的自衛権の行使はなぜ許されないのか」世界2007年9月号46頁。
[93]　「立法府の役割を考えた場合に，単なる決議をする，法律を作るというレベルではこれは多数決のレベルを落とすものでありまして，現に憲法はこの改正手続という立法府の関与を既にビルトインしているわけであります。」(山口那津男議員159回2004 (平成16) 年4月7日参・憲法5号12頁) 内閣法制局と改憲論の関係を検討したものとして，塚田哲之「改憲論と内閣法制局」法の科学38号 (2007) 135頁以下。

主張がある。その方法として，内閣法制局長官の罷免，私的諮問機関の設置，閣議決定，安全保障基本法等の立法，国会決議等が提案されている。さらに組織改革も主張され，内閣法制局の廃止，議院法制局の強化，憲法審査会による憲法解釈，最高裁に対する抽象的審査権の付与，憲法裁判所の設置等が言われている。これらのことから，集団的自衛権不行使の政府解釈が持つ力の大きさが分かる。政府の憲法解釈は立憲主義にとって一定の役割を果たしており，その認識の上で内閣法制局批判がなされるべきである。政府の憲法解釈の変更には一般的に慎重でなければならないが，解釈の変更による集団的自衛権行使の承認は閣議決定等の簡易な手続による改憲や安保体制の変更を意味する。

　集団的自衛権行使の承認を求める議論は，内閣法制局の形式的な法解釈によって集団的自衛権不行使という重大な政治的決定が行われてきたと批判している。しかしながら，政府解釈の変更による集団的自衛権行使の承認は，形式的な法解釈の変更によって集団的自衛権行使の承認という重大な政治的決定を行おうとしている。自分が批判したことを，やろうとしている。現在米軍の再編がグローバルに大規模な形で進められ，日本では米軍と自衛隊の一体化が行われつつある。その基本枠組みとして，集団的自衛権行使の承認が目指されている。これは国家の基本的な法あるいは戦後統治体制の変更を意味し，そのようなものとして市民の間で正面から議論すべきものである[94]。それを政府解釈の変更の問題としてとらえるのは，その点を覆い隠すイデオロギーである。

---

(94)　集団的自衛権不行使の憲法解釈は軍事大国主義の実現を制約している。このことは貴重なことだと，私は考えている。

国会情報

大山礼子

1 はじめに

　1999年5月に成立した情報公開法は，その正式名称（「行政機関の保有する情報の公開に関する法律」）からも明らかなように，行政府のみを対象とする法律である。国権の最高機関である国会は国の情報公開法制の埒外に置かれているのだ。ようやく最近になって，衆議院が独自の情報公開制度の導入を決め，2008年4月から実施することになったが，立法および調査に関わる文書は対象外であり，会派や議員の活動に関わる文書についても開示によって活動に支障をきたす恐れのあるときは公開しないものとされている。

　かつて，行政府の保有する情報を引き出し，国民に提供することは，議会の重要な役割と考えられていた。国政調査権の行使はそのために必要な手段でもあった。ところが，情報公開法の制定により，国民が直接，行政府に対して情報の開示を請求できるようになると，この面での議会の役割は低下せざるをえない。逆に，議会自身の保有する情報について，国民から公開を迫られるという皮肉な状況に直面してしまう[1]。2001年には自由人権協会が「国会の保有する情報の公開に関する法律案」[2]を公表するなど，国会も情

---

(1) 「「国民の知る権利」を充足させる機能は相対的に後退する」一方で，「行政の監視を担う議会自身も国民の監視の対象として意識され，むしろ情報開示請求の対象のひとつに数えられつつある」とされる（久保田正志「国会の情報公開の現状と今後の課題」ジュリスト1177号（2000年））。
(2) 社団法人自由人権協会「国会の保有する情報の公開に関する法律案」2001年10月1日。

Ⅱ　国権の最高機関

報公開に向けて，より積極的な取り組みを求められている。

　しかし，本来，国民代表機関である国会には，法律の規定を待つまでもなく，情報の公開を進め，「国民に開かれた国会」をめざす責務がある。法律とは国民代表である議会の意思によって行政府を拘束するルールであるという理解に立てば，国会が自らの情報公開を推進するために，あえて法律に頼る必要はないともいえよう。有権者の理解が得られるルールを整備し，国会と国民との情報の共有化をめざしていけばよいのである[3]。

　本稿では，国会が国民と共有すべき情報とは何かを考えながら，国会情報の現状と問題点について検討することにしたい。

2　会議録

　日本国憲法は，国会両院の会議の原則的公開を宣言したうえで，「両議院は各々その会議の記録を保存し，秘密会の記録の中で特に秘密を要すると認められるもの以外は，これを公表し，且つ一般に頒布しなければならない」と規定している（57条2項）。会議体である議会にとって，会議録（議事録）は根幹資料といえるものであり，議会の情報公開を考えるにあたって，まず会議録の公開状況を確認しておく必要があろう。

　会議録の整備・公開について，欧米のほうが日本より進んでいるのではないかと想像している方もおられるかもしれない。しかし，実際には，帝国議会開会当初から，日本はこの分野において最先進国の一つであった。こうした伝統は現在まで受け継がれており，インターネットを利用した会議録情報の公開という現代的側面からみても，国会の現状は誇るに足るものである。

　議会の会議録には，開会日時，出席者，議題，表決などを記載した公式記録である「議事録」（英語ではJournalsと称し，「議事日誌」とも訳される[4]）

（3）　日本では，国会が議決を経て制定するルール（議院規則等）は法律より格が低いかのように考えられているが，立法府である国会が自ら定めたルールを省令などと同様に法律より下位のものとみなす必要はない。諸外国の議会では，倫理規定などを両院合同の規則によって定めている例が多い。

（4）　竹島武郎『イギリス政府・議会文書の調べ方』丸善株式会社，1989年，14頁。

と議員等の発言を逐語的に記録した「議事速記録」の2種類がある。このうち、資料としての価値が高いのは、いうまでもなく「議事速記録」のほうである。

　帝国議会は2種類の議事録を区別し、「議事録」と「議事速記録」の二本立てで会議録を作成してきた。特筆すべきは、第1回帝国議会（1890年11月25日召集）の開会当初から貴族院・衆議院の両院で「議事速記録」が作られ、それが今日まで継続していることである。衆議院では、開会初日の冒頭、議長選出までの間の仮議長を務めていた曾禰荒助書記官長が「今日ノ景況並ニ結果ハ即速記者ヲシテ筆記セシメテ、之ヲ以テ報道スル事、別段異議モ御座イマセネバ、其事ヲ可決ト認メテ執行致シマス」と提案し、「満場異議ヲ唱フル者」なく、承認されたことが記録されている（『衆議院議事速記録号外』）。本会議だけでなく、委員会についても第1回帝国議会から速記録が作成されてきた。

　本会議の議事速記録に関しては、当初から国民に公開する体制も整っていた。初代衆議院議長に選出された中島信行は、初めて議長席に着いた12月3日の本会議において、「速記録ハ成ルベク官報ノ附録ニ掲載シ……成ルベク速ニ官報ニ掲載スルコトニ致シマス」と述べ、その言葉どおり、本会議録は会議の翌日、官報号外として発行されることになった。この議長発言を掲載した速記録が、官報号外としての『衆議院議事速記録』の第1号である（『官報』2230号号外）。本会議録を官報号外として公刊する手法は、第二次大戦後、国会に引き継がれ、現在に至っている[5]。

　議会制度の先進国においても、議事速記録が作成され、保存・公開されるようになったのはそれほど古いことではない。イギリス議会は中世に遡る歴史をもつ世界唯一の議会であり、上院（貴族院）では1510年、下院（庶民院）では1547年から、議会の公式記録としての議事録（議事日誌）が発行されてきた。しかし、議事速記録の刊行は、近代的な速記法が普及する19世

---

[5]　フランス議会の本会議録も官報（Journal officiel）の付録として刊行されている。日本の官報はフランスをモデルにしているといわれ、本会議録を官報と一体のものとして刊行する方法も、おそらくフランスにならったものであろう。

II 国権の最高機関

紀まで待たなければならない。1803 年，ジャーナリストが出版していた政治雑誌の付録に議事速記録が掲載されたのがそのはじまりだという[6]。完全な議事速記録が議会の公式記録として発行されるようになったのは，意外にも日本より遅く，1909 年以降のことである。ちなみに，イギリスおよび英連邦諸国では，議会の議事速記録を「ハンサード」と呼ぶが，これは初期の議事録の出版に携わった人物（T. C. Hansard）の名に由来する。

日本は 100 年以上の長きにわたって，公選制の議会が一度も廃止されることなく継続してきた，世界でも数少ない国といえるが，その中でも第一回議会からの議事速記録がほぼ完全に保存されているのはきわめて特異な例といえよう。召集当日からの議事速記を可能にした背景に，明治初年からいち早く速記法に興味を持ち，実用に耐える日本語速記法を完成させた人物がいたこと，帝国議会開会に先立って多くの県議会で議事速記録の作成が始まっていたことなどの幸運な事情のほか，枢密院書記官金子堅太郎をはじめとする当事者の熱意と決断があったことは記憶されるべきである[7]。

こうして蓄積されてきた会議録の情報は，現在，データベース化が進み，インターネットを通じて容易に検索，閲覧できる。第 142 回国会（1998 年 1 月開会）以降，国会の本会議および委員会の会議録（議事速記録）は，速記から原稿を起こす段階で入力作業が行われ，印刷物の公刊よりも早くデータベースとして利用できるようになった。「国会会議録フルテキスト・データベース」が一般に公開されたのは，1999 年 1 月からである[8]。その後，第 141 回国会以前の会議録についても遡及入力の作業が進められ，2002 年からは第 1 回国会以来のすべての会議録がインターネット上で公開されており，テキストと画像の両方で見ることができる。しかも，開会日付，発言者（氏

（6） 竹前・前掲注(4)107 頁。
（7） 第一回帝国議会の冒頭から議事速記録が作成・刊行されるようになった経緯については，大山英久「帝国議会の運営と会議録をめぐって」レファレンス（2005 年 5 月号）参照。
（8） 大山英久「国会の調査業務向上と情報の公開に向けて―国会会議録フルテキスト・データベースと国会サービスの拡充について」国立国会図書館月報 454 号（1999 年）。

名だけでなく，肩書，所属会派などでも検索可能），会議の種別のほか，会議録に含まれる語句によっても検索できるシステムが整備されているため，研究目的などでの会議録の利用は格段に便利になった[9]。帝国議会の会議録についても遡及入力が行われ，2007年12月現在，第74回帝国議会（1938年）以降のものがデータベース化されている[10]。

　インターネットによる会議録の公開により，従来，問題点とされてきた委員会会議録（正式名称は衆議院では「委員会議録」，参議院では「委員会会議録」である）の入手の難しさも，事実上解消された。

　憲法が公開を規定している国会両院の「会議」とは本会議のことをいうと解釈されており，委員会については公開が義務づけられているわけではない。政府および与野党議員の間での実質的協議の場となる委員会の議事は非公開としている国が少なくなく，国会法も「委員会は，議員の外傍聴を許さない」（52条1項）と規定して，原則非公開の立場をとっている。しかし，同項の但書きは「報道の任務にあたる者その他の者で委員長の許可を得たものについては，この限りでない」としていて，この規定を利用して実際には議事を公開する運用がなされてきた。テレビ中継も実施されていることは周知のとおりである。

　ところが，委員会会議録に関しては，憲法で一般への頒布を規定している「会議録」には該当しないため，本会議の会議録とは異なり政府刊行物として頒布する扱いはされてこなかった。帝国議会時代の委員会速記録は，内部資料として数百部印刷されるだけだった。国会になってからもこの状況に大きな変化はなく，購入するには，衆参の外郭団体である「衆栄会」，「参友会」を通じて予約しなければならない。国民への情報提供を拡充する目的で，第72回国会（1973年12月召集）以降は，都道府県議会および政令指定都市の図書室にも委員会会議録を送付しているが，送付を受けた議会図書室がどのように整理，公開するかはそれぞれの裁量に委ねられている。結局，委員会会議録の閲覧のために，国立国会図書館まで足を運ばなければならない場合

（9）　国会会議録検索システム http://kokkai.ndl.go.jp/。

（10）　帝国議会会議録検索システム http://teikokugikai-i.ndl.go.jp/。

が多かったのである。しかし，現在では，テキストだけでなく刊行形態の画像ファイルもインターネットを通じて容易に入手できるようになり，利便性は飛躍的に向上した。

衆議院，参議院および国立国会図書館の三者の協議によって会議録のフルテキスト・データベースの構築が検討されはじめた1990年初めの時点では，たとえばアメリカなどと比較して，国会の状況はかなり見劣りするものだったといえるだろう。しかし，その後，急速に整備が進み，現在の国会会議録検索システムは世界的にみてもトップクラスの充実した内容のものになった。アメリカ連邦議会では議会図書館のTHOMASという情報検索システム[11]によって，本会議録（Congressional Record）や法案などの資料を総合的に検索することが可能であるが，収録範囲は議事録の場合，第101議会（1989年）以降に限られている（表1参照）。イギリス議会の本会議録（ハンサード）も，インターネット上で閲覧可能なのは1988年以降（上院は1995年以降）のものだけである[12]。短期間で網羅的な検索システムを作り上げた国会関係者の努力に敬意を表したい。

今後，会議の公開性を高めるために求められるのは，審議日から会議録公開までの時間を短縮し，法案の審議過程に関心をもつ有権者に対して迅速に情報を提供することであろう。現在は国会会議録検索システムで閲覧できるようになるまでに2週間程度を要しており，速報性に欠けるという批判がある。また，秘密会の会議録は一定年月の経過後に公開すべきであり，そのための公開規程の整備も必要である。1995年，1996年に，参議院，衆議院が相次いで帝国議会時代の秘密会速記録を刊行し，話題になったが，国会になってからの秘密会については公開の道筋は立っていないのである。

本会議の傍聴についてもふれておきたい。会議録の公開も重要だが，本会議そのものの公開は憲法上の大原則である（57条1項）。ところが，衆議院ではアメリカでの同時多発テロ発生を理由に，2001年10月9日以降，本会議の一般傍聴券の交付を中止したままである（2008年1月現在）。したがって，

---

(11) http://thomas.loc.gov/。

(12) http://www.publications.parliament.uk/pa/pahansard.htm。

今のところ，衆議院本会議を傍聴するには，衆議院議員を通じて議員紹介券を入手するしかない（参議院本会議は従来どおり，先着順の受付によって傍聴できる）。

　もちろん，本会議だけでなく委員会もテレビ中継が行われているし，現在は衆参それぞれのホームページ[13]からインターネット審議中継を見ることもできる。過去数ヶ月分の中継録画を視聴できるビデオライブラリーもある。そもそも国会の本会議は衆参両院とも形骸化が著しく，年間わずか数十時間開会されているにすぎないので，傍聴を認めなくてもそれほど不都合はないと考えているのかもしれない。しかし，だからといって，傍聴を中止したままでよいとはいえまい。議場に入り，議員の生の声を聞くことは，テレビ中継では味わえない体験である。実際，諸外国の議会を訪れると，学生などの団体が議会見学かたがた本会議を傍聴している光景を目にすることがある。6年以上も本会議の一般傍聴を禁止している衆議院の現状は明らかな憲法違反であり，早期の再開を検討すべきである。

表1　アメリカ連邦議会図書館のシステム THOMAS で検索できる主な立法情報

項目	内容	収録範囲
法案・決議案	提案者名，タイトル，審議経過，本会議録への参照情報，主題，要約，修正内容等。本文へのリンクあり。 本文中の語句，主題，法案番号，修正案番号，日付，審議状況，提出者名，委員会名などにより検索。	1973年〜
本会議録	本会議録全文（議場での実際の発言だけでなく，事後的に議員から提出された補足意見も掲載されている）。 本文中の語句，議員名，日付により検索。	1989年〜
投票結果	記名投票結果。各議員の投票行動，党派別の投票の記録を含む。	上院1989年〜 下院1990年〜
委員会報告書	上下両院の委員会報告書全文。 本文中の語句，報告書番号，関連法案番号，委員会名により検索。	1995年〜

（出所）　About THOMAS（Library of Congress）
　　　　http://www.thomas.loc.gov/home/abt_thom.html（2007年12月14日取得）。

---

[13]　衆議院 http://www.shugiin.go.jp/，参議院 http://www.sangiin.go.jp/。

II　国権の最高機関

3　立法情報

　国会会議録情報の公開において，現在の日本は世界で最も進んだ国の一つであることは間違いない。しかし，立法情報の公開，すなわち立法過程を通じてどのような検討がなされ，どんな議論が行なわれたかについての情報の公開となると，会議録以外にみるべきものはほとんどない。試みに衆参のホームページでサイトマップを調べると，両院の性格の違いが現れているのか，一般国民に対する広報という点では「国会の基礎知識」コーナーのほか，国会議事堂のバーチャルツアー，キッズページまで設けている参議院のほうに分があるようだ。ただ，立法情報に関してはどちらも似たり寄ったりで，議案と会議録以外には，それぞれの法案について委員会や本会議の審議がいつ行われたかをまとめた審議経過が提供されているだけである。

　では，諸外国議会ではどのような立法情報を公開しているのだろうか。

　まず，前述したアメリカ連邦議会のシステム THOMAS では，**表1**のような立法情報を検索，閲覧できる。この中で，国会にはない重要資料が「委員会報告書」である。連邦議会は分権的構造を特徴とする議会であり，上下両院のそれぞれに設置されている委員会，さらに各委員会が設ける小委員会が立法過程において決定的な役割を果たしている。提出された法案はすべて管轄の委員会に付託されるが，法案を生かすも殺すも委員会の判断次第であって，委員会によって制定の必要性を認められた法案だけが本会議に送付され，採決の機会を得ることになる。委員会報告書は，このとき法案と同時に本会議に提出される公式文書であり，法案の目的，委員会が可決すべきものと判断した根拠，委員会による調査結果，経費見積りなどが記載される。研究者や司法関係者にとって，委員会報告書は立法者の意図を知るための最も基本的かつ重要な資料とされている。

　連邦議会の各委員会は，委員会報告書以外にも膨大な資料群を生み出している。法案審議の過程で開催される公聴会（Hearing）の議事録は，証人が提出した書類や委員会に配属されている専門スタッフが作成した参考資料とともに編集され，印刷される。また，委員会スタッフは直接法案審議に関わ

ること以外にも，将来の立法に資すると考えられる調査や統計資料の作成などを行っており，そうした成果が委員会資料（Committee Print）として配布されることもある。これらの資料群はあまりにも膨大であることと，それぞれの委員会が独自に資料を管理する分権的体制のために，全容を把握するのは困難であり，まとめて検索できるシステムは存在しない[14]。しかし，ほとんどの委員会は独自のホームページをもっていて[15]，インターネット上で多くの資料を公開しているので，丹念に調べれば，法律の制定過程でどのような利益団体が関与したか，各議員はどんな発言をしたのかなど，立法の経緯を詳細に知ることができる。過去の立法情報を検索できる「史料館（Archives）」コーナーを設けている委員会もある[16]。第 105 議会（1997 年）以降の資料の一部は，政府印刷局（Government Printing Office）のサイト[17]からも入手可能である。

　厳格な三権分立制を採用しているアメリカでは，議会が主体となって法案の起草から可決まで，文字どおりの「立法」を行っている。したがって，立法情報が豊富なのは当然といえるかもしれない。しかし，政府提出法案の審議が主流となる議院内閣制下の議会であっても，イギリス，フランス，ドイツなどでは，会議録だけでなくそのほかにも多くの情報が公開されている。

　フランス議会下院のホームページは立法期（総選挙から次の総選挙までの期間）ごとに公刊文書とその他の情報をまとめた一覧を用意しており，議会文書の全体像を知るのに便利である。ここでは第 12 立法期（2002～2007 年）の例を掲げた（**表 2**）[18]。

---

[14] 1970 年から 1998 年までの公聴会記録等については，アメリカの民間出版社が収集し，マイクロフィッシュ化するとともに，索引を付したコレクション（CIS Index）がある。日本国内では国立国会図書館，アメリカンセンターなどで閲覧可能である。
[15] 上院，下院のページにリンクがある。上院 http://www.senate.gov/，下院 http://www.house.gov/。
[16] 下院外交委員会（Committee on Foreign Affairs）の例は以下を参照。
　　http://foreignaffairs.house.gov/archives/index.htm。
[17] http://www.gpoaccess.gov/。
[18] http://www.assemblee-nationale.fr/。第 11 立法期（1997～2002 年）以降の文書が閲覧可能である。

II　国権の最高機関

表2　フランス議会下院第12立法期文書一覧（抜粋）

議員	委員会公報
● 第7議会期における下院議員一覧	委員会中継録画
● 党派構成の変化（2002年6月以降）	● 報道関係者に公開された委員会審査の録画
● 党派別議席配置	
本会議	**行政監視**
議事	調査委員会
● 議事録	● 調査委員会設置決議案
● 対政府質問の中継録画	● 国政調査報告書
● 議員提出法案一覧	調査報告書
記名投票	● 委員会調査報告書
● 日付順一覧	● 法律の施行状況に関する調査報告書
法律および決議	
● 可決された条文	**議事文書**
● 合憲性審査のため憲法院に付託された法律	公刊文書一覧
● 制定法律	● 事項索引
● 制定法律・決議集	● 提出日付順一覧
統計文書等	内容別文書一覧
● 本会議審議概要	● 議員提出法案
● 下院統計	● 政府提出法案
● 下院公報	● 法案審査報告書
● 請願	● 制定法律
	● 条約
委員会	**活動記録**
常任委員会活動報告書	● 会期報告書
特別委員会活動報告書	● 会期統計

（出所）　フランス議会下院サイト http://www.assemblee-nationale.fr/（2007年12月21日取得）。議会関係機関の情報，索引類，複数の項目に重複して記載されている資料，フランス議会独特の手続に由来する文書などは割愛した。

　フランスの政治制度は公選制の大統領が強い権限を有しているため「半大統領制」といわれるが，制度の基礎になっているのは議院内閣制の枠組みであり，政府（内閣）の存続には議会下院の信任を必要とする。下院多数派に支えられた政府が立法過程を主導し，政府提出法案の審議が大きな比重を占めているので，政府と議会との関係をみるかぎりでは通常の議院内閣制とまったく変わりない。議会の構造はアメリカほど分権的ではないが，法案審議においては，日本と同様に分野ごとに設置されている常任委員会の役割が重要である。委員会の法案審査結果は「法案審査報告書」（rapports législatifs）にまとめられ，法案とともに本会議に提出される。報告書には委員会の議事録，参考書類のほか，改正法案の場合は現行法，改正案，委員会修正案の対照表が掲載され，アメリカの委員会報告書と同じように立法者の意図を知るための格好の資料となっている。

　法案審査報告書は，フランス議会の上院，下院がそれぞれ編纂する「議事文書」（documents parlementaires）の一部として，印刷・刊行されている。「議事文書」は議院の本会議に提出された文書を日付順に整理し，一連番号をつけたもので，法案，法案審査報告書のほか，政府施政方針など，多様な文書が含まれる。下院の第12立法期の議事文書は全体で3000点を超えるが，インターネット上ではこの膨大な資料を分類し，検索できるようにしているのである。また，委員会からは，ほかにも国政調査報告書など，議事文書には含まれないさまざまな報告書類が公表されており，これらもインターネット上で利用可能である。

　イギリス議会にも，フランスの議事文書と同様に，常任委員会および特別委員会の議事録，報告書，議院の要求にもとづいて省庁などが作成した文書など，本会議に提出されるさまざまな文書をまとめた資料群があり，下院文書（House of Commons Papers）および上院文書（House of Lords Papers）と名づけられている。文書には，会期ごとに，下院ではHC，上院の場合にはHLではじまる一連番号がつく。イギリス議会のホームページには「出版物および記録」（Publications & Records）のコーナーがあり，両院の委員会報告書をまとめて利用できるようになっている[19]。

　ドイツ連邦議会の場合は，委員会報告書は立法期ごとの一連番号で管理された議会印刷物（Drucksachen）という資料群に含まれている。インターネット上では，第8立法期以降（1976年～）のものを利用できる[20]。

　では，なぜ国会はこうした立法情報を公開しようとしないのだろうか。実は，公開しないのではなく，そもそも資料自体がほとんど存在しないのである。

---

(19)　UK Parliament - Parliament Home Page, http://www.parliament.uk/。
(20)　ドイツ連邦議会のホームページはhttp://www.bundestag.de/。

II　国権の最高機関

　国会両院の常任委員会は，議院内閣制下の議会の委員会としては最も強力といってよいほどの権限を与えられている。常任委員会の所管事項はほぼ各省庁に対応しており，立法活動を補佐するための調査室がそれぞれに設けられ，10名前後の職員が勤務している。委員会の判断により，公聴会を開催して専門家の意見を聞くことも可能であるし，小委員会を設置することもできる。委員会の調査にもとづいて独自の法案を起草し，提出することもできる。また，国政調査権の行使も各委員会に委ねられている。

　しかし，委員会の現状はこうした権限を十分に活用しているとはいえない。衆参両院の規則はそれぞれの委員会に対し，付託案件の審査を終えたときは報告書を作成し，議長に提出するように求めているが，実際には報告書の名に値するものは作られていない。「本案は本院において可決すべきものと議決した」などという簡単な記述があるだけの文書を報告書と称しているのが実情である。

　だからといって，一概に国会の立法活動が低調だというわけではない。従来，超党派の議員立法をめざす場合には，法案を所管の委員会から提出することが多かった。この場合，当然，委員の間で法案の内容について協議が行われているはずである。初期の国会では，法案起草のために小委員会が設置された例もある。ところが，近年は，委員会や小委員会の場で法案起草のための審議が実施されることはほとんどなくなった。国会外での与野党協議の結果にもとづいて起草作業が行われ，委員会には完成した法案が提出されるだけである。委員会ではすでに与野党間の合意済みとして，実質的な審議は行われず，そのまま本会議で可決・成立にいたる。これでは，立法の経緯は一切明らかにされず，内閣提出法案の場合よりもむしろ立法過程の透明度が低下してしまう。

　国政調査についても同様の問題を指摘できる。国政調査とは国政に資するため，すなわち将来の立法や政策立案に役立てるための調査であり，単なるスキャンダル追及の手段ではないはずだ。証人喚問や書類提出請求は，国政調査のために国会の両院に与えられている強力な権限であって，調査の成果は報告書にまとめて国民に還元すべきものだろう。実際に，諸外国では，議会の調査報告書が契機となって，政府の政策変更を促した例が少なくない。

しかし，衆議院では1954年，参議院では1964年を最後に，国政調査報告書は作成されなくなってしまい，その後の国政調査は証人喚問の実施のみで終わっている。

2007年9月10日に召集された第168回国会では，野党が参議院の多数を占める「ねじれ」状況のもとで，これまでとは異なる国会運営が試みられるようになった。同年12月26日までに成立した内閣提出法案13件，議員提出法案10件のうち，多くのものは，与野党間の協議を経て，修正を施したうえで可決にいたっている。被災者生活再建支援法一部改正法，放送法改正法などの審議では，与野党双方に妥協の道を探る柔軟な姿勢がみられ，合意を達成できたという。しかし，これらの法案の成立にいたる経緯，与野党それぞれの主張などは，国会の公式記録からはうかがい知ることができない。従来型の超党派の議員立法と同じく，協議の場は国会外に設けられ，委員会では実質的審議がほとんど行われていないからだ。たとえば被災者生活再建支援法一部改正法などの場合，委員会で公聴会を開き，当事者の意見を聴取すれば，立法の必要性についての国民の理解も深まったのではなかろうか。

国会でも法案審査以外の活動分野では，審議結果にもとづき内容のある報告書が作成されることがある。参議院では1986年から，その時々の重要なテーマを選び，3種類の「調査会」を設置しており[21]，各調査会は数年間にわたる調査を終えると調査結果や提言をまとめた報告書を本会議に提出している。これまでに提出された報告書は参議院のホームページから入手可能である。調査が立法にむすびついた例もあり，1995年には国民生活に関する調査会から「高齢社会対策基本法案」，2000年には共生社会に関する調査会から「配偶者からの暴力の防止及び被害者の保護に関する法律案」がそれぞれ提出され，成立をみている。また，第147回国会（2000年1月20日召集）において衆参にそれぞれ設置された憲法調査会は，5年の調査期間を終えて，2005年4月に大部の報告書を提出した。衆議院のホームページからは報告書だけでなく，憲法調査会に提出された膨大な資料群（『衆憲資』シリーズ1

---

(21) 現在は，国際・地球温暖化問題に関する調査会，国民生活・経済に関する調査会および少子高齢化・共生社会に関する調査会が設置されている。

〜68号）も入手することができる。

　法案審査を担当する常任委員会でも，ある程度まとまった報告書を作成することは決して不可能ではないだろう。国会の現状は，有権者に対して立法の経緯を明らかにし，説明責任を果たそうとする意識の乏しさに由来するものと考えざるをえない。

　また，常任委員会の委員には，審議の参考として多くの資料が配布されている。各省庁が内閣法案の説明資料として提出したもの，委員会の要求に応じて提出されたもの，委員会調査室が作成した参考資料など，内容はさまざまであり，「委員会参考資料」と総称されている。そのほか，内閣や各省庁が法律の規定に従って国会に提出した報告書類も多数存在する。これらの文書には入手の難しい貴重な情報が記載されている場合が多く，諸外国であれば，委員会報告書に掲載されるか，あるいは議事文書などとして議会から公刊される内容のものが含まれていると考えられる。しかし，今のところは，その一部が国立国会図書館で閲覧に供されているだけで，全体像を把握することはできない。

　近い将来，国会の情報公開規程が整備・強化されれば，行政府側からの提出資料も，とくに秘密にする理由がないかぎり公開の対象となるはずである。国会は，そうなる前に，行政府から得た情報を国民と共有するという本来の役割を自覚し，積極的な情報提供をはかるべきであろう。委員会参考資料などはそのまま公開しても一般国民にとって使いやすいものとはいえないので，諸外国の例に倣い，国会の責任において編集したうえで，公刊することがのぞましいと思われる。

4　国会関連法規および活動報告

　国民代表機関である国会には，自らの活動の根拠となる法規，そして実際の活動の概要をつねに国民に対して明らかにしておく責務がある。

　参議院のホームページには「関係法規」という項目があり，日本国憲法，国会法，および参議院規則の条文が掲載されている。しかし，国会の関連法規はこれだけにとどまるものではない。議員の選出方法を定める「公職選挙

法」，議員の待遇に関する「国会議員の歳費，旅費及び手当等に関する法律」，国会の活動を規定する「議院における証人の宣誓及び証言等に関する法律」や「国会審議の活性化及び政治主導の政策決定システムの確立に関する法律」，あるいは「国会職員法」など，広い範囲に及んでいる。これらの法規は小型の六法で確認できるものもあるし，インターネット上で調べることも可能である。しかし，国会として，国民が容易に情報を入手できるようなシステムを用意しておくことがのぞましいであろう。

　衆参両院は，それぞれ議員等の執務用に『衆議院要覧』，『参議院要覧』という小型本を編集・刊行しているので，とりあえずはそこに掲載されている法規類をインターネット上で閲覧できるようにすれば便利である。さらに，国会法や衆議院規則，参議院規則については，ネット上でこれまでの国会改革論議とリンクさせ，改正経過がわかるようにしておけば，国会の仕組みに対する国民の理解を増すことができよう[22]。

　また，国会の運営を理解するために欠かせない資料に「先例集」がある。衆議院では『衆議院先例集』および『衆議院委員会先例集』，参議院では『参議院先例録』，『参議院先例諸表』および『参議院委員会先例録』を公刊しており，衆栄会，参友会から購入可能であるが，残念ながら一般にはその存在すらほとんど知られていない。こうした資料こそ，ホームページで公開する意義は大きいと思われる。

　国会の活動報告としては，会期ごとの法案件数，審議時間，請願件数などの統計データの公表が基本となるだろう。ところが，衆参のホームページでは，法案や請願などの一覧はあるが，活動実績を示す統計データは提供されていない。

　衆議院は毎年，『衆議院の動き』という立派な活動報告書を発行している。2007年2月発行の第14号では，本会議および委員会の概況がまとめられ，国務大臣の演説とそれに対する質疑の概要，衆議院改革の動き，国際交流や

---

[22] 一例をあげると，フランス議会上院のホームページでは関連法規を一覧でき，議院規則については改正時に委員会が提出した報告書にリンクするようになっている（http://www.senat.fr/reglement/reglement_mono.html）。

Ⅱ　国権の最高機関

表3　衆議院が公表している活動データ

- 各会派所属議員数及び役員一覧
- 内閣閣僚一覧
- 議案経過一覧
- 委員会に付託されるに至らなかった議案一覧
- 質問主意書一覧
- 本会議，委員会等の開会回数及び公述人等
- 傍聴人数
- 参観者数
- 国会議員定数の変遷
- 国会議員会派別議員数の推移
- 会期等

（出所）　衆議院事務局『衆議院の動き』14号（2007年）の目次による。

請願の状況などを一覧できる。巻末には「国会関係資料」として統計データが掲載されており（表3），法案などの議案については会期ごとの件数表，傍聴者および参観者数に関しては2001年以来の変化がわかるグラフなどをみることができる。しかし，本会議や委員会については，公述人，証人，参考人の人数と合わせた表になっていて，開会回数しか記載されておらず，審議時間は不明のままである。

　それでは，諸外国議会の例はどうか。

　イギリス議会下院は，1987年以降，それまで個別に公表されてきたデータを会期ごとの活動報告書（Sessional Returns）にまとめ，下院文書（House of Commons Papers）として公刊している。2005-06会期の報告書[23]は377頁に及び，本会議については，会期中の総審議時間，政府法案の審議や質問といった議事の種類別の時間配分，会議日ごとの開会・閉会時刻が記載されている。委員会の情報は各委員会別に掲載され，委員名，開会回数，スタッフ氏名，証人名のほか，国内外の出張記録，出版物一覧なども表にまとめられている。委員会報告書に対する政府の回答も一覧できる。

　フランス議会下院にも会期ごとに統計データを集めた資料がある。2006-2007会期版の統計集（Recueil Statistique）[24]は，イギリス議会下院と同じく

---

[23]　House of Commons, *Sessional Returns, Session 2005-06*, 2006（HC1）。

本会議の総審議時間，議事の種類別の時間配分が表にまとめられているほか，委員会についても委員会ごとの開会日数，審議時間を掲載している。また，ドイツ連邦議会は，なんと千頁を超える大部のデータハンドブック（Datenhandbuch）[25]を出版しており，本会議の審議時間や委員会開会日数は立法期ごとにまとめて掲載されている。

現在，これらの資料はいずれもインターネットから PDF ファイルで入手できる。外国議会の審議時間等については容易に知ることができるのに，国会については情報がないというまことに奇妙な状況になっているのである。

意外に思われるかもしれないが，帝国議会時代には貴族院，衆議院の両方で，諸外国議会の議会活動報告書に相当する資料を刊行しており，それぞれ，『貴族院事務局報告』，『衆議院報告』と称していた。第 56 回帝国議会（1928 年 12 月 24 日召集）の『衆議院報告』[26]は，「召集及会期」，「議員及委員」，「国務大臣及政府委員」，「議案」，「質問及答弁」，「雑」の各章から構成されている。審議時間については，第一回帝国議会以来の各会期について，本会議の開会回数，会議総時間および一日平均会議時間，委員会の設定数，全委員会の開会数合計および会議総時間が記載されており，大正期に入って議会の審議が活発になるとともに審議時間も増加していることが読み取れる。

国会になってからも，第 114 回国会（1988 年 12 月 30 日召集）までは，毎年，衆議院常任委員会調査室が発行していた雑誌『調査』の巻末に「本会議，委員会等の開会回数，速記時間数，請願件数及び公述人数等」の表が掲載されていた。ところが，1990 年発行の同誌では，なぜか同じ表から「速記時間数」が抜け落ちてしまった。その後，衆議院の活動報告は新たに発刊された『衆議院の動き』にまとめられるようになったが，「速記時間数」の記載は復活していない。国民に対する活動報告の充実という観点から，改善が求められよう。

---

(24) Secrétariat général de l'Assembleé nationale, *Recueil statistique 2006-2007*, 2007。
(25) Feldkamp, Michael F., *Datenhandbuch zur Geschichte des Deutschen Bundestages 1994 bis 2003*, Deutscher Bundestag, 2005。
(26) 衆議院事務局『第 56 回帝国議会衆議院報告』1929 年。

II　国権の最高機関

5　おわりに

　最近，年金記録のずさんな管理などが問題になったことを契機に，政府の内部からも日本の公文書管理体制を見直し，公文書館の充実をはかろうという声が聞かれるようになった。福田首相は2007年10月16日，参議院予算委員会において，公明党の浜四津議員の質疑に対して，以下のような答弁を行っている[27]。

　「ほかの国はそういう体制が非常に充実いたしておりまして，我が国はそれに比べると誠にお粗末というか，わびしい状態であるということでございます。(中略) 外交交渉をやろうと思っても日本に資料がないというようなことだったらこれは情けない話で，まともな交渉もできないということになります。これからはやっぱり交渉の時代でございます。外交交渉もそうでございますけれども，その際に交渉の材料になるものは，やはりそういう資料，記録だと思いますので，そういう観点からも考えましても，国益のためにこの公文書館制度がしっかりしたものでなければいけない，そんなふうに思っているところでございます」。

　公文書管理体制が整備されていないのは行政府ばかりでなく，国会も同様である。とりあえず，帝国議会および国会の立法活動に関する資料だけでも，国民が容易に閲覧・利用できる体制を整備すべきだろう。帝国議会時代の委員会速記録は，もともと内部資料という性格が強かったため，現在，国立国会図書館が所蔵しているものも必ずしも完全な公式コレクションとはいえない面がある。帝国議会会議録のデータベース化が進行中であるが，その基礎となる資料の整理が先決問題であることはいうまでもなかろう。

　参議院では「議会史料室」[28]を設け，貴族院以来の会議録，刊行物，最近の法案，予算書等を閲覧できるようにしているが，スペースの問題もあるのか，ほとんどの資料は最近数年分に限定して公開されている。また，貴族院

---

(27)　国会会議録検索システム（前掲注(9)）により検索。

(28)　利用案内は，http://www.sangiin.go.jp/japanese/annai/shiryou.htm を参照。

時代の会議録は，国立国会図書館蔵書を底本とした復刻版の公開である。

他方，国立国会図書館のデータベース「近代デジタルライブラリー」[29]では，明治大正期の図書約97,000タイトル（約143,000冊）をPDFファイルで公開しており（2008年1月現在），そこには帝国議会の刊行物も多数含まれている。しかし，とくに議会資料の閲覧を目的としたデータベースではないので，体系的に帝国議会の情報を検索するには不向きである。

公文書館の充実・強化は急務だが，各省庁の膨大な資料を管理・保存する体制を整備するのは一朝一夕には不可能であろう。諸外国には議会が独自の文書館を設置している例も少なくない[30]。衆参両院が協力し，行政府にさきがけて国会文書館（アーカイブズ）を整備することができれば，その意義は大きいといえよう。

---

(29) 国立国会図書館近代デジタルライブラリー http://kindai.ndl.go.jp/index.html。
(30) 山田敏之『国会の情報公開と欧米の議会文書館制度』（調査と情報319号）国立国会図書館，1999年。

予算の法的意義をめぐって

小 沢 隆 一

1 はじめに

　議会が予算を議決し，それに基づいて財政運営がなされることの法的意義[1]をどのようにとらえたらよいのか。このことに学説は適切な応答をしてきたか。してこなかったとすれば，それは何故か。そして，これに答えるために，憲法・財政法学説はどうあるべきか。こうした一連の「問い」を設定して稿を起こそうと考えたのは，次のような問題意識からである。

　第一に，従来から憲法学で論じられてきた「予算の法的性格」論議は，その問いの設定の仕方において不適切なもの，あえていえば「プロクルステスの寝台」[2]ではなかったか。この議論は，周知のように，予算は法律か（予算法律説），それとも法律とは別個の法形式か（予算法形式説）という形で立論がなされるが，そこで問われているのは，予算の法形式上の性格づけであるにもかかわらず，同時に予算の法内容的性質を問題にし，それを確定しようという「議論の代用」が行われている。もっとも，形式が内容を規定する関係になっているのであれば，この「代用」ないし「代替」はそれなりに意味をもつが，そのような関係になっているかどうかが疑わしい。というのも，

---

[1] ここで問題にしている「法的意義」とは，予算の憲法秩序における意義，その位置づけのことであり，憲法政治におけるその役割も含むものとして考えている。
[2] プロクルステスは，古代ギリシャの故事に出てくる強盗で，彼は旅人を捕まえて自宅の鉄製のベッドに寝かせ，旅人の背丈が寝台よりも長ければその身体を切り落とし，短ければ打ち伸ばしたり重りをつけて引き延ばしたりして殺したという逸話が，「プロクルステスの寝台」である。

この議論では，法律説や法形式説と並ぶものとして，承認説，すなわち「予算は行政府に対する議会の承認である」とする説が紹介されることがあるが，この説が語っているのは，予算議決は議会による政府に対する承認であるという内容的性質であって，「承認」という法形式ではない。ここでは，「議論の混同」が生じている。そして，こうした「代用」や「混同」がそれこそ入り交じった議論の脇で，議会が予算を議決するという行為が国家法秩序のなかでどのような意義を有するのかという，予算の法内容的性質を直截に問う議論が放置されたままになっている。こうした議論の「代用」，「混同」，「放置」が起きている原因の一つとして，従来の「予算の法的性格」という議論の設定枠組みの不適切さをあげることができよう[3]。

第二に，財政現象を規律対象とする法という（広義の）財政法学を，憲法を頂点とする法秩序の下でトータルに把握する方法的視座の獲得をめざす必要がありはしないか。そうした法学方法論の探求の上で，予算（法）に代表される財政管理法という狭義の財政法の特質を明らかにすることは，基礎的な前提作業といえよう。こうした点からも従来の「予算の法的性格」論議に替わる予算の法内容的性質，すなわちその法的意義を明らかにする作業が求められていると思われる。

以下では，これまでの財政法学説の峰をなす業績が，予算の法的意義に関連してどのような議論をなしてきたのかを検討する中で，問題に接近してみたい。

2　清宮四郎の見解をめぐって

まず，「予算の法的性格」論議のなかで，予算法規範説の代表格とも位置づけうる清宮四郎の議論を検討する。

清宮による予算法規範説の形成は，明治憲法体制の下での「会計法」の研究に遡ることができる。清宮は，1938年に公刊した『会計法』において次

（3）　この問題については，小沢隆一「予算に関する議決形式」大石眞＝石川健治編『新・法律学の争点シリーズ3　憲法の争点』（有斐閣・近刊）参照。

のような立論をしている。

「予算はその内容または実質の上から見ると，歳入歳出の単なる『見積表』ではない。政府の会計行為を法的に規律する『見積表』……であり，一つの法規範である。即ち，政府の歳出についてはその時期，目的，最高額を制限し，歳入についてはその財源を指示するとともに歳入の時期を限定する法規範である。予算たる法規範は，国家と一般人民との間における行態のみをいわば内部的に規律するものにすぎぬ故，……予算の制定は帝国憲法5条にいわゆる立法ではない。しかし，予算は国家の行態を法的に規律するという意味において，一つの法規範である」(4)。

そして，このような清宮による予算の性格づけは，日本国憲法の制定にともなっても基本的には変わることがなかった。以下は，1948年に，すなわち日本国憲法施行直後に公刊された『新憲法と財政』における清宮の記述である。

「予算とは，一会計年度における，国の財政行為の準則，主として，歳入歳出の予定準則を内容とし，国会の議決を経て定立される，国法の一形式をいう。……予算は財政行為の準則である。それは，……単なる歳入歳出の『見積表』ではなく，政府の行為を規律する法規範である。……予算は実質的には法規範性をもつが，それが，一会計年度内の国家機関の財政行為を規律するという特殊の性格をもつことから，特に『予算』という独自の形式が与えられている。……予算は，法律とは別の国法の一形式である」(5)。

清宮は，予算に，どのような意味で，国家ないし政府の行為を規律する法規範性を見いだしたのであろうか。それは，なぜ，憲法体制の違いを超えて揺らぐことがなかったのであろうか。それを解く一つの鍵は，次のような清宮にとっての法の観念にあるように思われる。

第一は，清宮が，「法」と「法の定立」についてのウィーン学派的観念を受け継いでいることである。この観念によれば，「実定法として，現にある団体，国家に行なわるる法」(ママ)は，憲法，法律，命令，行政行為，判決等が

---

(4) 清宮四郎『会計法』（日本評論社・1938年）27頁。
(5) 同『新憲法と財政』（国立書院・1948年）29-32頁。

Ⅱ　国権の最高機関

「全部として一つの体系一つの法秩序（Rechtsordnung）を成してあらねばならない」[6]。そして，法律，判決，行政行為のいずれもが，「法のあらわれ，法の現実態，実定法であり，定立された法である」[7]とされる。こうして清宮は，「国家の法的行為は，総て立法行為であり，憲法，法律は固より，判決，行政行為も悉く法なりと言い得る」[8]とし，「法の定立」を次のように性格づける。「法の定立とは，人の意識的行為により，即ち，法『定立者』が自己の裁量（Ermessen）又は自由（Freiheit）の下に新たに法規範を創設する一切の場合を含み，理論上は，それが，抽象的規範を立てるか又は箇別的規範を立てるか，或いはまた，それが，如何なる手続によって定められるか，如何なる形式によって立てられるかは措いて問わない」[9]。このような「法」と「法の定立」の観念が前提とされるならば，予算を立法の一つの形式とみなし，そこに法規範性を見いだすことは，決して難しくはない。行政行為や判決も「箇別的法規範の定立」とされるならば，予算の個別性にその法規範性を否定する理由は見いだしがたいからである。

　第二は，清宮が，組織法（Verfassungsnormen または organisatorische Normen）の観念，およびそれと行態法（Verhaltungsnormen）との区別の観念を踏まえた議論を展開していることである。清宮は，スイスの憲法学者ブルクハルト（Burckhardt）の「行態規範（行態法）」と「組織規範（組織法）」[10]についての議論を検討する中で，次のような「組織法」の特徴に着目している。「組織法は，それが実現されるときに通用する。国家の組織規範は，究極に

（６）　同『国家作用の理論』（有斐閣・1968 年）8 頁（初出は，「法の定立，適用，執行」京城帝大法文学会第一部論集第 4 冊，法政論纂，1931 年）。
（７）　同上書 9 頁。
（８）　同上書 10 頁。
（９）　同上書 13 頁。
（10）　清宮は，ブルクハルトに拠りながら，行態法の観念を次のように説明する。「国家において，立法者によって定立せられ，裁判官によって適用され，さらに他の機関によって強制・執行せられる法規範……，普通に，法規範として，われわれ一般人の行態を強制的に規律するもの」。また，組織法の観念については，「（行態法を制定・適用・執行するために必要な）組織そのものを規律する規範」とする。同上書 285 頁（初出は，「ブルクハルトの組織法・行態法論」法学 11 巻 4 号，1942 年）。

おいてはただ，それが遵守せられる限りは通用する。……国家的組織の命題は，もともと，厳格な意味の法義務を設定するものではないから，既存の法義務という意味において，法的に必要ではない。組織法の諸規範は，必然的に不完全法（leges imperfectae）であり，それらが自発的に遵守せられるということが，はじめて法秩序……を成立せしめるのである」[11]。清宮は，ブルクハルトのこのような「組織法」の性格づけそれ自体については，組織法が他の組織法やより高次の法理念によって根拠づけられる場合があることを看過しているとして批判的ではあるが[12]，国家およびその官庁を構成する規律としての組織法に，行態法（「法規」の観念に相当するとみてよい）と違うとはいえ，法としての属性を確認していることは重要である。こうした組織法の観念を前提にすれば，予算が国家機関のみを拘束することは，その法規範性を否定する根拠とはならない。また，国家内部法としての組織法の特徴を把握する視点は，予算の法内容的性質をとらえる上でも基礎的視座となるものである。

　清宮の予算法規範説には，こうした法の観念に依拠することで，予算が法規範の一種であるとみなす上での強固な基盤が与えられていた。ただし，そうした基礎づけから出発して，予算がいかなる意味でどのような特徴をもつ法規範であるかについての論究は，必ずしも十分にされてはいない。

3　杉村章三郎の見解をめぐって

　有斐閣の法律学全集で『財政法』を担当しこれを著した杉村章三郎は，そのなかで，予算の内容的特色にも説き及んでいる。杉村は，「予算の法的性格」の議論を，「予算を法律的にみれば，だれが，またいかなる効果において予算に拘束されるかという見地からその性格が解明されなければならない」と意義づける。そして，この問題は，「予算を法律によって国会の議決を経るという制度をとる場合にも他の法律との比較上論議せられるところ」

---

(11)　同上書290頁。
(12)　同上書299頁参照。

とも述べており,「本質の問題」ともいう[13]。ここには,予算の法内容的性質の問題を法形式の問題と切り離してそれ自体として問う視角が示されている。その後の「予算の法的性格」についての論議が,杉村がなしたこの適切な問題設定に即して展開されていたならば,違った発展を遂げたはずである。ただし,ここでの杉村による学説の整理にも,明治憲法時代の訓令説(予算は天皇が行政庁に与える訓令であるとする説),承認説(予算は議会が歳出の承認を与える手段であるとする説),法規範説(予算を以て法律同様国法の一形式とみる説)を紹介するという具合に,「議論の混同」の影響が見られる[14]。

杉村は,承認説も認めるところの「政府機関が予算の内容たる支出金額及び支出目的に拘束されること」(予算の拘束力)や,これに反すれば違法支出となり政府や担当機関の責任を生じることなどは,予算が「法規的効力」を有するという性格から生じるものとして,法規説(法規範説と同義に語られている)を支持している[15]。そして,予算の法規としての性格は,「予算に課せられた任務が重畳的であることから法律上も一義的に説明することは困難」であるとする。その上で,予算について,①その使命として政府に対して財政計画を承認し執行権限を付与するという性格,②国会による承認すなわち租税負担者たる国民による承認という政治的性格,③予算の行政法上の意味としての政府・国会・裁判所に対する国家の財務上の命令(授権令・禁止令)という性格,④国家機関を拘束力の対象とする法として組織法の体系に属する法規(会計組織系統に属する組織法規)という性格を指摘している[16]。

なお,杉村が予算には拘束力があるとしてその法規範性を認める場合,主として念頭に置いているのは歳出予算である。予算が総体として有する法的

---

(13) 杉村章三郎『財政法』(有斐閣・1959年)61頁。
(14) 同上参照。この「混同」の結果,杉村は,一方で,承認説と法規範説とは,いずれもが予算の政府に対する拘束力を認めることから「実質的には必ずしも相背反する学説ではない」としつつ(訓令説は前時代的なものとしてしりぞける),他方で,法規説に賛成する理由を,予算の(歳出予算についての)拘束力の根拠をそれが法規であることに求めている(同上書63-64頁参照)。
(15) 同上63-65頁参照。
(16) 同上65-67頁参照。

意義への論究は，十分になされているとはいいがたい。

4　甲斐素直の見解をめぐって

　近年では，予算が財政行為を拘束するということの意義の明確化に向けた議論が開始されている。そのなかで，「一年税」主義を採用していない現行制度の下では「単なる見積」にすぎないと従来はされてきた歳入予算につき，現行制度の下でも法規範性を確認しうるとする説が唱えられてきている。甲斐素直の議論がそれである。

　甲斐は，「国会が……その財政管理の手段としての歳入予算としてオーソライズした場合，それは完全に，各行政庁の活動の基準としての当為の法則，すなわち規範と化しているのである」と述べる[17]。こうした理解を前提にして，甲斐は，予算の特質を次のように論じる。「予算を，国会による財政管理権行使の事前的手段と考える私の立場からは，歳入も歳出も等しく内閣および各行政庁が従うべき当為としての法規範である。すなわち，内閣などはそこに示された額に従った活動を行う義務を負い，増減いずれの方向にせよ，これからの大幅な逸脱は国会の財政権の侵害となり，違法と考えるべきである。これに対して予算の本質に影響を与えない程度の小幅なずれは当然許容される」[18]。

　この議論の意義は，歳入予算と歳出予算とでは，その拘束性に従来言われてきたほどの歴然たる違いはないことを示そうとした点である。甲斐は，歳入予算について，「予算に先行する見積りに当たって可能な限り正確な作業を行うことを，将来の受規者に課する」とし，また「租税以外の国庫収入であって政令以下の法規範によって徴収額が決定されるもの（手数料についてはそのほとんどがこれに該当する）について，歳入予算が確定した場合においては，そこで見積もられた額を各行政庁があえて無視する意図の下に，その徴収のための準則を勝手に改正して，増額したり，減額したりして，異なる

---

(17)　甲斐素直『財政法規と憲法原理』（八千代出版・1996 年）95 頁。
(18)　同上 100 － 101 頁。

歳入額とすることは許されない」とする⁽¹⁹⁾。他方，歳出予算については，予備費制度，議決単位を「項」に止めていること，「目」の間の流用を財務大臣の承認のもとに認めていることなどを理由にして，その拘束の柔軟性を指摘する⁽²⁰⁾。

また最近では，甲斐は，予算の法規範性を解明するための道具として，次のような用語の提案を行っている。

第一は，支出授権と契約授権という対である。甲斐は，憲法85条が，「83条の財政国会中心主義を具体化して，国会の有する財政権を，『国費を支出すること』と『国が債務を負担すること』の二つに関して，国会の議決を要求している」ことに関わって，①支出権限の授与行為（支出授権）と，②国が債務を負担するために債務負担の原因となる行為の権限を，国会が，行政庁に授権する行為（契約授権）とを提起し，これによって「歳出予算以外の予算科目の法規範性の正しい評価が可能になる」としている⁽²¹⁾。

第二は，法律による抽象的（一般的）授権と予算による具体的（個別的）授権という対である。公債を発行する際の法律による発行授権は，「抽象的授権のレベルにとどまる」ものであり，毎年度の予算総則で，「そうした契約授権を目的とした法律を受けて，公債，一時借入金，国連関連拠出金，債務保証等の類型別に，各年度ごとの契約授権の限度額を定めている」ことが，予算による具体的授権であるとする⁽²²⁾。

第三は，予算の法規範性をミクロ，マクロの二つの面で認めることである。予算による支出授権，契約授権にはミクロの法規範性を認めることができる。一方，財政規模の決定，歳入における租税，公債，その他の手段の選択，歳出の規模と投入分野の決定を通じて，予算は「政策の実施手段としての規範的命令」であり，各行政庁は，「予算で命じられた収入，支出の総額とそれぞれの行政庁における財政活動が一致するように努力しなければならない」

---

(19) 同上96－97頁。
(20) 同上98－99頁参照。
(21) 同「予算の概念」『財政法講座1　財政法の基本課題』（勁草書房・2005年）44－45頁参照。
(22) 同上45－46頁参照。

という形で，予算のマクロの法規範性のもとにあるとされる[23]。甲斐によるこうした多様な概念を用いた解明は，予算の法規範性の全体的構造を把握する上で有益なアプローチである。

5 櫻井敬子の見解をめぐって

甲斐が指摘する歳出予算の拘束の柔軟性は，重要な着眼である。そこでは予算法の実質的な性格の解明が目指されている。また，この点の解明を系統的・体系的に行った業績として，櫻井敬子の『財政の法学的研究』がある。

櫻井は，従来の予算の法的性質をめぐる議論には，「予算措置という国家作用が法的に見ていかなる特徴を有するものであり，憲法上いかなる意義づけを与えられるべきかという，いわば『予算観』の探究がなされてこなかった」とする[24]。その上で，予算措置（および決算制度）の法的構造の内在的把握に取り組み，その「柔構造」的特質を次のように指摘する。

① 「内閣および国会という両機関がそれぞれの独自の任務を全うすべく活動することが結果として『協調予算』を予算の『常態』たらしめるのであり，それが憲法上の要請としても理解される。すなわち，予算作成の『常態』としては，政府の提示する予算を尊重しつつ議会との間に整合的な調整がなされることが予算措置にとって最も合理的な形態であると考えられ（る）。……現行予算制度においては国会の優位性が前提となって（いるが），……『常態』としての予算構造はなお『協調構造』と理解され，それが予算の規範としての『柔構造』を基礎づける」[25]。

② 「予算という規範は，憲法上予備費のごとき『白地規定』が許容されていることに現れるように融通性に富んだ独特の構造をもつ規範であり（……現行法上認められている予算項目の流用や補正予算の制度もこれにかかわる），予算の執行とは内閣に広い活動余地を許すものであって，それは『形成的執行』というにふさわしい」[26]。

---

[23] 同上52－55頁参照。
[24] 櫻井敬子『財政の法学的研究』（有斐閣・2001年）39頁。
[25] 同上171－172頁。

Ⅱ　国権の最高機関

　③「予算は，国会との関係において内閣がこれを忠実に『執行』しなければならないという意味での行為準則であるが，それは内閣をゆるやかに拘束するにとどまる。……予算は会計年度にわたる将来予測であり，変動の内在的可能性を孕んでいる以上，一般論として予算に拘束力があるといってもそこにはおのずと限界があり，そこに予算の最大の特徴がある」[27]。

　④「予算循環の最終局面に位置する決算制度も，予算措置の協調構造との関連において理解されなくてはならない。決算とは，内閣によって『形成的執行』が許されていることを前提として現実に行われた内閣の財政運営を事後的に『追認』することであ（る）。……こうして予算の拘束力とは，あくまでも国会と内閣との間という『閉ざされた空間』の中において観念されるものであり，それは内閣の財政運営にとってゆるやかな行為基準として現れ，その具体的な効果は決算という事後的統制段階において国会がかかる『追認』を行わないという制裁可能性によって検出される」[28]。

　櫻井のこうした分析は，予算という法の内容的特質の把握として貴重なものである。また，こうした分析をふまえて考えると，従来の予算の法的性格，それに依拠した国会の予算修正権，法律と予算の不一致などをめぐる議論が，いかに予算という法の特質についての理解を欠いていたかが照らし出されることから，有意義な解明でもあった[29]。しかし，予算措置の「憲法上の意義づけ」という観点に照らしてみると，なお論究されなければならない点がある。財政と憲法秩序の全体的構造の把握が，それである。

---

(26)　同上172頁。

(27)　同上187－189頁。この性格は，予算不足の際の補正予算や予備費の取扱いの問題に関わる。これについては，小沢「予算の不成立と予算の不足」大石＝石川編前掲書参照。

(28)　同上172－173頁。

(29)　従来の「予算の法的性格」論には，予算過程への着眼が不足していたことも指摘されねばならない。国会の予算修正権の範囲（増額・減額）とその形態（単純な増減と組み替え），それらと内閣による予算作成・提出権限との関係，予算と法律の不一致などをめぐる議論には，予算それ自体の作成・議決過程，および実体法―予算法の両者を包括する全体としての立法過程に着目すれば氷解しえた錯誤が少なくない。こうした予算過程への着眼を示す業績としては，櫻井前掲書の他，田中治『アメリカ財政法の研究』（信山社・1997年）参照。

6　北野弘久による「新財政法学」の提唱

　以上の2から5までの議論は、いずれも財政法、予算の分析を、国家の内部法、国家機関相互間の法という視角から行うものであった。これに対して、北野弘久によるかねてからの「新財政法学」の提起は、こうした視角を拡大し、「納税者の立場、納税者基本権の視角から、……財政権力作用法と財政管理作用法の両者を統一的・総合的に研究しようとするもの」、「納税者のための新しい人権の法としての広義の財政法」[30]の理論構築をめざすものであった。

　北野による「新財政法学」の提唱の意義は、次の点にあるといえよう。

　第一は、税法原理の権利論からの再構成である。北野は、税法は、「『徴税の法』ではなく、課税権力に対抗する納税者側の『権利立法』でなければならない」[31]という視角から、租税法律主義論の自由権的機能と、それがもつ議会の課税立法権に対する実体的制約機能を強調する。

　第二は、第一を前提として、租税の徴収面と使途面の両者を統合した租税概念（広義の租税概念）に基づく、新しい（広義の）「財政法」概念の提起である。「税法学は広義の租税概念を前提とする財政法学のレベルにまでたかめられなければならない」とされ[32]、財政法学は、「税金の徴収面と使途面、つまり財政権力作用法と財政管理作用法とを統合的にとらえ両者を国民・納税者の人権擁護の統一的規範として不可分一体のものとして『財政法』を把握しなければならない」[33]とされる。

　第三は、納税者基本権の提起である。二のように定義された新しい財政法学は、「歳入歳出の双方のレベルにおける納税者基本権（憲法論のレベルにおける納税者に関するさまざまな自由権、社会権の集合的権利）の具体化、実践化を意図するものでなければならない」とされる[34]。かくして提起された納

---

(30)　北野弘久『税法学原論』（第5版・青林書院・2003年）114頁。
(31)　北野弘久『新財政法学・自治体財政権』（勁草書房・1977年）序文2頁。
(32)　同上4頁。
(33)　北野弘久「財政法学の可能性と課題」法律時報55巻6号25頁。

税者基本権の具体的構成としては,「不公正税制・不公平税務行政や,違憲・違法な租税の支出(使途)それ自体が,納税者の主観的権利侵害をもたらすことになる」として,「これにより現行法のもとでも納税者は,租税の徴収面と使途面の双方に対して法的にコントロールする権利を有することになる」と語られる[35]。そして,現行の予算制度もこうした法的コントロールの強化という視点から点検されることになる[36]。

「新財政法学」は,財政法現象を権利が媒介する関係,授権と統制の「法関係」として把握しようとするすぐれて「法学」的な営みである。また,そのことは同時に,「新財政法学」に,憲法原理とそれに関わる国家理論を原点におく理論構成への志向をもたらしている。それは,憲法の財政条項を,単に財政に関する諸法律が踏むべき「手続」規定としてのみとらえるのではなく,これに人権保障と民主主義を実現するための構成的規範としての意義を見出すことを志向する。この志向は,近代憲法の生成・発展の歴史における財政条項の重要性と今日における財政が憲法的価値の実現に果たす役割の大きさにかんがみれば,正統なものといえよう。

7 福家俊朗の見解をめぐって

以上のような北野による「新財政法学」の提起は,財政とその法を憲法秩序のなかに構成的に位置づける上で,重要なものである。ただし,その際の法概念が「人権」ないし「納税者基本権」の保障規範として端的にとらえられていることから,国家内部法として把握された財政法,予算の概念との懸隔を埋める理論の構成に一定の困難を抱えたものとなっている。財政と憲法秩序との媒介は,人権のみならず民主主義(国民主権),平和主義などの憲法の諸原理や諸価値,そしてそれらに基礎づけられた「財政の公共性」の観念によってよくなされるものと思われる[37]。

---

(34) 北野・前掲注(31)序文4頁。
(35) 北野弘久『憲法と税財政』(三省堂・1983年)序文ⅲ。なお,前掲注(33)も参照。
(36) 北野弘久「予算」雄川一郎他編『現代行政法大系10 財政』(有斐閣・1984年)参照。

福家俊朗は,「財政の公共性」を論じるなかで,財政と憲法秩序との関連を次のように述べる。「財政はその仕えるべき公共的行政の質と量の統制を通して,当該行政によって実現されるべき国民の人権に価値序列を加えたり,その水準を積極的に設定することが可能になっている」(38)。このことに現代財政の権力性を見出す福家は,その民主的統制の必要性を以下のように指摘する。「権力性の顕在化(顕現化)形態,すなわち多面的な権力的機能から見て,そのような財政活動に国民自身が直接関与できないような法形式に委ねることの当否が問われねばならない。……その本質における権力性の顕現化形態と程度に対応した,財政権限の授権のあり方ならびに授権の対象となる統治団体等,および,法的ならびに民主的統制方法を整備する憲法秩序的工夫が求められている」(39)。

8 むすびにかえて

予算は,櫻井のいうように国会と内閣の間の法的空間に第一義的には存立するが,他方,憲法の全体構造との関わりでは,福家のいうように「人権に価値序列を加えたり,その水準を設定する」意義をもつことを等閑視するわけにはいかない。かかるものとしての予算が,「予算の内容は人権・民主主義・平和などの憲法的価値の実現の水準を規定する」という(憲)法意識を持った国民による不断の政治的監視の下で(そしてそのことによって政治的責

---

(37) この点と関わって,宮本憲一が次のように述べていたことが想起される。「ここで,あえて,納税者の権利説の限界を指摘するのは,……財政権の根拠を基本的人権だけから説明することの限界を指摘したいためである。……財政権の根拠は,基本的人権のみならず国民主権としての面があるからである」宮本「国民の財政権を求めて―財政法学会に期待するもの」法律時報55巻6号22頁。また,北野弘久も近年では次のように述べている。「納税者基本権はその基底的な妥当性の根拠を納税者主権(国民主権)におく。それゆえ納税者基本権は憲法理論的には納税者主権論の展開として説明することができる」北野弘久編『現代税法講義』(四訂版・法律文化社・2005年)12頁。
(38) 福家俊朗『現代財政の公共性と法』(信山社・2001年)32頁。
(39) 同上33頁。

II　国権の最高機関

任ないしアカウンタビリティの観念が醸成するなかで)，国会と内閣，官庁およびそれらを構成する議員，政党，公務員などの諸アクターによって決定・執行されることもまた，財政をめぐる憲法秩序という法的空間を形成する。そしてこうした法的空間の実質化に向けての政治的，法的手法の開発の探求が，憲法規範の創造的活用を通して展開される[40]。私は，「財政の公共性」を，こうした法的空間の形成をうながす原理として位置づけたい。

　予算の法的意義の解明は，今後，国家内部法，組織法，議会法的性格を具有する財政管理の法としての財政法と憲法との関係の探求，憲法・財政法の作用を媒介する国民世論と国家機関相互関係の解明，そしてこうした探求・解明を踏まえた憲法秩序観の構築を通じた概念の彫琢に負うところが大きい。

　本稿は，2007年1月27日に開催された国会研究会での報告「予算の法的意義をめぐって」の内容を原稿にしたものである。この報告は，拙稿「財政法学の可能性」日本財政法学会編『財政法講座1　財政法の基本課題』(勁草書房・2005年)での論述を土台にした関係上，本稿も部分的にこれをもとにしている。

---

[40]　市民平和訴訟の取り組みなどにそれは確認される。これについては，北野弘久『納税者基本権論の展開』(三省堂・1992年)，小林武「市民平和訴訟における納税者基本権論の展開」北野弘久先生古稀記念論文集刊行会編『納税者権利論の展開』(勁草書房・2001年)参照。この中で，小林は，問題の原則的把握を次のように適切に述べている。「国民主権原理の財政の面における表現としての財政民主主義を真に実現しようとするなら，財政に関する国民的統制の方途が確保されなければならない。とくに，租税の使途面，つまり税金の使途面について国民が納税者として，これを立法的にコントロールできるようにすることが不可欠である。日本国憲法第7章が国の財政をもっぱら国民代表議会の権限下に置く，財政国会中心主義の原則をとっているのもそのゆえであるが，財政に対する国民主権を貫徹させるには，さらに，国民の直接的統制の手だてが求められ，憲法も，そうした手だてが講じられ，また創設されることを容認し，かつ要請していると解すべきであろう」(同上45−46頁)。

Ⅲ　唯一の立法機関

政府と立法
―― 政府による法律の発案に焦点を合せて ――

杉 原 泰 雄

1　はじめに

　国会の在り方および国会と政府（行政府）の関係にかんする憲法の根本問題でありながら，憲法制定時においても，憲法施行後においても，立ち入って検討されることが少なく，今日にまできてしまった問題がある。日本国憲法における，政府による立法への関与の問題である。法律の発案・審議へ関与や委任立法の問題であり，それに伴う国民代表府にして「国の唯一立法機関」としての国会の形骸化の問題である。広範囲に及ぶ問題であるので，ここではとくに「政府による法律発案」の問題に焦点を合せて，検討することにしたい。憲法学界においても，憲法運用の政治においても，憲法からのまともな正当化論もなしに，発案の肯定が憲法運用の慣行とされかつ学説上も圧倒的に支持され，とうの昔に決着済みであるかのような状況にある。重要な法律案はすべて政府提出であるのが常態となっている。しかし，その問題の憲法的および政治的重要性からすると，決着済みとするには，なお，憲法軽視の政治と憲法学の怠慢を放任するものとの思いが残る。それに，近時におけるその動向の強化論からすれば，権力分立制や議会制民主主義を否定するものとの思いにもとらわれる。再考の必要性を痛感する。

2　日本国憲法制定時の議論

　憲法制定時には，憲法上の明確な根拠を示すこともなく，明治憲法の場合

III 唯一の立法機関

と同様に（明治憲法第33条は政府の法律発案権を明示していた），政府による法律発案を当然のこととしていた。そのうえで，国会を立法の中心とするために必要な諸条件を整備すべきことも，強調していた。たとえば，憲法問題担当の金森徳次郎国務大臣は，以下のような答弁をしていた。「世の中には自ら分業がありまして，……やはりその当面の事務を担任して居る政府が発案すると云う風になることは，これは自然の勢いであります。今後と雖も，そう云う風になる可能性はどうも否定出来ないと考えて居ります[1]。」「国会を基として存在して居ります所の行政府が法律案を作ることでありますが故に，能く議場で御非難になりました官僚制と云うものが悪癖を出しさえしなければ，政治の上の組織としては，この道行が合理的ではないかと考えて居る訳であります[2]。」「〔今後国会が法律の発案・審議の中心となるために〕この国会に附属する所の，斯様な立法の起案及び立法に必要なる調査の出来るような組織を作らなければならぬ[3]。」

3　憲法施行後における憲法学界の代表的見解

(1)　憲法施行直後の憲法学界の代表的見解

憲法施行に近接した時点で，宮沢俊義は，その著書，憲法普及会編・新憲法体系第8巻『新憲法と国会』（1948年3月）で，この問題を，やや立ち入って以下のように論じていた。

①　明治憲法では，法律の発案権は，政府と議員の両者に認められていた。新憲法は，明治憲法的な伝統には一顧もせずに，法律の発案については，別段明白な規定を設けていない。議員が発案権をもつことも，内閣がこれをもつことも，規定していない。

②　「両院の議員が法律の発案権を有することは，新憲法全体の精神からいって，問題となり得ないくらい明白であろう。ことに国会が『国の唯一の

---

(1)　清水伸編著『逐条日本国憲法審議録第3巻』1962年・72頁。
(2)　同上。
(3)　清水編著・前掲書73頁。

立法機関』だとせられる以上，それはあまりに当然だと考えられる[4]。」

　③　問題は，議員のほかに内閣が法律の発案権をもつか，である。「新憲法の規定を，なんらの成心なしに，読むとき，そこから内閣が法律の発案権をもつという結論を引き出すことはむずかしい。国会は唯一の立法機関である。とすれば，法律の発案は国会の内からのみ——すなわち，議員によってのみ——なされ得る，と解するのが，一番自然である。しかも，そのほかに特に内閣がその発案権を有する旨を定めた規定はどこにもない。新憲法は明治憲法と異り，内閣の法律発案権を否定する趣旨だと解することは，だから，少しも無理ではないのである[5]。」

　④　「憲法審議の帝国議会において，政府は新憲法は内閣に法律の発案権をみとめると解し，その根拠を第72条に求めた。しかし，これは正当でない。第72条は『内閣総理大臣は，内閣を代表して議案を国会に提出し，一般国務及び外交関係について国会に報告し，ならびに行政各部を指揮監督する』と定めている。これは内閣が発案できる議案を内閣総理大臣が内閣を代表して国会に提出することを定めているだけで，内閣の発案権がどこまでおよぶかは，この規定の関するところではない。これを根拠として内閣に法律の発案権があると断ずることは許されない。もし，そう解することができるとすれば……この規定を根拠として，内閣は憲法改正の発案権を有すると解しなくてはならなくなる。しかも，政府は，この点については，内閣は発案権を有するものではないと解した。これではどうも筋がとおらない[6]。」

　⑤　「新憲法が内閣に法律の発案権をみとめていると解するのは，規定の上からいっては，どうしても無理なのであるが，」政府も帝国議会も，その解釈に固執して，内閣法（1947年1月16日法第5号）で，「その解釈をいわば立法化してしまった[7]。」憲法施行前に，新憲法を実施する憲法違反の法律が制定されていた，ということになりそうである。

　⑥　新憲法施行後，第1回の国会の衆議院で，政府に法律発案権があるか

（4）　宮沢・前掲書149頁。
（5）　宮沢・前掲書149－150頁。
（6）　宮沢・前掲書150頁。
（7）　宮沢・前掲書150－151頁。

III 唯一の立法機関

が問題となった。衆議院の多数は、「従来政府のとって来た解釈、すなわち、内閣法で公定解釈となっている解釈をみとめることに決し、以来その解釈に従って、内閣から多くの法律案が提出されている[8]。」

⑦ 実際的には、問題はこれで解決されてしまっている。内閣法の規定や国会における同趣旨の慣行が憲法に違反するか否かの問題は、理論的には残っているが、裁判所の違憲審査権が法律案の発案手続にまでおよぶものとは考えられないから、「実際的には、新憲法の下でも、内閣は、議員とならんで、法律の発案権を有することにきまったと考えざるを得ない[9]。」

⑧ 「しかも、政治的に見れば、これで別に大したさしつかえはないのである。もともと、議院内閣制が採用せられ、内閣と国会との間に密接なパアソナル・ユニオンの関係が存在する以上、法律の発案権が内閣にあるかは、実際政治的に見れば、それほど重大な問題ではないのである[10]。」

憲法には、内閣に法律の発案権を認めていると解しうる規定はなく、憲法からその発案権をひき出すことは、「規定の上からは、どうしても無理なのであるが」としつつ、裁判所の法律審査権が法律発案の手続にまで及ぶと考えられないから、実際上内閣に発案権があると考えざるをえないし、国務大臣が議員であるところからすれば国務大臣は議員として発案できるから政治的重大問題であるわけでもない、として処理されている[11]。違憲か合憲かの問題が、裁判所によるその審査可能性の有無の問題として、また政治的支障の有無の問題として処理されている。苦渋にみちた解決のようである。明治憲法的な法律発案を当然視する憲法意識の強さをみないわけにはいかない。しかし、この解決をとることによって、違憲・合憲の問題がなおざりにされただけではなく、「国の唯一の立法機関」としての国会の創出の課題もなおざりにされることになることは、避けがたいことであった。「国会の形骸化」と「立法における行政国家の動向」は、憲法施行の当初から規定されていた。

---

(8) 宮沢・前掲書151頁。
(9) 宮沢・前掲書151頁。
(10) 宮沢・前掲書151－152頁。
(11) 宮沢の前掲書とほぼ同時期に公刊された美濃部達吉『日本国憲法原論』(1948年4月初版)は、憲法第72条を政府による法律発案の根拠としていた (275頁)。

昭和20年代から30年代にかけて，説明の仕方は多様であるが，肯定説が学界の支配的な見解となっていった。たとえば，清宮四郎『憲法 1 』(有斐閣法律学全集 3 ，初版1957年)で以下のように述べていた。「内閣の法律案提出権については，疑問の余地があるが，(イ)憲法は議院内閣制を採用して，内閣と国会との共働を認めていること，(ロ)内閣の提出権は，国会の自由な議決によって法律が成立する原則を動かすものでないことからみて，憲法に違反するとは解せられないし，また，たとえ内閣の提出権が否認されたとしても，内閣総理大臣および多数の国務大臣は，議員として発議権をもっているから，実際上たいした変りはなく，論議の実益もあまりない。実例についてみても，憲法草案を審議した当時の政府および帝国議会も，内閣にも発案権があるという解釈をとり，憲法施行後も同じような解釈のもとに，内閣法（5条）その他の法律（……）の規定が設けられ，現に国会の多数が右の趣旨を容認し，内閣の提出にかかる幾多の法律を成立せしめている。現在では，すでに内閣の法律案提出を認める慣習法が成立していると見てよかろう。……内閣の法律案提出権の有無は，憲法の規定だけではいずれとも判定しがたい問題である。憲法の本旨は，これを否認もしないが強く要求もせず，立法による解決に委せるというくらいのところにあるもの考えられる。したがって，現在の取扱いも憲法に違反せず，これについての慣習法も憲法の枠の中にあるものとみられるが，法律で，内閣の提出を禁じても憲法違反にならないものと思われる。……内閣の憲法改正発案権についても同じようなことがいえる[12]。」

　また，田上穰治『憲法撮要』(1963年)は，「法律の発案は立法手続の要素であるに拘らず，内閣にも発案権があるが（内閣法第5条），これは議院内閣制によって内閣が国会の常設委員会の地位をもち，内閣総理大臣および過半数の国務大臣が国会議員であるから（憲法第68条），国会の立法権を侵すことにならない[13]」，「議院内閣制の国家においては，法案たると憲法改正案たるを問わず，内閣から議院に提出できるものと解しなければならない[14]」

---

(12)　清宮・前掲書329 - 330 頁。
(13)　田上・前掲書150 頁。
(14)　田上・前掲書172 頁。

Ⅲ　唯一の立法機関

としている。

(2)　新しい肯定説の登場

　昭和40年代に入ると，政府による法律の発案を含めて，政府による立法への関与を正当化する別の議論が登場し，学界にも大きな影響を与えるようになる。芦部信喜「現代における立法」(岩波講座・現代法第3巻，芦部編『現代の立法』1965年に収録，後に芦部『憲法と議会政』1971年にも収録) は，その代表的論文であった。そこでは，以下のような指摘があった。政府による立法への関与をもたらす第1の要因は，現代市民憲法における社会国家理念の導入およびその憲法下における国際的緊張・軍拡競争である。これらは，いずれも専門技術的および迅速・機敏な対応を不可欠とし，「立法国家」から「行政国家」への転換を要求する。行政府による法律の発案や委任立法が避けがたくなる。その第2の要因は，現代における「政党国家」状況の展開である。政党の幹部によって構成される行政府が立法においても中心的な役割を果すようになるのは，当然のこととなる(15)。

　これらの諸要因によって，法律の立案過程における議会の役割が「大きく衰退し」，法律の審議過程においても「真の『審議』の機関は内閣」だという事態が出現している。「かような観点から現代の議会にもっとも期待されているものを考えると，……執行府の監督と抑制の機能，すなわち国民多数の希望や不安を『討論の広場（フォーラム）』に反映させ，権力の濫用から国民の自由を守り，討論を通じて世論を教育し，法律の執行の方法を監督することであろう。現代国家においては，内閣の法律提出権や委任立法を違憲もしくは違憲の疑いありとし，名実ともに『唯一の立法機関』たることを議会に要求することによって，議会主義を生かすことは不可能である(16)」としている。芦部は，議会制の現状を無条件に肯定しているわけではなく，議会制を生すための条件や改革についての検討の必要性も指摘している。

　この新しい肯定論は，憲法解釈論ではないが，内閣による立法への関与に

---

(15)　この点については，芦部『憲法と議会政』236頁以下を参照。
(16)　芦部『憲法と議会政』239－240頁。

新しい力を与えるものであった。清水睦の論文「現代議会の立法をめぐる状況と展望」(1985 年) や手島孝の解説「内閣」(1985 年) などは[17]、それを示すものであった。

近時においては、この種の議論をさらに押し進める「内閣中心構想」さえも提起されている。高橋和之『国民内閣制の理念と運用』(1994 年) は、その代表的なものである。「議会中心主義」の体制は、現代民主制が直面している基本的諸課題に対処することができないとして、以下のように指摘する。「議会には、今日の複雑化した社会を適切に運用していく能力はない……現代政治の民主化のためには、『行政国家』といわれる実態に即した、新たな民主政の構想が必要なのである」とし、「議会＝決定、内閣＝執行」という政治の構図を排除して、「内閣＝統治、議会＝統制」への転換の必要性を強調する[18]。国政の中心となる政策体系とその遂行の責任者となる首相（多数党の党首）を総選挙を通じて国民が事実上直接に選択し、その内閣に国民が選択した政策を実施遂行させる「国民内閣制論」である。

「治安と国防」のみを国政の課題としていた近代議会制、地方自治を軽視して中央集権体制を前提としていた近代議会制を原型とする議会制が、社会国家・行政国家・政党国家的な現代・現在の政治・経済状況に対処できないのは当然のことである。一方で、現代・現在の憲法的基本的諸課題をふまえて、それに対応しうる議会のあり方を再構築し、他方で地方分権・地方自治を抜本的に強化することが、不可欠である。日本国憲法は、平和国家とともに社会国家を理念としつつも、国民代表府たる国会を「国の唯一の立法機関」としかつ「国権の最高機関」としている。「内閣中心構想」の余地はなく、その役割を果しうる内実をもった議会の創出が求められている。また、日本国憲法は、他の現代市民憲法と異なって、「第 8 章 地方自治」を設けて、国会がその憲法的役割を果しうるよう抜本的な地方分権を求めていた

---

(17) 清水のこの論文については、公法研究 47 号 1 頁以下を参照。手島のこの解説については、『現代憲法講座上』1985 年・109 頁以下（内閣の法律提案権については、149 頁以下）を参照。

(18) 高橋・前掲書 21 − 22 頁を参照。高橋説の紹介と検討については、杉原＝只野『憲法と議会制』2007 年・162 頁以下（只野執筆）を参照。

Ⅲ 唯一の立法機関

(1949年の「シャウプ勧告」や1950年の「神戸勧告」を参照)。この提案においては，憲法の求める統治構造の軽視が際立つ。

4 2つの考え方の整理と検討

(1) 政府による法律発案の肯定説と否定説の整理

(a) 肯定説

どの肯定説論者も，憲法上積極的な根拠が見つけにくいことを気にしつつ，かつ人によってその正当化の根拠を異にしつつ，以下のような理由をあげている。

① 憲法が，厳格な権力分立制をとらずに，議院内閣制を採用して，国会と内閣の協働を認めていることである。

② 政府による法律の発案は，国会の自由な審議・議決による法律の制定を妨げるものではないから，国会に立法権があることと抵触しないとする。その当面の事務を担当している専門職からの提案であるから，望ましい自然のこととするものもある。

③ 政府に法律の発案権がないとしても，首相は議員であり，他の国務大臣の多数も議員であるから，議員の立場において法律を発案することが可能である。政府による法律発案の可否を論ずる実益はない。

④ 憲法第72条の「議案」のうちには，法律案も含まれている。含まれていないとしても，明示的に政府による法律発案を排除しているわけではなく，法律にその可否を委ねていると考えられる。内閣法第5条は，憲法施行の当初からこれを認めている。

⑤ 憲法施行後に，国会は一貫して政府による法律案の提出を受理しており，その意味でそれを認める憲法慣習法が成立している。否定説からすれば，それは憲法違反の憲法慣習ということになるが，それを考慮して憲法変遷論をとるものもある。

⑥ 今日の社会国家・行政国家・政党国家の状況においては，国会の法律発案能力が不十分となり，政府による法律の発案が不可避的となる。

(b) 否 定 説

政府の法律発案権を否定する立場は，以下の諸点をその理由とすることが多い。

① 法律の発案が，実質的意味での行政や司法の作用ではなく，実質的意味での立法作用だということである。実質的意味で立法は，手続的には，立法作用のすべての段階（発案・審議・議決）を含み，憲法は国会を「国の唯一の立法機関」だとしている。

② 上の①からすれば，行政権の担当者である内閣が法律の発案という立法作用をおこないうるためには，憲法上内閣にその権限を認める明示の規定が不可欠である。しかし憲法には，その明示の規定が存在しない。

③ 憲法第72条の「内閣総理大臣は，内閣を代表して議案を国会に提出し」の「議案」のうちに「法律案」が含まれるとする説明もあるが誤りである。この規定は，内閣の権限を定めるものではなく，内閣が国会に対して発案権をもっている議案（たとえば予算や条約など）は，内閣総理大臣が内閣を代表して国会に提出することを定めるにとどまる。この規定を，内閣による法律発案の根拠規定とすることになると，憲法改正原案の発案を含めて国会で審議・議決する議案のすべてについて内閣が発権をもつということにもなりかねない。

(2) 検　討

日本国憲法下においては，その解釈論として政府に法律の発案権を認めることは，不可能であり，にもかかわらずそれを現代・現在においては不可避的なものとして黙認するならば，日本国憲法の国会制度を根底から破壊することになる，と考える。その意味で，肯定説をとることはできない。その理由を具体的に示せば，以下のようになる。

(a) 立憲主義を破壊する肯定説

肯定説は，否定説のあげる憲法的根拠を解釈論的に克服していないばかりか，みずからの憲法的正当性を明らかにできないでいる。「新憲法が内閣に法律の発案権をみとめていると解するのは，規定の上からいっては，どうしても無理なのである」とするすでに紹介しておいた宮沢の指摘は，そのこと

Ⅲ　唯一の立法機関

を示して余りある，というべきものであろう。

①　法律の発案が実質的意味での立法作用であることは，否定できない。憲法は国会を「国の唯一の立法機関」としているから，法律の発案権は国会のみに授権されていると解するほかはないはずである。一般に，合議体においては，特別の定めがないかぎり，そこで議決する議案の提出権がその合議体の成員に認められるのは当然の法理である。

②　上の①からすれば，内閣が発案を含めて立法に関与しうるためには，憲法にそれを認める明示的規定が不可欠であるが，憲法はその明示的規定を設けていない。この明示的規定の必要性は，憲法第41条の規定からそうなるというだけでなく，「憲法による政治」の意味での立憲主義にかかわる憲法解釈の根本問題である。憲法第98条1項・憲法第99条から明らかなように，統治権の行使としての国政は，すべて憲法に従っておこなわれなければならない。アメリカやフランスのように主権者を統治権の権利主体と解するところでは，現実に統治権の行使を担当する国会や内閣等は，その主権者から憲法を通じて授権されている権限のみを憲法の定めている方法（手続・条件）でのみ行使できるにすぎない。授権規範・制限規範としての憲法である。権限の推定や権限の再委任やその行使方法の変更などは認められない[19]。国家法人説の立場をとっても，この憲法解釈の仕方を動かすことはできない[20]（機関は憲法の定める権限のみを憲法の定める方法でしか行使できない）。この意味では，肯定説は，政府による法律発案の問題においてだけではなく，憲法の授権規範性・制限規範性を弱め，立憲主義の体制を損い，権力の濫用に道を拓く大きな危険性をもっているといわなければならない。宮沢は，憲法第72条の議案のうちに「法律案」を含めることは憲法改正原案の提出権を政府に認めることになると警戒していたが，同時に「実際政治的に見れば，それほど重大な問題ではない」ともしていた。理解しがたい対応というべきであろう。

---

(19)　この点については，当面，杉原『憲法と国家論』2006年・2頁以下を見て欲しい。

(20)　同上。

(b) 「国の唯一の立法機関」性を強く認める日本国憲法

　日本国憲法は、国会が「国の唯一の立法機関」であることを明示し、その立法権の行使について、政府による法律の発案権もまた法律についての拒否権も明示していない。こと立法については、日本国憲法は、国会の唯一の立法機関性をとくに強く認めているということができる。しかし、憲法の運用においては、以下のような多様な理由づけをもって政府による法律の発案を正当化しようとしているが、そのいずれにも賛成できない。

　①　その第1は、憲法が、立法府と行政府の厳格な分立を求めるアメリカ型大統領制ではなく、両府の協働体制としての議院内閣制をとっていることを理由とするものである。2つの体制は、人的な側面では明らかに異なっている。しかし、立法権の行使においては、一方が厳格に分立し、他方が当然に協働する、という関係にあるわけではない。たとえば、アメリカ型大統領制では大統領は議会で可決された法律案につき停止的拒否権をもっているが、日本国憲法の議院内閣制では、内閣は、アメリカの場合と同様に憲法上法律の発案権を明示的に認められていないないだけでなく、アメリカで認められている拒否権をも認められていない。立法権の行使については、議院内閣制をとる日本国憲法の方が厳格な分立制をとっている。権力分立制を前提とする議院内閣制は、当然に政府による法律の発案を正当化しうるような立法権行使の協働体制を意味するわけではない。次のような議院内閣制の事例もある。フランスの第3共和制と第4共和制は、議院内閣制を導入しかつ政府の法律発案権を憲法で明示的に認めていたが、議会が唯一の立法機関であるところから、議会の委員会で政府提出の法律案を書き直し、審議はこの書き直された法律案についておこなわれていた。議会を唯一の立法機関とする憲法の下では、議院内閣制を理由に政府による法律発案を正当化することはできないというほかはない。

　②　上の①とも関係するが、首相やその他の国務大臣と議員のパーソナル・ユニオン性を理由に、否定説を実益のない議論とすることにも問題がある。政府による発案が憲法上許されないということになれば、法律の発案のために政府内で使用されている人員と予算はあげて国会に移さなければならなくなるはずである。政府による法律発案の禁止がそのような実質的変動を

III 唯一の立法機関

伴うべきものであれば，国会は専門的な調査スタッフの充実においてもそれらを活用した発案・審議の面においても質的に異なった「国の唯一の立法機関」となりうるはずである。しかし，憲法施行の当初から明治憲法的な慣行が当然のこととされ，憲法学界もそれに与してしまったために，「国権の最高機関」・「国の唯一の立法機関」・「国民代表府」の憲法的位置づけにもかかわらず，国会は立法においても，政府の風下におかれ，憲法の期待する役割を果せない存在とされてきた。悔まれる対応であった。憲法学界の責任も大きい。

③ 第3は，(A)「社会国家」，(B)「行政国家」，(C)「政党国家」等を理由として，「国の唯一の立法機関」としての国会の在り方（「立法における国会中心主義」）に例外を認めるべきだとするものである。

(A)は，日本国憲法自体が認めている人権保障の在り方にかんする原理のひとつではあるが，憲法の統治機構のあり方を規律する原理ではない。(B)と(C)は，憲法政治の現状の特色を示すものではあるが，日本国憲法上の原理ではない。国会の担当任務との関係で政府の役割を拡充強化することを求める原理的規定は，日本国憲法にはない（立法における政府の役割をはっきりと強化している，たとえば明治憲法やフランスの現行憲法などとはまったく異なる）。また，政党についての積極的な規定は日本国憲法には1条もない（国民の政治的意思形成の手段として政党の存在を認めているフランス・ドイツ・韓国等の現行憲法と異っている）憲法の運用上，日本においても，(A)のみならず，(B)・(C)のような状況が存在することは事実であるが，それを理由に，憲法の定める国会の「唯一の立法機関性」をゆがめる状況を創出することは，本末転倒の反憲法的所業というほかはない。そのような反憲法的な事態をもたらした諸要因を除去し，憲法の求める国会のあり方を積極的に創出することによって対応するのが本筋である。すでにふれておいたが，近代の「夜警国家」段階の議会のあり方を現代議会としての国会の原型とし，かつ「3割自治」といわれるほどに地方自治を軽視して中央集権体制に固執し続けるならば，国会が(A)・(B)・(C)の事態に対応できなくなるのは当然である。国会の強化を求める憲法制定時の議論や憲法施行の初期における地方自治の強化論を再考すべきである。それらを考慮しない，立法における政府権限の強化論は，国民

代表府にして「国の唯一立法機関」である国会を形骸化し，無責任な官僚主義体制を野放しにするだけのことになりかねない。

④　第4は，肯定説の②・⑥にかかわるが，(X)国会に十分な法律発案能力がないことを理由として政府の法律発案を認めつつ，(Y)国会は自由な審議議決を通じて「唯一の立法機関」の実を確保できるとするものである。しかし，この(X)と(Y)の間には両立できない矛盾がある。現代の立法に必要な専門的な知識や技術を欠き，それ故に十分な法律発案能力を欠く国会が，専門的な知識・技術をもって発案された法律案を自由に審議・議決することは，政府に法律発案を認める趣旨に反することにならざるをえないからである。政府に法律発案権を認める立場は，(X)と(Y)の矛盾の故に，国会の審議を外見的なものとしがちになるだけではなく，国会の立法機能を否定する憲法超越的な議論を日本国憲法下でも公然化することになる。

(c)　「国の唯一の立法機関」の原点に立って

日本国憲法は，「人民の，人民による，人民のための政治」を求める国民主権を原理とし，国民代表府としての国会を「国の唯一の立法機関」としている。それは，その唯一の立法機関性を確保するために，多くの重要な対応をしている。なかでも，次の諸点は，とくに注目すべきものである。

第1に，憲法が政府による法律の発案権についてもまた国会で審議・議決された法律案に対する政府の拒否権についても，積極的な規定を一切設けていないことである。憲法の授権規範性・制限規範性からしても，また「国の唯一の立法機関」とする規定自体からしても，政府による立法への介入を認める余地はないと解するほかはない。内閣による法律案の拒否権については，憲法第59条第1項（「法律案は，この憲法に特別の定めのある場合を除いては，両議院で可決したとき法律となる」）からみて，この憲法に特別の定めのない拒否権を解釈で認める余地は皆無である。第59条1項のような規定をもたない法律の発案についても，法律の発案が実質的意味での立法である以上，「新憲法が内閣に法律の発案権をみとめていると解するのは……どうしても無理なのである」とするほかはない。「無理」が通れば，立憲主義が崩壊するだけでなく，国民代表制が形骸化し，与党による立法独裁と官僚主義がまかり通ることになりかねない。

Ⅲ　唯一の立法機関

　第2に，憲法が，国会につき「国の唯一の立法機関」であると規定することによって，国会にそれにふさわしい内実の整備を求めていることである。憲法第41条のこの規定は民選の国会を設置するだけではなく，その国会につき法律の発案・審議・議決を含む立法を国民代表府として自主的におこないうる存在となることを求める規範命題である。憲法は，そのために，たとえば第72条における国政調査権の保障のような重要な定めもしている。また，次の第3としてふれるように，憲法は，現代資本主義憲法としては稀なことであるが，「地方自治」の章を設けて，中央集権体制を明示的に排除している。国会を，地方的事項を除いた「国の唯一の立法機関」とするためである[21]。しかし，憲法自体による積極的具体的対応はこれらだけであって，憲法は，「国の唯一の立法機関」の内実の確保については，国会自体が法律・予算・規則等によって自主的に処理すべきこととして国会に委ねている。

　国会が発案を含めて「国の唯一の立法機関」としての実体をもちうるためには，以下のような諸点の整備が求められるはずである。

　①　アマチュアの議員を専門家とすることもかねて，専門的な発案・審議をしうる常任委員会の制度を設けることである。

　②　議員個人についても，また委員会・議院・国会についても専門的知識・資料をもった十分な数の調査スタッフを保障することである。アメリカ合衆国の連邦議会における，日本の国会の場合と質的に異なる，調査スタッフの制度は参考になる[22]。

　③　国政調査権についても，ドイツの場合のように議員の5分の1（1919年のワイマール憲法），4分の1（1949年のボン基本法）で調査委員会の設置を認め，かつ裁判所との並行調査を当然のこととするような，調査権の積極的な行使を保障することである[23]。日本の現状のような国政調査権の行使の仕方は，国政調査権を立法の手段としても行政統制の手段としても，骨抜きにすることになる。

---

(21)　この点については，杉原『憲法と国家論』354頁以下を参照。
(22)　ついては，杉原＝只野『憲法と議会制度』2007年・74頁以下を参照（杉原執筆）。
(23)　同上。

第3は，日本国憲法が，他の現代市民憲法と異なって，「地方自治」のために独立の章を設け，地方的事項については，立法権を含めて地方公共団体の担当事項としていることである。国会の守備範囲を限定することによって，その「唯一の立法機関」性を確保することを1つの狙いとしている。憲法第41条の「立法」の概念（全国民を対象とする一般的抽象的法規範の定立を中核とする）②憲法第43条第1項の「全国民の代表」の定め，③憲法第95条における特定の地方公共団を対象とする立法の制限，などは，そのことを示している。たしかに，憲法第94条は，「法律の範囲内で条例を制定することができる」として，国会が地方的事項についても始原的な立法権をもっているかのような解釈の余地を残している。しかし，上記の①，②，③からすれば，そう解釈する余地はないというべきであろう。日本国憲法の「地方自治」の保障が地方「行政」についての自治を保障するにすぎないものであれば，憲法上独立の章を設ける理由はなく，「第5章内閣」に自治行政を保障する1カ条を設ければ足りることになる。憲法第94条の「法律の範囲内」は，法律事項と条例事項の具体的配分を法律で定めるとしているにとどまると解すべきであろう。「シャウプ勧告」・「神戸勧告」の視座を再考すべきである。社会的格差が地域間格差と重なりあって進行している現状においては，とくにその思いを強くする。地方的事項については，各地域で異なる自然的，社会的，文化的諸条件を熟知しない中央政府（とくに国会・内閣）が関与すべきではなく，地方自治体が自主的に処理すべきことであろう。日本国憲法の保障する「地方自治」が"Local Self-Government"（地方自治政治，地方自治政府）と英訳されているのは，参考になる。

立法の多元化と国会の役割・あり方

川﨑 政司

1 立法ないし法の多元化の進展

　憲法41条は，一元的な立法体制を採用し，国会を唯一の立法機関と定め，立法の作用は，国会が中心となって担うこととしている。
　これに対し，憲法自身が，議院規則と最高裁判所規則をその例外として規定していると解されることが多いが，実際には，そのほかにも，国会以外の機関が法律とは別の法形式により広範に立法の作用を担っている。すなわち，現代国家においては，社会の複雑化・多様化や国際化などを背景として，法システムも多様化する傾向がみられ，「立法の主体」，そして「法」の多元化といった状況がみられる。
　例えば，行政機関による立法が増大し，その数は，法律の数を凌駕するほどになっており，その是非や統制のあり方がしばしば議論されてきたことは，今さら指摘するまでもないところだろう。
　また，分権化や国際化の進展に伴い，条例や条約の比重も高まりつつある。すなわち，条例も国家法の一つとして位置づけられ，また条約もそのままで国内的な効力をもつものとされているが，これまでは，それらの法としての位置づけ・役割はきわめて限られたものにとどまってきた。しかし，分権化や国際化の進展に伴って，国の法令だけで諸般の問題に対処していくことは困難となりつつあり，それらの比重が高まることで，国の法令は，条例と条約によるいわば下と上の両方から圧力を受け，これまでの国の法令中心のシステムは動揺をきたすようになってきているといえる。
　しかしながら，そのような立法の主体ないし法の多元化と憲法41条の関

係については十分な理論的な解明・整理がなされているわけではなく，また，そのような状況に国会あるいは法律がどのように対応していくべきかについてもほとんど議論されてこなかったように思われる。

そして，仮に，法システムの多元化ということが，現代国家において避けることのできないものであり，また，地方分権などとの関係ではむしろ積極的に進めていかなければならないものであるとするならば，それによって法の体系ないし制度の有機性・整合性や質が低下することにならないようにするための方策についても検討しておくことが必要である。法の間でいろいろな矛盾や問題を抱え込むことになれば，社会的な混乱とともに法の価値の低下を招き，国民の法に対する信頼を損なうことにもつながりかねないといえよう。

本稿では，そのような問題意識の下，立法の多元化とそれに対する国会の役割・対応のあり方について，概括的に検討を加えてみたい。

2　委任立法とその統制

(1)　委任立法の増大

委任立法は，本来，法律で定めるべき事項を法律自らが定めないで，行政機関が制定する命令に委任する立法の形式のことと説明されるが[1]，行政機関によって行われる立法という面に着目して「行政立法」などとも呼ばれている。ただし，行政機関が定める命令には，一般に，法律の委任に基づく「委任命令」のほか，法律の直接的な授権を必要としない「執行命令」の存在も認められているところであり，実定法上もその区分を前提としているが，これを疑問視する議論も有力に主張されている[2]。委任立法も行政立法も

（1）　委任立法という言葉が使われる場合としては，①議会が行政機関等に対し規範の定立を委任する行為を指す場合，②議会の委任に基づき行政機関等が行う規範の定立又はそれによって定立された規範を指す場合，③それらの二つを含めた委任とそれによる規範の定立の作用の全体を指す場合などがあることに注意する必要がある。

（2）　委任命令と執行命令の区別は，憲法73条6号の規定のほか，実務上も意識されており，例えば命令の制定の根拠等を明らかにする制定文でそのどちらによるものか

論者によって用い方が異なり，また，委任立法と行政立法ではその観点の違いからそれに含まれる範囲も異なるが，ここでは，議会による委任とそれによる規範の定立の作用の全体を指すものとして「委任立法」という用語を用いることとし，場合によっては執行命令も含めて委任立法の問題として論じることとしたい。

その場合に，委任立法が行われる際の「命令」の形式については多種多様なものがみられ，内閣が制定する「政令」，内閣府が制定する「内閣府令」，各省が制定する「省令」，特定の行政委員会，会計検査院・人事院が定める「規則」などがあるほか，地方自治体の「条例」や「規則」などに委任されることも少なくない。また，地域・事業の指定などについては「告示」の形式に委任されるような場合もある。このほか，私人に規範を定める権限を認め，立法権を委任していると解することもできるような例もみられる[3]。

を明らかにすることとされている。しかしながら，実際には，委任命令と執行命令の相違はかなり相対的であり，これらを判然と区別することが困難な場合が少なくない。特に，最近では，個々の法律の本則の最後に「この法律の施行に関し必要な事項は，政令で定める」といった概括的な授権規定が置かれることが多く，この規定の存在は一層委任命令と執行命令の区別を困難なものとしているといえる。このようなことなどから，最近は執行命令の存在を認めるべきではないとの主張も有力となっているが，現実問題として考えた場合にはすべての事項について個々に委任することは困難であり，最後はセイビングクローズとして概括的な委任をせざるを得なくなるのであり，そうであるならばそれによるものを委任命令・執行命令のどちらと解するかは言葉の問題にすぎなくなるようにも思われる。とはいえ，命令の規定はできるだけ個別の委任によるようにすべきであり，執行命令は委任を個々にするのが困難な場合に限られるのであって，その場合には概括的な委任規定により命令の形式を事前に指定するとともに，その内容は法律を実施するためのまったくの補完的・細則的・技術的な事項にとどめるようにすべきであろう。

（3）例えば，消防法14条の2の予防規程，火薬類取締法28条の危害防止規程，電気事業法42条・ガス事業法30条等の保安規程，核原料物質，核燃料物質及び原子炉の規制に関する法律12条の保安規定・12条の2の核物質防護規定，生活衛生関係営業の運営の適正化及び振興に関する法律9条の適正化規程，建築基準法8条2項の建築物の維持保全に関する準則などがその例として挙げられ得る。

このほか，委任とは異なるが，資格団体や業界団体などの自治型の法の承認・統制といった例も少なからず見受けられる。

なお，地方自治体の条例等への委任は，国と地方との間での立法権の配分にもかかわるものであり，その点から委任のあり方などが考えられるべきであって，国の行政機関に対するものとは異なるものとして検討されるべきであろう（本稿では，3 において検討）。

ところで，委任立法の量的な拡大は，現代立法の特色の一つとなっている。

すなわち，現行の国の法令の数をみてみると，法律が約 1800 件であるのに対し，政令が約 1900 件，府省令が約 3200 件となっており[4]，命令の数が法律の数を大幅に上回っている。また，これを 2007 年の制定件数でみると，法律が 136 件であるのに対し，政令は 400 件，府省庁令が 1088 件，会計検査院規則なども含む行政委員会規則が 327 件であり，そのような傾向は年が異なってもあまり変わらず，このことは，変転する多様な行政需要に対する立法による第一次的な対応は行政機関の命令のレベルで行われていることを推察させよう。また，一般に，委任立法においては法律そのものを廃止・変更することは許されず，補充規定・具体的特例規定・解釈規定・施行細則規定などにとどまるべきものとされているにもかかわらず，現実には，細目的な部分だけでなく制度の重要な部分を命令にゆだねるような立法の委任も少なからず見受けられる。

このような形で委任立法が必要とされようになってきた理由としては，議会の専門的・技術的能力の限界，時間的即応能力の限界，法律の画一性からする地方の多様な事情の考慮の限界などが指摘されている。また，このほかにも，客観的公正が特に望まれる事項に関する立法については，政治の力が大きく働く国会が全面的に処理するのは必ずしも適切でないことなどもその理由として挙げられることがあるが[5]，これを理由として安易に委任立法

（4） 法務省司法法制部司法法制課の調査によれば，現行法令の数は，2008 年 8 月現在，法律 1791 件，政令 1841 件，勅令 75 件，閣令 10 件，太政官布告 7 件，府省庁令 3256 件とのことである。なお，その場合に，府省庁令には，海上保安庁令を含み，行政委員会規則は含まれていない。また，総務省行政管理局が整備している法令データ提供システムの 2008 年 9 月現在のデータでは，法律 1788 件，政令・勅令 1928 件，府令・省令 3591 件とされ，府令・省令には閣令，行政委員会規則も含んでいるとのことである。

（5） 例えば，芦部信喜「委任立法——一般」ジュリスト増刊・行政判例百選（有斐閣，

を認められることになれば議会制民主主義や権力分立との関係から疑義を生じかねないといえよう。

いずれにしても，社会情勢の変化が激しい現代国家における行政機能の高度化・専門化・技術化と，それに対する議会の能力の限界から，立法権の一部を，専門性・継続性・機動性・即応性に富み，国民の福祉の向上に積極的な責任を負うようになっている行政機関に対しゆだねざるを得ない状況となっていることが，委任立法の隆盛の背景にあるといえる。

そのようなことなどから，委任立法の増大は，我が国だけではなく，各国に共通してみられる現象であり，近年は，国によっては，かなりドラスティックな授権を行政に対してするような例もみられるようになっている。

例えば，議会主権の伝統をもつイギリスでは，理論的には委任は議会が自由になし得ると解されており，法律で骨格だけを示し実質的な内容については行政機関に白紙委任をしてしまうような骨格立法（skelton legislation）の例までみられるようになっているが，最近は，規制改革の流れの中で，国王の大臣の命令（order）により規制を定める法律を改正することを認める2001年規制改革法・2006年立法規制改革法なども制定されている[6]。

また，フランスでは，第5共和制憲法において，法律事項が列挙され，それ以外の事項について定めた法律については政府のデクレ（décret）によって変更することが可能とされているほか，法律の所管に属する事項について介入するオルドナンス（ordonnance）を政府が一定の要件の下で制定するこ

1962年）54頁など。
（6）議会制定法律を委任立法によって改正する権限については，ヘンリー8世権限（Henry VIII powers）とも呼ばれ警戒される傾向にあったが，近年，2000年電子通信法（Electronic Communications Act 2000（c. 7）），2001年規制改革法（Regulatory Reform Act 2001（c. 6）），2006年立法規制改革法（Legislative and Regulatory Reform Act 2006（c. 51））などにより，そのような権限が認められてきている。なお，2006年立法規制改革法については，当初は国王大臣の判断により限定なくあらゆる法律の改正を行う権限を認めていたのに対し，白紙委任だとして批判が出たため，行政上の負担の除去又は軽減を目的とする命令と規制の趣旨を徹底する命令に限定して権限が付与されることとなった。これらの点については，岡久慶「英国2006年立法及び規制に関する改革法」外国の立法233号（2007年）102頁以下参照。

III 唯一の立法機関

とも認められているが，最近は，オルドナンスを活用する動きが活発化し，その件数の増加，対象の拡大等の状況を生じており，例えば，オルドナンスにより広範に法律の整理を行うことを可能とする簡素化法（loi de simplification）が2003年と2004年に制定され，多くのオルドナンスが制定されている[7]。なお，オルドナンスと一定のデクレについては，決定前にコンセイユ・デタの意見聴取を行うことが義務づけられるほか，オルドナンスについては授権法律に定められる期日までに追認の政府提出法案を議会に提出することが必要とされている。

他方，アメリカにおいては，行政部に立法権を委任したニューディール立法を違憲とした二つの連邦最高裁判所の判決によって立法を委任する際の基準が一応確立されたにもかかわらず，実際にはとりわけ独立行政委員会に対するものを中心としてその基準を大幅に緩和するような広範囲の委任が行われる一方で，連邦議会では委任立法を統制する手段として議会拒否権（legislative veto）の制度を発達させてきた[8]。しかし，1983年のChadha事件判決をはじめ一連の連邦最高裁判決によって議会拒否条項は合衆国憲法が定める立法手続違反とされ[9]，その行方が注目されたが，連邦議会は，行政機

---

(7) フランス上院事務局法務調査部の2005年3月の報告書によれば，2004年までの過去20年間に制定されたオルドナンスの8割以上が過去5年間に制定されたものであり，これには，多様な分野にわたりオルドナンスの制定を認める「政府に法の簡素化を授権する2003年7月2日の法律第2003-591号」と「法を簡素化する2004年12月9日の法律第2004-1343号」の制定が影響しているという。簡素化法については，岡村美保子「フランスの新たな行政改革の手法―委任立法による法と行政の簡素化」外国の立法227号（2006年）84頁以下参照。

(8) 連邦最高裁による委任の法理の中核部分として「基準の要件」を打ち出したのが，ニューディール立法を違憲とした1935年のPanama Refining Co. v. Ryan事件判決と，Schechhter Poultry Corp. v. U. S. 事件判決の二つの判決とされる。また，議会拒否権の制度は，1932年に初めて用いられて以来，執行権に対抗する手段として多用されるようになっていたもので，大統領令（executive order），執行府・独立行政委員会の規則（rule）を議会の両院又は一院によって可決された決議，あるいは委員会又は委員会委員長によって拒否することを認めたものであった。

(9) 連邦最高裁は，1983年のImmigration and Naturalization Service v. Chadha事件判決などで，連邦憲法1条の規定の形式主義的・歴史主義的な解釈により議会拒否条項を違憲と判断した。

関に対する広範な委任を続ける一方で、それらの連邦最高裁判決に抵触しないような形で議会拒否権の制度を維持してきている。

このほか、ドイツでは、広範な授権を行いヒットラーの独裁を生んだワイマール憲法下での1933年3月24日の「民族及び国家の危難を克服するための法律」（いわゆる全権委任法律）の反省を踏まえつつ、基本法80条1項1文において、法律によって連邦政府、連邦大臣又はラント政府に対し法規命令（rechtsverordnung）を発する権限を与えることができるとする一方で、その場合には与えられる権限の内容、目的及び程度は法律において規定されなければならないとされている。そして、個別の法律の授権が基本法の規定に違反するかどうかがしばしば連邦憲法裁判所の審査・判決の対象となってきているが、授権のあり方に関する憲法裁判所の判断は緩和傾向にある[10]。

(2) 委任立法の憲法的な適合性と位置づけ

そこで、このような委任立法の増大という現象をどのように評価するかであるが、これに対しては、議会主義や法治主義との関係などから批判がなされることが少なくない。このため、そもそも委任立法が果たして日本国憲法上許容されるかどうかということを問題とする向きもないわけではない。

確かに、憲法には、執行政令を認めた73条6号の規定はあるが、委任立法について直接に定めた規定は見当たらず、7条1号、73条6号、81条及び98条にその存在を想定していることを窺わせるものがあるだけであり、形式的には、政令への委任は内閣法11条、内閣府令への委任は内閣府設置法7条3項、省令への委任は国家行政組織法12条、行政委員会の規則への委任は国家行政組織法13条などによって認められているにすぎない[11]。

---

(10) 連邦憲法裁判所の確立した判例によれば、授権の限定については、いかなる計画を実現すべきかが示されており、かつ、当該計画が一般的な解釈諸原則に基づく法律全体の解釈によって探り出されることで充分とされるようになっているという。コントラート・ヘッセ（初宿正典＝赤坂幸一訳）『ドイツ憲法の基本的特質』（成文堂、2006年）334頁。

(11) なお、これらの規定は、いずれもそれぞれの行政機関の命令の制定の権限について定め、そのようなものとして委任による命令と執行のための命令があることを規定しているものであり、委任の権限そのものを規定しているわけではない。

Ⅲ　唯一の立法機関

　しかしながら、委任立法が問題となるのは憲法41条との関係であると思われるが、そもそも憲法41条は、法規範の創造は国会が制定する法律に基づくべきという趣旨から、独立命令の存在を否定しているとしても、法律で規定すべき事項を国会がすべて法律で規定することまでは必ずしも要求しているわけではないといえよう。憲法41条には、委任立法禁止の趣旨までは含まれず、それが禁止しているのは行政機関の命令への丸投げや法律をもって国会が必ず決めておくべき事項を命令に委任することである。

　この点、憲法73条6号を根拠に委任立法が憲法上認められると説く学説も少なからず存在するが、この規定は委任立法の存在を憲法が想定している、あるいは内閣にも命令の制定の権限があることをうたったものにすぎないというべきであろう。そして、委任立法を正当化する根拠としては、そのような形式的な根拠よりも、その実質的なところに求めるべきであり、現代国家における委任立法の実際上の必要性や不可避性から条理上認められるものであるととらえるとともに、憲法41条はそれを否定するものではないと解するべきであろう。そして、そうすることによって、憲法上は何らそれを想定させる規定もない府省令や規則への委任も肯定されることにつながってくるのである。

　問題なのは、その存在なのではなく、その現状であり、大事なことは、議会主義・法治主義の建前を維持するためにそのあり方・限界と統制について論じることである。

　もっとも、その一方で、委任立法の位置づけについては、なお検討しておく余地・問題があるようにも思われる。

　すなわち、委任立法を立法と行政のいずれととらえるのか、また、憲法41条との関係でそれは例外となるのかどうかといった問題である。

　この点については、これまで十分な議論がなされているわけではなく、また、憲法41条の「立法」や憲法65条の「行政権」の理解ともかかわってくることになり、それらをめぐる学説の状況を反映して、やや複雑な議論となってくるように思われる。

　紙幅の関係からそれらの学説を詳細に分析し、検討を行うことはできないが、ここでは、少なくとも、委任立法は立法的な作用ではあるものの憲法

41条や65条の理解の仕方によって「立法」ととらえられることも「行政」ととらえられることもあり得ること，仮に「行政」ととらえるのであれば憲法41条の例外とはならないことになるが，「立法」ととらえたとしても委任立法があくまでも法律の委任の範囲内あるいは枠内でしか制定することができないものであることからするならば憲法41条の例外とあえて位置づける必要はないこと，憲法73条6号は内閣に特別の権限，とりわけ憲法を直接施行するための政令の制定の権限を付与したものではなく内閣も命令の制定の権限があることを明確にしたものであることだけは指摘しておきたい。この点，委任立法あるいはその一部を立法ととらえた場合には憲法41条の例外となるとの議論もみられるが，それは「例外」のとらえ方の問題であり，憲法41条の趣旨や委任立法をあくまでも補完的なものにとどめることからするならば，あえて例外と位置づける必要性はあまりないように思われる[12]。

しかし，委任立法が，憲法41条の例外ではないとしても，委任立法が量的に法律を凌駕し，また制度の重要な部分を命令に委任しているような状況は，憲法41条の趣旨との関係で問題を惹起しかねないといえよう。

(3) 委任立法の限界づけ

委任立法の存在は現代国家において不可避的なものとはいっても，無制限に認められるものではなく，その行き過ぎは憲法が国会を唯一の立法機関とした意義を失わせ，法治主義や権力分立制の原則を空洞化させることにもつながりかねない。そして，これを防止するためには，委任の限界の確定と委任立法の統制方法の確立が不可欠となってくるが，残念ながら我が国ではその点に関する議論が十分であったとは言い難い。

その場合に，委任立法をめぐる問題としては，委任について定める法律の委任の是非・あり方の問題と，授権を受けて制定される命令が委任の趣旨・範囲を超えていないかという委任命令のあり方の問題とがあり，それぞれに

---

[12] 憲法41条の例外ではないからこそ，様々な行政機関への委任や，例外的・限定的なものととらえられるべきかもしれないが私人への委任も許容されるともいえるのである。

III 唯一の立法機関

ついて検討される必要がある[13]。また，委任立法に関する最近の議論の中には，その限界の問題を論じることは，従来の学説や判例の状況などにかんがみもはや意味がなく，むしろ統制の方を拡充することによって対処すべきであるとの議論もみられないではない。しかし，憲法の趣旨や，現実の立法の委任のあり方などにかんがみると，その限界や委任のあり方について，まだまだ詰めておく必要があるのではないかと思われる。

とりわけ，現実の委任の状況をみると，議員は，委任立法に関する問題意識が希薄であり，命令への委任によって立法権を自ら委譲しているといった意識はほとんどない。そして，国会では法律案の審議に当たり委任の是非やあり方についてチェックすることはあまりなく，せいぜい審議に当たって政省令ではどのようなことを定める予定なのかを所管省庁に尋ねる程度である。しかも，内閣提出法律案が成立法律の多くを占めている中では，どういう事項をどういう基準で命令に委任するかを実質的に決めているのは，委任される側の政府ということになる[14]。いってみれば，受任者の側で委任状を勝

---

[13] これまで，授権法律・委任命令のそれぞれの問題が裁判所で争われてきているが，農地法施行令旧16条に関する最大判昭和46年1月20日（民集25巻1号1頁），旧監獄法施行規則120条及び124条に関する最判平成3年7月9日（民集45巻6号），児童扶養手当法施行令旧1条の2第3号に関する最判平成14年1月31日（民集56巻1号246頁）など委任命令を授権法律に違反するとした判例はいくつかみられるものの，授権法律を違憲とした判例はこれまでのところない。しかし，それらの中には，違法とされた委任命令だけでなく授権法律のあり方自体が問題とされるべきものもあったのではないかと思われる。

[14] 命令への委任については内閣法制局により一定の基準が設けられているといわれ，それに関し，「たとえば手続に関する事項とか技術的な事項あるいは事態の推移に応じて臨機に措置する必要があることが予想されるというような事項等につきまして，個別的，具体的に法律で委任する場合でありますとか，あるいは法律を実施するために必要な細目的事項を定めるという場合に限って行政機関の立法が認められるということだろうと思います。…この場合，政令と省令のどちらの形式で立法するかということになりますと，政令の場合には内閣で定めるわけでございますから，より慎重な手続，たとえば各省庁にわたって調整を要するような事項だとか，そういう慎重な手続を要するものが政令の方になろうかと思いますし，また省令の場合には，各省大臣が独自に判断した方が適切であると認められるような事項，非常に具体的な細部的な事項で比較的軽易な事項，そういうものが省令の内容になろうかと思います」との国

手に作成して委任者に承諾の判を押させるに等しい状況となっているのである。そうであるならば、その同意をするにあたって国会の側がチェックするための指針・基準をもつという意味合いからも、その限界やあり方がさらに検討される必要があるといえよう。また、その際には、国会での議論を避けるために命令に委任しようとする誘惑が政府の側に働きやすいことも念頭に置いておくべきだろう(15)。

　委任立法の限界の問題と統制の問題はいわば車の両輪の関係にあり、委任をする際の限界の問題が意識されないような状況で議会統制の制度を整備したとしても、その名目化・形式化を招くだけであり、逆に統制の制度があるからということで委任の方がさらにルーズなものとなりかねない。

　さて、そのような問題意識の下で、これまでの立法の委任の限界の議論をみてみると、委任はなるべく具体的・個別的に行われることが必要であり、いかなる場合にも国会が立法権を独占するという憲法の建前を否定するような一般的・包括的な委任は許されないとの考え方が広く支持されている。判例も、具体的な委任か、広範かつ概括的な委任かによって判断を行ってきている。

　しかし、このような考え方は、多くの論者によって指摘されているとおり、ほとんど基準たりえていない。問題は、何が具体的・個別的な委任かということであり、その前提として、委任する側の法律において基本的な内容が定められるとともに、委任する事項・範囲が限定され、委任の目的と行政機関

　　会答弁（1980年2月19日の衆議院内閣委員会における関守内閣法制局第2部長の答弁・第91回国会同委員会議録2号9頁）もあるが、かなり抽象的であり、また、現実の委任立法をみると必ずしもそのとおりとはなっていないものが少なくなく、基準といってもかなりあいまいで緩やかなものとみざるを得ない。

(15)　通常の立法においても、面倒なところなどはできるだけ命令、とりわけ（政令の場合には各省折衝や内閣法制局の審査などがあることから）省令に委任しようとする傾向があるといわれているほか、過去には、日本国憲法の下でも法律に基づかない命令（一種の独立命令）の存在を認めることともなった1955年の政令による褒章条例（明治14年太政官布告63号）の改正、近年では、1991年の湾岸戦争の際に自衛隊法100条の5との関係で特例的なものとして制定された「湾岸危機に伴う避難民の輸送に関する暫定措置に関する政令」などのように、法律を回避する形で制定された例などもみられる。

III 唯一の立法機関

が委任命令（受任命令）を定める場合の基準がある程度明確にされていることが必要といえよう。もっとも，実際にどの程度の内容を法律で定め，委任事項を限定し，明確化すべきかについては，委任事項の内容，委任された権限の大小など様々な要素を考慮することを要し，一般的かつ概括的な形でその判断基準をあらかじめ示すことは困難であり，最終的には具体的な事例の積み重ねによって明らかにしていくほかはない。

ただそうはいっても，その際には少なくとも次の点などが留意されるべきであろう。

第1に，国会は立法権を放棄するようなことは許されず，その制度の基本・大綱は少なくとも法律で規定すべきということであり，このことは憲法41条が含意しているところといえよう。また，内容的に法律で必ず規定し，命令への委任が許されない事項があることも認識されるべきである。そして，後者に関しては，例えば，刑罰，租税など憲法が法律で定めることを要求しているものについてはその主要な事項は原則として委任できないと解すべきであり，そのような事項をできるだけ特定していくことが必要である。

第2に，委任に当たっては国会が法律で規定するのと行政機関にゆだねるのとどちらがその問題解決に適しているかということについて検討される必要があることである。そして，委任をする場合には，それが議会の専門的能力の限界，時間的即応能力の限界などのいずれの理由によるものなのかをよく吟味し，それに応じて委任の範囲や内容，基準についても考えるべきであろう。

この点，現実には，法律の簡潔性といった点などから安易に命令に委任してしまう傾向がみられないわけではない。法文の分かりやすさや立法を細目の規律から解放するといったことも重要であり，そのような観点からの委任がまったく否定されるものではない。しかし，簡潔性というものが必要以上に重視され，慣例的・感覚的に命令へ委任するような状況はやはり問題があるといえよう。また，専門的な能力の限界によるものであれば命令制定に当たっての審議会への付議の義務づけ，時間的な能力によるものであれば国会による事後の統制など，それに応じた手続的な統制の組合せも考えられるべきであろう。

なお，現在の国会審議においては，命令への委任についてまで注意が払われることは例外的であり，そのようなところにまで目を向けるようにするためには，委員会での法律案の逐条審査の導入なども必要となってこよう。

第3に，委任する事項が国民に対してどのような効果をもつものなのかを考慮することも重要である。とりわけ，国民の権利の制限・義務の付加などに関する規律については委任に際しより厳格さが要求されるべきであり，その際には関連する人権の性質も考慮し，例えば精神的自由権にかかわるような事項の委任についてはより限定的に解するようにするなど判断基準がより厳格なものとされるべきであろう。これに対し，国民とは直接には関係のない作用や専門性・技術性の高いものの場合にはそれよりもかなり弾力的に考えられ，ある程度緩やかな形での委任も許容されることになってこよう。

以上のような点も考慮に入れつつ，具体的な事例を通じて委任の限界・基準が確定されていく必要があるが，それらは，次に述べる議会の統制や国民の参加の手段などとの組合せも考慮しながら，検討されることが重要となってくる。いずれにしても，要は，どこまで国会でオーソライズされ，国会が決めたという形にしておく必要があるかということであろう。

(4) 委任立法の統制

委任命令については，委任をすれば，後は委任の範囲内で行政機関に自由に定めさせればよいというものではなく，その委任の趣旨に沿って委任立法がなされるよう，それをチェックし，確保していくことも重要となってくる。

委任立法の統制の方法としては，大別すれば①裁判所による統制，②議会による統制，③国民参加の制度の三つが考えられるが，我が国では，これまで裁判において委任立法の適法性が争われる例が多少みられるだけで，他の二つについては，あまり目が向けられてこなかった。

しかし，司法による統制は，事後的で，しかも訴訟が提起されることを要し，その合法性のみが審査されるなど，限られた場面でしか機能し得ないものであり，それだけでは十分とは言い難い。

他方，委任立法の手続における国民の参加については，従来においては，個別の法律で，審議会への諮問や，公聴会の開催・関係者の意見聴取につい

Ⅲ　唯一の立法機関

て規定するものが多少みられる程度であったが，2001年に行政手続法に命令等を定める場合の意見公募手続（パブリック・コメント）の制度が規定されるに至っている。もっとも，パブリック・コメントは，命令等の案の情報の国民への事前の公開ということでなお意味はあると思われるが，その形骸化などの問題が指摘されているところである[16]。その意味では，一般的な手続としてパブリック・コメントが制度化されたからといって，国民参加の手続は十分ということではなく，個別の法律で委任に際し公聴会・意見聴取や審議会の手続などを規定することが必要となる場合も依然としてあるといえよう。なお，国民の参加ということでは，主に利害関係をもつ国民に意見を述べる機会を与えるといった防禦型と，広く国民各層の意見を反映させるといった反映型とがあることに留意する必要がある。また，審議会については，国民の参加ということよりも，専門性の導入といった趣旨から関与させることが必要な場合も少なくなく，その場合には国民参加とは趣旨をやや異にするものとなってこよう。

これに対し，議会の統制については，これまで災害対策基本法109条・109条の2，国家行政組織法25条などがその例として挙げられるにとどまり[17]，ほとんど手つかずの状況にあるといってよい。

諸外国の中で委任立法に対する議会の統制が発達している国としては，しばしばイギリスの例が挙げられるが，イギリスにおける議会による統制の方式は，「議会への提出手続」と「議会の委員会による審査」の二つに大別される。これらのうち議会への提出手続は，委任立法を事前または事後に議会に提出させることによって，何らかの統制を加えようとするものであり，その手続の様式としては，①単純提出手続，②否定的決議手続，③肯定的決議

---

(16) パブリック・コメントについては，提出される意見の数が少ない，提出意見が十分に考慮されていないなどの批判がなされており，内閣府が2008年2月～3月に行った世論調査によれば，パブリック・コメントの制度を知らないとする者が88%にのぼり，意見を提出したことがある者はわずか1%であったという。2008年6月25日の朝日新聞夕刊による。

(17) 災害対策基本法の例は災害緊急事態における法治主義の停止に関する事後手続，国家行政組織法の例は行政機関の組織の設置・改廃のまとめた報告であり，いずれも委任命令の統制の例としてはややイレギュラーなもののようにも思われる。

手続,④草案段階での①〜③の手続などがあるといわれる[18]。また,アメリカでも,議会拒否権の制度が発達し,連邦最高裁において議会拒否権について違憲判決が出された後も,それらの判決に抵触しないよう形で議会拒否権の制度が維持されてきている[19]。このほか,ドイツでも,法規命令の制定に対する立法府の協力ということで,議会の関与が規定されるなどすることもあるが[20],それほど活発に用いられているわけではないようである。

---

(18) 単純提出手続(bare laying procedure)は,制定法的文書(statutory instruments：定立された命令等の総称)を議会へ提出することを要求するもの,否定的決議手続(negative resolution procedure)は,制定され既に効力を生じている制定法的文書が議会へ提出され,提出後40日以内に庶民院か貴族院のいずれか,あるいは庶民院だけの決議により無効とすることができるというもの,肯定的決議手続(affirmative resolution procedure)は,両議院又は庶民院の積極的な決議によって承認されない限り,提出された制定法的文書は効力を生じないこととするものであり,それに承認のための期限が付されることもある。これらの中では,肯定的決議手続が最も強力かつ効果的な統制方法となるが,実際に用いられることは少なく,その内容が国民に負担を課すものや,行政機関による命令の制定について意見の対立が予想されるような場合に限られているようである。なお,イギリスでは制定法的文書を議会に提出すべきかどうか,またどの提出手続によるべきかを定めるのは個々の授権法律であり,一般的にこれを義務づけるような法律があるわけではない。また,委員会による審査の方式としては,庶民院と貴族院各7名ずつの委員からなる合同審査委員会が設置され,そこで委任立法の審査がなされることになっている。委員会の任務は,すべての委任立法について審査し,授権の範囲を超えている等あらかじめ定められた八つの報告事由のいずれかに該当する場合に,議院に注意を喚起するために特別報告書を提出したり,年次報告書を作成したりすることである。なお,委員長には庶民院の野党の議員がなり,また審査には技術的・専門的な能力が要求されることから,専門家が議長顧問という肩書で委員会の助言者として配属されているようである。

(19) chadha連邦最高裁判決以降,連邦議会が最高裁の一連の判決に反しない形で議会拒否権の制度を維持するために採用した方法は,1996年に議会審査法(Congressional Review of Rulemaking Act)を制定し統制手段として両院合同決議の形をとったこと(規則の発効前に不同意の両院合同決議が可決され大統領もこれに署名すれば規則は発効せず,規則の発効後に不同意の両院合同決議が可決されれば規則の効力ははじめから効力がなかったものとして扱われる)と,歳出授権委員会あるいは歳出承認委員会の承認決議を要件とする手続をとったことなどであった。

(20) ドイツでは,議会による統制の方法として,同意・同意権の留保,聴聞,単純提示,特別提示などがあるといわれる。この点については,上村貞美「議会による委任

III 唯一の立法機関

　我が国においては，議会主義の伝統がなく，憲法41条の趣旨が十分に浸透しないままに立法の委任ないし命令の増大という状況が生じた（続いた）ことなどもあって，国会による統制という発想が出にくく，国会は委任した権限を行政機関がどう行使するかについて関与する権利などないかのごとく語られることもないわけではない。しかし，立法の委任が必要とされる背景・理由からいって，議会による統制に過大な期待をすることは避けるべきだとしても，これを制度化することは，議会が委任立法を統制する機会を留保するとともに，議会によって批判されることがあり得ること（批判の可能性）によって委任立法を行う行政機関に対する圧力ともなり，委任立法の質の向上にもつながり得るのではないかと思われる。

　そのような意味で，我が国においても，国会による統制の制度が検討されるべきである。そして，その場合には，立法の委任をせざるを得ない理由を考慮するならば，その統制方法は厳格であればあるほどよいといったものではなく，承認手続のような強い権限は限定的なものとし，解除条件による拒否手続や委員会による統制などを中心に統制方法が検討されるべきであろう。

　これに対しては，現実の国会審議の状況にかんがみ，議員が技術的・細目的な事項のチェックにどれだけ関心をもつのか，与党は統制に後ろ向きとなるのではないかといった懐疑的な見方もないわけではない。確かに，それがどの程度機能するかは最終的には議員の意識の問題に帰着することになってくることは否定できないが，とにかく委任立法の過程に広くかかわる機会を設け，それに目を向けさせることが大事ではなかろうか。また，与党は委任立法の統制にどれだけ熱心に取り組むのかといったこともあるかもしれないが，野党の批判にさらされるということが大事なのであり，また，イギリスのように構成等を工夫した専門的な委員会によるチェックなどの方法も考えられよう。

　なお，委任命令について拒否手続や承認手続を定めることに関しては，憲法上可能かどうか，また，そのような国会の権限はどのように位置づけられることになるのか問題となり得る。この点，そのような権限を国会の側が留

立法の統制」香川法学5巻2号（1985年）57頁以下参照。

保することは立法の権限を一部ゆだねる場合の委任の仕方や条件の問題であって，それを法律で規定することが直ちに憲法に反するとされるようなことはないといえよう。一般に，「委任」は，権限を他の者に移し，自らはその権限を失う法的な性格の行為と解されているが，委任をするかどうかを国会が自らの判断で決めることができ，また委任をやめて自ら行使することができるものである以上，委任にあたり何らかの条件や留保を付すことは可能というべきであり，それは，仮に命令の制定の権限が本来的に行政に属するものととらえる場合であっても，その具体的な権限が個別の委任によって生じるものであることなどからすると同様といえる。ただし，拒否や承認の権限が立法権に由来するものである以上，一院だけ，あるいは委員会だけで委任命令の効力の発生を左右するような仕組みについては，憲法との関係でその是非が問題となり得よう[21]。この問題は，具体的な制度設計ともかかわってくるものであるが，少なくとも，委員会が議院や国会の意思を決める権限をもち得るものではない以上，委員会として拒否や承認をできるような制度とすることには無理がある。他方，一院の意思により委任命令の効力の発生が左右されることについては，立法権が両議院の意思の一致によって行使されることが原則とされていることから問題はないように思われるが，立法についても衆議院の優越が認められていることとの関係で，それとの整合性が問題となることはあり得るところだろう[22]。

また，委員会による監視・統制については，過去に両院法規委員会が存在し，現在においてはそのような役割をも期待されるものとして衆議院に決算行政監視委員会，参議院に行政監視委員会が設置されている。しかし，両院法規委員会については，その機能を発揮することなく1955年の国会法改正

---

[21] アメリカ合衆国連邦最高裁判所は，chadha判決で，一院拒否権が合衆国憲法1条に規定する立法に関する二院制原理と大統領への提示条項に違反するとの判断を示し，その後の判決では二院拒否権も違憲とされた。

[22] その場合に，拒否や承認の権限を立法権そのものとしてとらえるのであれば，衆議院の優越が議論となり得るが，立法権に由来するものであっても立法権そのものではないということになれば，衆議院の優越を認めるかどうかは立法府の政策判断の問題ということになってこよう。

により廃止され[23]，また，決算行政監視委員会や行政監視委員会では特に委任立法について監視をするといったことは行われていないようである。

以上述べてきたように，委任立法の統制方法には様々なものが考えられるが，委任立法の内容等に応じて，これらを適当に組み合わせることで，委任立法の過程の透明性を高め，法治主義や民主主義の実質化が図られていくべきである。学説上は以前より委任立法の統制の必要性が論じられながら，これに対する国会ないし議員の関心は一向に高まる気配はないが，立法権限の行使のあり方や立法機関としての責任にかかわるものであることを粘り強く訴え続けていくほかはないということなのかもしれない。

3 地方分権と国の立法のあり方

(1) 国の立法権と条例制定権

条例は，原則として地方自治体の区域内においてのみ効力を有する自主法であり，憲法によって直接的かつ一般的に国家法としての効力を認められ，また，単なる団体の内部法ではなく，憲法によって統治主体性を承認された自治体の法と位置づけられている。そして，国家法としての条例は，国家の法秩序に組み入れられ，裁判所においてその適用が確保されることになり，法律の委任なしに住民の権利義務などについて定めることも可能とされる。ただし，条例は，原則として，その自治体の事務だけしか対象にできず，その地域にしか効力が及ばないという限界があり，また，その効力は法律に劣る。

ところで，憲法が保障する条例制定権をめぐっては，長が制定する規則などを含む自治立法権をひろく保障する趣旨なのか，それとも議会が制定する条例のみを保障するものなのかについて，その根拠を憲法92条と94条のいずれに求めるかということも絡んで，問題となり得る。そして，この問題は，

---

(23) 両院法規委員会は，新立法の提案又は現行の法律及び政令に関して両議院に（当初は内閣にも）勧告することがその任務の一つとされていたが，ほとんど開催されなくなり，その必要性も認められないとして廃止された。ちなみに，政令のあり方について勧告した例はないままに終わっている。

憲法94条の「条例」の解釈をめぐる，議会が制定する条例のみを指すとする狭義説，条例だけでなく長が制定する規則を含むとする広義説，さらに行政委員会が制定する規則・規程まで含むとする最広義説の対立を生じており，そのような中で，従来から最広義説が多数説となり，実務でも条例と規則を並列的にとらえる考え方がとられてきたのである。

しかし，同じように住民によって選挙される機関とはいえ，合議制である議会と独任制の長が制定する法形式を同視することには疑問がある。そもそも，法は，国民や住民の多様な意思をそれぞれ代表する者による公開の場での議論と調整を通して定められることによって，民主的な正当性をもち得るのであり，そのことからすれば議会が制定する条例こそが基本的に自治体における法とされなければならないはずである。長の公選制だけをもって条例と規則による二元的立法体制がとられていると解することはできず，むしろ近代の立法の原則からすれば，議会による一元的立法体制が基本とされるべきである。多数説は，多分に機関委任事務の存在に引きずられた面があり，機関委任事務が廃止された今日では，二元的なとらえ方は改められるべきであろう[24]。

さて，このように憲法が保障する自治立法権をとらえた場合に，国会の立法権と自治体の議会の立法権との関係についてはどのようにとらえられるべきであろうか。この点，①条例の制定も憲法41条の「立法」に含まれ得るとし，94条を41条の例外とする考え方，②条例の制定も41条の「立法」に含まれ得るとした上で，条例は法律の範囲内で定められることから41条の例外ではないとする考え方，③国の立法と自治体の立法を区別し，41条は国の立法，94条は自治体の立法について定めたものであり，両者は原則と例外の関係にはないとする考え方などがあり得る。ちなみに，行政権に関しては，憲法65条と94条によってそれぞれ国と自治体に付与され，保障されているとの解釈が政府によって示されており[25]，多くの学説もこれを支持

---

[24] 最近の同様の立場に立つ有力な主張として，兼子仁「日本国憲法九四条にいう条例の意義」小林直樹古稀記念・憲法学の課題（有斐閣，1991年）637頁以下など。

[25] 1997年12月6日の衆議院予算委員会における大森政輔内閣法制局長官の答弁（第139回国会同委員会議録1号43頁以下）。なお，その後，1999年6月15日の参議

III 唯一の立法機関

しているところである。

そして，憲法の地方自治や条例制定権の保障の趣旨からするならば，憲法は当初から41条と94条によって立法権を国と地方自治体の双方に分配したととらえるのが妥当なように思われる[26]。ただ，その場合には，94条が条例制定権を「法律の範囲内」としていることをどう説明するかといった問題が残る。

これに関連して，条例制定の余地の拡大・活性化や国の法令への対抗を強調する脈絡の中で，憲法の下，条例を法律と並列的に位置づけるような議論も一部でみられる。しかしながら，憲法の規範構造をみる限りそのようにとらえることについては根拠に乏しいといわざるを得ない。憲法は，その第一次的な施行・具体化は基本的に法律によって担われることを前提とするとともに，自治体の組織及び運営の基本事項についても法律で定めることとして，法律が条例の守備範囲ともいえる自治体の事務等について定めることも認めている。すなわち，そこでは，憲法価値や法の実現のための最終的な立法権限が国会に付与されるとともに，国会が国家あるいは国民を代表する立法機関としての立場から，国の行政にとどまらず，国と自治体の関係やその間の調整，自治の基本的なあり方について定めることとされているのである。憲法94条の「法律の範囲内」というのも，そのような趣旨で理解されるべきであろう。もっとも，その場合に，憲法は，地方自治を保障し，法律の行き過ぎを抑制するために，地方自治の本旨に反するような法律までは認めない

院行財政改革・税制等に関する特別委員会でのこの答弁に関する質疑の中で，同長官は，敷衍して，それは，内閣が地方自治体が行う事務について一切の責任を負わない，あるいはかかわりをもたないということではなく，法律またはこれに基づく命令で，地方自治体の行う事務について国が一定の関与を行うことを定めることは憲法上当然に認められているとも述べている（第145回国会同委員会議録3号17頁）。

[26] 杉原泰雄『憲法II　統治の機構』（有斐閣，1989年）217頁は，条例の制定も国会による立法独占の原則の例外として説明されることが多いが，条例は国の立法ではないことや国会と同じく民選議会によるものであることなどを理由としてその例外と考える必要はないとする考え方も有力であるとした上で，国会の法律と地方自治体の条例は憲法上原則として守備範囲を異にすると指摘しつつ，結論的には後説が妥当とする。

こととするとともに[27]，一の自治体に適用される地方自治特別法にはその住民の過半数の同意を要することとしているのである。また，国会にそのような権能が認められていると解することが直ちに国の法律による自治体の事務への幅広い関与につながるものではないはずであり，現行憲法の下での憲法政策として地方自治や地方分権を重視する方向が採用されれば，国の法律による関与は抑制・限定されるべきことになってこよう。しかし，それは憲法から一義的に導き出されるものではなく，あくまでも憲法政策の問題（憲法の運用の幅の問題）といわざるを得ないということである。

以上のような理解は，必ずしも，自治立法権の範囲を狭くとらえるものではない。むしろ，そのような構造の下で，憲法は，自治体にかなり幅広い条例制定権を認めているのであり，現実はともかくとして制度上は，自治体にここまで広範な立法権限を一律に認める制度は比較法的にはむしろめずらしいとの指摘もなされているところである[28]。規模その他の面でかなりの相違がある自治体に対し，一律に，住民の権利義務について定めることも認める条例制定権が付与されていることの意味と重さが改めて認識されるべきであろう。

(2) 国の法令と条例の関係

ところで，従来においては，中央集権的な国家状況を背景に国の法令中心の仕組みがとられてきたことなどもあって，国の法令と条例との関係につい

---

[27] 自治体の地位を国の権力との関係から保護するシステムについては，その範囲の確定を国の法律にゆだねる方式である「法律決定システム」，自治体の一定の事務について国の法令の介入を認めない「事項的保護システム」，一応すべての事項について国の介入を認めるが，その場合でも地方自治の本質を侵してはならないとする「内容的保護システム」の三つがあり，日本国憲法はそれらのうち内容的保護システムをとるものとされる（塩野宏「地方公共団体の法的地位論覚え書」同『国と地方公共団体』再録（有斐閣，1990年）22頁以下）。なお，内容的保護といっても，憲法の規範構造・内容などからすれば，地方自治の本旨として国の立法的な関与が認められない固有の領域を憲法から一義的に導き出すのは困難ではないかと思われる。

[28] 塩野宏「自治体と権力」同『法治主義の諸相』再録（有斐閣，2001年）355頁以下は，地方自治体にここまで「広範な立法権限を一律に認める地方自治制度は，おそらく比較法的にはめずらしい」とする。

III 唯一の立法機関

ては，国の法律により規定している事項について重ねて条例を制定し，あるいは法律の規制と異なる内容の規制を条例で定めることは法律の先占領域を侵すことになるとする「法律の先占論」がとられてきた。しかし，国が制定する法令が国民の権利利益や生活を十分に守ることができなかったり，地域的な問題に対応できなかったりするような問題が生じるにつれ，法律の先占論に関しては批判が加えられるようになり，その考え方そのものが否定されたり，法律の先占領域が主張される場合でも，それが認められる範囲は法律が条例による規制を明らかに認めていないケースに限られるとするなどしてこれを限定的に解釈するようになってきている。

特に，事柄の性格上，地域の特性に応じた規制になじむものに関しては，法律の定めは全国共通の最低基準の規制と解すべきとする考え方は，学説・実務の両方に大きな影響を与え，判例にも取り入れられてきている。そして，そのような中で，徳島市公安条例事件において最高裁判決（最大判昭和50年9月10日刑集29巻8号489頁）が示した考え方が，国の法令と条例との関係を考える場合の基本とされているところである。

この判例の考え方については，多くの学説が支持しているが，その一方で，国の法令の趣旨・解釈ばかりを重視しすぎているとの批判もみられる。確かに，地方自治に絡むいまの国の法令の問題状況からするならば，その指摘には首肯できる面もないわけではなく，また，その歴史的な性格にも留意すべきであると思われるが，憲法が条例制定権を「法律の範囲内」で与えている以上，ある意味ではやむを得ないところもあるといえる。

いずれにしても，この判例は，国の法令と条例との関係に関する基本的な考え方を示したものにとどまり，実際に条例の制定が可能かどうかについては，個別具体の事例ごとに，国の法令の趣旨，地域的な規律の必要性などを総合的に勘案して判断するほかはない。そして，以上のようなことからすれば，条例の制定の余地の拡大を図るためには，むしろ国の法令のあり方自体を変えていくことに目を向けていく必要があるといえよう。

この点，国と地方の関係については，分権改革の一つの成果として補完性・近接性の原理も取り入れた役割分担の原則が打ち出され，地方自治法に規定されることとなり，それは憲法の地方自治の本旨とともに立法に関する

原則とも位置づけられている。そして，国と地方の役割分担の原則の規定に関しては，憲法上の原則に基づくものであり，その規定に反する法律の制定改廃が無効となることもあり得るとの考え方もみられる[29]。しかしながら，国と地方の役割分担が憲法の地方自治の保障の一つの内実を示しているものであるとしても，そこでは，あくまでも基本的な考え方が示されたにとどまり，何が国の事務であり，地域の事務であるのかが明確とされているわけではなく，そこから何らかの具体的な基準が導き出されるわけでもなければ，憲法からそれらが一義的に出てくるものでもない。結局，抽象的な役割分担の原則に反するというのはかなり極端な内容の法律に限られることになり，そうであれば，それは，端的に憲法の地方自治の本旨に照らして違憲とされることになってこよう。役割分担の原則の規定は，国の法令と条例との関係を考える上でも重要な意味をもつものではあるが，現段階においては，地方自治の保障について，基本的な考え方・指針を示したものととらえざるを得ず，その内実の具体化・明確化を図っていくことの方が大事であるといえよう[30]。

　それはともかく，国の法令と条例との関係については，第一期分権改革において機関委任事務の廃止と国の関与の縮減・ルール化がなされ，自治体の法令解釈権が明確化されたことなどに伴って，条例の制定の余地の拡大とその活性化が進み，新たな段階へ移行することが期待されたのであった。

　もっとも実際には，そのような動きは，学説上の議論や一部の先進自治体の取組みにとどまっているのが現状であり，肝心の国の立法の現場では，法律先占の考え方がいまだ根強く残っており，国が立法を行う場合に，条例による自治体の対応まで念頭に置かれるようなことは少ないのが現状である。

---

[29] 例えば，成田頼明等編『注釈地方自治法〈全訂〉』（小早川光朗担当部分）（第一法規，2000年）177頁以下

[30] また，地方自治法は，地方自治に関する基本法といわれるものの，あくまでも一つの法律にすぎないということも認めざるを得ない。それに加え，中央省庁のセクショナリズムにより法制度も縦割りとなっていることなどもあって，地方自治法の規定が，他の分野の立法の際に意識されたり，問題とされることはあまりないのが現状であり，実際に役割分担の原則が定められた後の立法をみても，それが考慮されたような形跡はあまりみられず，従前と状況はほとんど変わっていない。

Ⅲ　唯一の立法機関

　また，そもそも従来から，国の法律によって自治体に対し事務の義務づけや枠づけを行う場合に，その事務がいずれの事務であるかとか，自治体にどの程度の裁量を与えるべきかといったことなどがきちんと検討されることはなく，そのような状況は，第一期分権改革後も，あまり変わっておらず，依然として国の法令による自治体に対する広範かつ詳細な規律が存在している。しかも，それは法定受託事務だけでなく自治事務についても広汎にみられるところである。そして，このような国の側の姿勢や，国の法令と条例との関係について実務がよることができる理論や基準の未確立などもあって，自治の現場ではいまだに条例の制定をめぐる混乱を生じており，抑制的・謙抑的な傾向も払拭されてはいない。

　以上のことを踏まえるならば，地方の自主性・自立性を高めるためには，国の立法ないし法令のあり方を変えていくことが不可避となっているといえるのであり，現在進行中の第二期分権改革では国の立法的な関与の見直しが改革の柱の一つとされているのである[31]。

(3)　分権時代の国の立法のあり方
(a)　立法権の役割分担のあり方と国の立法権の限定の可否

　立法をめぐる国と自治体との関係について考えてみると，現在は，国と自治体の役割が混合・競合する領域（言い換えれば国の立法が関与する領域）が広く，そこでは，国が制度・政策をつくり，自治体がその執行を担うことが基本となり，国の法令が自治体の事務に関し詳細に規定することで，自治体には狭い裁量しか認められない状況となっている。

　これを，自治体の自主性・自律性を強化する方向に改革していくためには，

---

(31)　国の立法的な関与の見直しの問題は，これまで地方自治体の事務に対する法令による義務づけ・枠づけ等の緩和の問題として検討されてきているが，この点については，2001年6月の地方分権推進委員会の最終報告で残された課題の一つとして挙げられ，それが地方制度調査会の2005年12月の「地方の自主性・自律性の拡大及び地方議会のあり方に関する答申」に引き継がれ，さらに，それが地方分権改革推進法5条でもうたわれることにより，第二期分権改革の主要なテーマの一つとされることとなった。

国の関与する領域を狭めるとともに，国と自治体の役割が混合・競合する領域においては，国の法律は骨格部分のみを定めたり，奨励的なものにとどめる一方，その具体化や選択・決定・執行については自治体の側に幅広い裁量や決定権を認めるものに変えていくことが必要となる。また，国が具体的な措置まで定めるような場合でも，自治体の立法権を尊重し，上乗せ，横出しをはじめ自治体に立法的な対応を認める柔軟なものとしていくことが求められることになってこよう。

これに対しては，権限・事務の分離を重視し，国と自治体に立法権を自己完結的な形で配分し，それぞれが排他的に立法を行うようにすることを基本とする考え方が対置される。この場合には，国と自治体の役割が混合・競合する領域はできるだけ認めないということになるが，理論的にも現実的にも，これを完全になくすことはおそらく不可能であろう。

問題は，それらのいずれの方向で国の法令と条例との関係を考えていくべきかということであるが，憲法の趣旨や仕組み，分離型の事務配分の困難性[32]などを考慮するならば，当面は前者のモデルを目指すのが現実的といえよう。地方自治法が定める国と地方の役割分担の原則もこれをベースとするものと理解することができる。

これに対しては，後者のモデルを志向し，立法権も含め国の事務を明確に限定することが主張されているが，その場合に，憲法改正まで視野に入れるのであればともかく，目下のところは法律で国の事務を限定することが可能かどうかが問題となる。この点は，旧地方分権推進法において国と地方の役割分担の原則が法律上初めて打ち出される際にも議論となったが，結局，多岐にわたる国の事務・権限を厳格に限定することの困難性，国会の立法権を制約するおそれなどを理由に[33]，国の役割が限定的に規定されるには至ら

---

(32) 国と自治体との間での事務の配分については，事務をできるだけ一つの団体に専属的に割り振る一元的あるいは分離型の事務配分方式と，事務を複数の団体に割り振る多層的あるいは融合型の事務配分方式があり，近年の地方分権の論議の中では，補完性・近接性の原則が強調され，分離型の事務配分とすべきことが一部で有力に主張されているが，複雑化した現代社会において国と地方の事務の完全な分離は容易なことではなく，また，効率的・妥当とはいえない場合が少なくないといえよう。

III　唯一の立法機関

なかった。

　ただ，その際に留意しなければならないのは，法律で国の役割や事務を限定する場合にそのことがもつ意味である。そもそも，国と地方の関係，自治のあり方について国の法律で定めることを認める日本国憲法の下では，自治体の事務とすることが国の立法的な関与を排除することに必ずしも結びつくものではない。また，国の事務の限定が立法権をも制約することまで意味することにしても，それを法律で行う以上は，後に法律でそれと異なる定めをすることを排除することはできない。すなわち，将来の立法をも拘束するものであれば，わが国の法体系上，法律では対応できないといえるのである。そして，そのようなことから，結局は，法律で国の立法の対象まで限定することは，不可能あるいは不適当とするのか，それとも，それでも何らかの意味をもち得るとするのかの問題ということになり，仮にそれを国会による自制の表れとみることができるのであれば，法律で定めることも無意味とはいえず，あえて不可能といわなくてもよいということになるのかもしれない。しかし，だからといってそれが政策的・制度的に妥当かどうかは別問題である。特に，連邦制であればともかく，法律によるものとはいえ，自治体との関係で国の立法権を法的に限定することが現実的であり，またそれが果たして合理的な制度として成り立ち得るものといえるかどうかが問われることになってこよう[34]。

(b)　国の立法的な関与のルール化

　このように考えてくると，自治体の事務について規定する国の法令の存在も前提としつつ，国の立法的な関与を限定し，ルール化するとともに，自治体の立法的な対応に配慮した立法の手法を模索・確立していくことが重要であると思われる。第二期分権改革で検討が進められている国の法令による義務づけ・枠づけの見直しも基本的に趣旨を同じくするものとみることができ

---

[33]　例えば，平成7年3月4日の衆議院地方分権に関する特別委員会での山口鶴男総務庁長官の答弁（第132回国会同委員会議録6号16頁）など。

[34]　単一制国家，特に国と基礎的な自治体との関係において，国の立法権を限定し，それが及ばない領域を広く認めるというのはいかなる意味をもち，また，それは国家の形態・仕組みとして合理的に成り立ち得るのかどうか，十分な検討が必要となろう。

る⁽³⁵⁾。

　もっとも，その場合には，どうしても自治事務について規定する法令のあり方が問題となってくるが，その前提として，自治体の事務の区分のあり方，特に法定受託事務の見直しが必要となってこよう。すなわち，法定受託事務の定義は，当初構想された「専ら国の利害に関係のある事務」と比べあいまいとなった感は否めず，その結果，法定受託事務には多様なものがみられ，国の利害に深くかかわるものから，政治的にとりあえず法定受託事務とされたものまで存在しており，現行の法定受託事務をそのままにして国の立法的な関与のルール化を図るのは妥当ではない。法定受託事務については，その限定・純化が図られるとともに，法定受託事務であっても自治体の事務である以上，国の利害が担保される範囲内であれば条例の制定が認められるようにしていくべきであろう。

　他方，自治事務については，むやみやたらに法令が介入することのないよう，法律で規律できる場合をルール化することが必要となる。例えば，自治事務について，法律で自治体に対して義務づけが認められるのは国民の権利利益や生活の保障・向上等のために必要であり，それについて国としてやむにやまれぬ利害がある場合などに限られるべきである。また，法律で画一的な基準や枠組みの設定が認められるには，国の側において全国的な統一の必要性を合理的に説明できることを要求することなども考えられよう。地方分権改革推進委員会が提示した法令による義務づけ・枠づけの見直しの共通基準は，個々の基準についてはなお議論の余地があり得るものの，ほぼ同じような考え方に立ってそれらの存置を許容する場合のメルクマールを設定したものとみることも可能であろう。

---

(35)　地方分権改革推進委員会の2007年11月の「中間的な取りまとめ」によれば，義務づけとは一定の課題に対処すべく自治体に一定種類の活動（計画の策定を含む）を義務づけること，枠づけは自治体の活動について組織・手続・判断基準等の枠づけを行うこととされ，自治事務を対象として，法令による義務づけ・枠づけをし条例で自主的に定める余地を認めていないものについてそれらを廃止するか，枠づけに関し条例で自主的に定める余地を認める見直しを実施することとされ，具体的には，義務づけ・枠づけの存置を許容する場合のメルクマールとして七つを列挙し，これらに該当しない場合には原則としてその廃止を求めることが打ち出されている。

III 唯一の立法機関

これに対し，自治体に対応を促したり，認識させるだけで足りる場合には，法律の規定は努力義務や「……できる」とする定めにとどめ，自治体の側の判断を重視するような形にすべきである。そして，個々の立法的な関与についてはなぜそれが認められ得るかが改めて厳しく問われなければならず，新たな関与については最終的には国会の公開の審議の場でその必要性と合理性が明確にされるべきである。以上のようなことによる事例の集積や分析評価等を通じて具体の基準をある程度導き出すことも可能であろう。

また，そのようなルールづくりと並行して，法律の規定の仕方も，地域の実情や特性に応じた自治体の創意工夫・機動的な対応を可能とするものへと変わっていく必要があり，そのための弾力的な制度設計の手法などの開発も必要となってこよう。例えば，①大綱的な法律（枠組み法・基準法），②各個別法の中で当該分野における立法権も含めた国と地方の役割分担の明確化，③法律での地域の状況に応じた自治体の選択肢の設定，④自治体による代替的な基準の設定，基準の追加・緩和等の承認，⑤現在の政省令への委任の条例への委任の移替え，などの方法がそのようなものとして考えられよう。

そして，これらについては，国会の側がある程度主導したり，チェック・監視したりする姿勢とならない限り，十分な進展はあまり望めないような状況にあるといえよう。

なお，基本的にはこのような形で国の法令のあり方が見直されていくべきであるが，それでも法律が国民の権利自由や生活を保障するために最終的に出てくる余地は認めざるを得ないものと思われる。すなわち，自治体において立法が行われる場合には，自治体の規模にもよるものの，その客体の可視性やそれとの近接性といった状況を生じることになり，それが，秩序ある民主的な意思形成や，権利自由の保障の面で重要な一般性・客観性を担保する一つの手段ともなる客体との「必要な距離」を失わせることになり，場合によっては，特定の個人の狙い撃ちとなるおそれもないわけではないからである[36]。その意味では，法の制定権者の規模とその定め得る内容には一定の比

---

(36) この点，ドイツでは，基本権を制限する市町村条例の規制には，州の市町村法による組織法上の授権とは別に特別の授権を必要とする法律の留保が働くものとされ，その理由の一つとして市町村議会が規律の適正さの確保ということにつき十分な正当

例関係が認められるべきであり，その点からも法律と条例を同等とみることはできないのではないかと思われる。また，地域ごとに不統一かつ無制約な条例の規律の乱立は，場合によっては国民に予見し難い不利益や混乱をもたらすことになりかねない。

　法律と条例は，通常は，国民の権利自由や生活の保障のために補完し，牽制しあうことが期待されるが，法律がそれらについて最終的な責任をもち，また，法秩序の有機性・整合性を確保し法の価値の低下を防ぐ役割を果たすことが期待されているといえよう。憲法94条が法律の範囲内としていることには，そのようなことも含意されていると解すべきことは先にも触れたとおりである。これに対しては，住民との近接性は逆に専門性（特に地域の特殊性）や民主性の要請により合致するとの見方もあるが，ここで問題としているのは，現在の状況を前提とした国への対抗であるとか，地域の問題状況に応じた対応の場面ではなく，法治主義や人権の保障の観点からの国の立法による最終的な責任が問題となる場面であることを改めて指摘・確認しておきたい。この点，地方分権の観点から条例の制定の拡大を主張する議論は，民主主義に視点が偏りがちで，自由主義的な視点が希薄となりがちであるとはいえまいか（これに対しては，条例の制定の余地が広がることが住民の人権の保障につながるとの議論もみられるところであるが，条例の現状にかんがみても，そうなることもあればそうならないこともあるとしかいえず，条例の制定の余地の拡大と人権保障とがストレートに結び付くものではないといえるだろう）。

　ただし，このような法律による条例のコントロールは，当然のことながら，適法性の観点からのものを中心とし，合目的性からのものはできるだけ抑制されるべきことになる。

　いずれにしても，地方の自律性の強化のためには，自治体の条例制定の裁

　　性をもたないことが挙げられている。すなわち，基本権の侵害について，関係者からの距離の近さによる情実・乱用の危険，専門知識の大小，市民によるコントロールのいずれの点をとっても国の議会が優位し，その授権の必要が認められるとされており，そこでは法の制定権者と市民との距離が問題とされ，市町村議会と市民との距離の近さは市民の自由・平等を侵害するおそれを生じるのであり，国の立法機関が保護者として活動する必要があるとされているのである。

III 唯一の立法機関

量の余地を広く認める方向での改革とともに，法の支配・国民の権利保障ということからの条例制定の限界づけや，事後的な調整・統制にも目を向けていく必要があることが認識されるべきであろう[37]。

(c) 国の立法への自治体の参加と国会の役割

国の立法的な関与のルール化や弾力的な手法の開発とともに重要となるのは，国の過度の立法的な関与を抑制するための制度的・手続的な保障であり，その一つとして考えられるのが，国の立法過程への自治体の参加の保障である。

自治体の国政参加を認めることについては，機能の分担，自治権の手続的保障などがその根拠として挙げられ得るが，いずれにしてもその基本的な方向としては，防禦型の参加にとどまらず，協働型の参加も念頭におかれるべきだろう。ただ，一口に自治体の参加といっても，個々の自治体の参加もあれば，自治体の種類，属性，共同の利益などによる連合組織の参加もあり，また，例えば都市と地方との対立などにみられるように自治体の利害も決して一枚岩ではない。以上のことにかんがみると，どのような参加制度とするかについては，それなりの検討と工夫を要することになるといえよう。

自治体の国政参加の手段となるものとしては，現在，地方6団体による意見の申出・意見書の提出と，地方議会による意見書の提出が地方自治法によって定められている。前者は，地方自治に影響を及ぼす法律等の事項に関し，内閣への意見の申出，あるいは国会への意見書の提出を地方6団体に認め，それに対する回答を内閣の努力義務としているほか，特に自治体に新たに事務や負担を義務づける国の施策に関する意見であるときには内閣に回答を義務づけるものであり，そのための施策の内容の事前通知も規定されているところである。しかし，いずれも十分にその機能を果たしているとはいい難い。とりわけ，地方議会の意見書に関する国会の取扱いは，参考のために

---

[37] それとの関係では，法律と条例との間に生じた矛盾・紛争を調整するシステムを整備することも重要であり，そのような仕組みとして，抽象的な規範統制とならないかどうかの問題はあるものの，裁判所や第三者機関による調整・処理が提案されてきているところである。なお，条例の合法性の確保のための規範統制については，既に地方自治法176条4〜8項に規定されていることにも，留意が必要であろう。

衆議院では委員会，参議院では関係の常任委員会調査室等に送付されるにとどまり，請願ではなく陳情と同じような扱いとされ，委員会審査で取り上げられることもほとんどない。意見書を安易に議決し提出する地方議会の姿勢にも問題もあるが，国会への提出を認める制度改正を行いながらほとんど顧みようとしない国会の姿勢も問われるべきであろう。また，地方6団体の意見具申もあまり機能をしておらず，そのようなことから，地方6団体では，国と地方の協議機関の設置を求めてきているところである[38]。

他方，地方の意見を反映させるために国会の審議の場を活用することも選択肢となり得るところであり，例えば，自治体の事務に深くかかわる法律案に関する委員会での公聴会，参考人等の手続を通じた自治体側の意見聴取のルール化といったことなども考えられる[39]。さらに，基本的なところでは，参議院の地方代表的な性格の強めることで，参議院にそのような機能を果たさせるようにすることなども，内容によっては憲法改正まで絡んでくる可能性はあるものの，検討には値しよう[40]。

もっとも，これまでのところ，国会ないし議員には，地方自治の面から法律のあり方を考えたり，自治体の立場や裁量を考慮するといった意識が希薄であり，一方では中央集権を批判し地方分権を唱えながら，その一方では議員立法により自治体に新たな義務づけをしているような状況もみられる。そういった意味では，まず変わるべきは，国会ないし議員ということなのかもしれない。

---

[38] 例えば，地方6団体による平成19年6月5日の地方分権改革推進に関する決議では，「(仮)地方行財政会議」を法律により設置することを求めている。

[39] これについては，ドイツ連邦議会で市町村等の利害に重要なかかわりをもつ議案の委員会審議に際し地方自治体首長会に見解を表明する機会を与えることが議事規則により義務づけているのが一つの参考となるだろう。

[40] 諸外国では，地方分権を進める場合に，上院に地方代表的な機能をもたせ，あるいはその性格を強めるという傾向がそれなりにみられるところである。ただし，参議院議員については，憲法43条で衆議院議員と同じく全国民の代表と位置づけられ，判例及び多数説によれば，憲法14条，15条，44条による投票価値の平等の要請も働くとされていることから，制度的に地域代表としての性格をもたせるということになると，最終的には憲法改正を要することになる可能性が高いといえよう。

Ⅲ　唯一の立法機関

　昨今の地方分権改革の流れは，形式的には，1993年の衆議院と参議院での「地方分権の推進に関する決議」に端を発するものともいわれている。であるならば，国会の側が，地方自治や分権の必要性や，それに対する自己の役割・責任を改めて認識し，せめて監視者あるいは調整者としての役割ぐらいは果たすことが求められているといえるのではなかろうか。

4　国際化と法システムのあり方・国会の役割

(1)　法システムに対する国際化の影響

　グローバル化やボーダレス化などによる国際化は，国家のあり方や機能にまで影響を及ぼしかねない現象であり，法の世界も，徐々にではあるがその影響を受け，法システムが変容を被るようになってきている。そして，そこでは，そのような流れを受け，国際法の存在を国内法のシステムにおいてどのように位置づけ，それをどのように受け入れていくかが改めて問われるようになっている。

　また，それとともに，法律の制定・改正を行うにあたり，国際的なハーモナイゼーションとか，グローバル・スタンダードなどといったことがその理由とされたり，それらが考慮されるようなケースが増えており，従来からその傾向が比較的顕著であった経済分野にとどまらず，環境，人権，労働，医療衛生，情報通信，交通，無体財産，刑事などの分野，さらには政治や行政の制度についてもそれらの影響を受けるような状況がみられ，それによりいわば法の国際化も一層進みつつあるともいえる。もっとも，その場合に，何をもってグローバル・スダンダートとみるかは微妙な場合が少なくなく，さらに，制度改革を進めるに際し国際的な動向や外国の制度をもち出したり，外圧を利用したりするのは，我が国の伝統的な手法の一つとなってきたことにも注意を要しよう。

　ところで，条約は，国家を中心とする国際法主体間の法的拘束力を有する合意であり，国際的な効力だけでなく，国内的な効力をももち得るものであるが，国際関係の緊密化と複雑化を背景に，従来と比較して，その量的な増大のほか，次のような質的な変化が生じてきているといわれる。

一つは，条約の対象分野・事項が拡大するとともに，単に国家関係を規律するにとどまらず，国家と個人，個人相互の関係を規律するものがみられるようになり，国民生活に条約が直接にかかわるようなケースも増えてきていることである。とりわけ，国際関係の緊密化に伴って，国内法・国内制度の国際的な統一を目的とする条約や一定の水準・内容の国内法・国内制度の整備・維持を要求する条約の増加が顕著であり，そこでは，国際社会全体の利益などを志向するような傾向がみられる。

　もう一つは，それらに伴い，従来は二国間条約が中心であったのに対し，多国間条約の比重が大きくなってきていることである。なお，多国間条約は，我が国の意思や処理能力とは関係なく，国際会議，国際機関等で採択されており，そのすべてに我が国が加入する必要があるかどうかは別として，その数はだいたい年間20件前後，我が国が未批准のものの累計は200件を超すような状況にある[41]。

　そして，このような条約をめぐる状況の変化により，条約の問題は，その形態，対象分野，内容によってかなり様相を異にするようになっている。それにもかかわらず，これまでの条約に関する憲法学などの議論は，相変わらず伝統的な二国間条約を前提としたものにとどまってきたきらいがある。

　そこで以下においては，国際化の進展を踏まえた法システムのあり方について，特に条約の受け入れ方と国会の役割の問題を中心に考察を加えることとしたい。

(2)　条約の国内法体系上の位置づけと課題

　国家が条約を締結し，国際的なレベルで受容した場合に，その条約が国家間で効力をもつのは当然としても，国内的なレベルで当然効力をもつものではない。条約の国内的な効力は，国内法に依存することになり，条約の国内

---

[41]　国立国会図書館調査及び立法考査局議会官庁資料課の調査によれば，2003年7月現在，日本が未批准の多国間条約（国会の承認を必要と思われるもの）は244件（条約と関連議定書等を1件とした場合）とのことであり，それから5年を経過していることからすれば，既に300件を超えている可能性もある。同「わが国の未批准の国際条約一覧」外国の立法218号（2003年）173頁以下参照。

III 唯一の立法機関

法体系への編入の仕方，国内法体系における効力の順位などについては，憲法ないし憲法慣行によって規律されることになるのが通常である。そして，その場合の受容の仕方について，国によって様々であるが，大別すれば，①議会の承認を経て公布されれば国内的効力をもつとする自動的受容，②議会の承認は法律の形式で行うことを要求する承認法による受容，③条約には国内的効力を認めず別個に国内法を制定する必要があるとする個別的（変形）受容の三つの類型に整理され，我が国では，憲法98条2項を「国際法規の拘束力の自動転換装置」ととらえ，条約が天皇によって公布されるべきことを規定する憲法7条の規定も相まって，条約は国内的効力をもつと解されているところである。もっとも，その一方で，条約が，国内法体系に自動的に受容されるとしながらも，すべての条約が国内的効力をもつものではないとの議論が有力であるとされる[42]。

それによると，まずもっぱら国家間の関係を規律する条約については，国内的な編入や国内的効力は問題とはならず，また自動執行性（self-executing）をもった条約のみが国内的効力をもち，そうでないもの（non-self-executing）は国内的効力をもたないとする。この自動執行性の概念は，論者によって理解が異なり議論に混乱をもたらすもとともなっているが，自動執行性をもつ条約かどうかは，条約の規定の趣旨・性質や，当事国の意思によって定まるものとされるとともに，前者については国内法上の基準として規定の明確性や国民の権利義務について直接に規定するものかどうかなどがそのメルクマールとなり，それゆえに，抽象的な原則をうたった規定やその実施方法が国家の裁量にゆだねられるようなものは国内的な効力をもたないとされているのである。

しかしながら，条約の国内的効力と自動執行性とは区別されるべきものであって，憲法によって条約に国内的効力が認められるとしながら自動執行性のないことをもってなぜ国内的効力をもたないことになるのか疑問である。

---

[42] この点については，国際法の世界では，従来から，そのような理解がなされてきているのに対し，憲法学の世界では，自動執行性の議論が見落とされてきたといえる。ただし，国際法の世界では，国内的効力の問題と自動執行性の問題を区別する議論も有力となってきているようである。

条約が国民に直接適用される可能性がないからといって国内的効力がないとするのは，条約の法としての諸効果を奪う結果となるといえよう[43]。特に，自動執行性を国内的効力と結び付ける考え方は，法の形式が国民の権利義務だけでなく，政策やそのプログラム・組織・手続などを規定することにも多用されるようになっていることを等閑視しているとはいえまいか。しかも，条約の規定が自動執行性をもつかどうかの判断はかなり微妙であり，国内法のあり様や，国会・裁判所の判断によっても異なり得る相対的なものといわざるを得ない。

以上のようなことからするならば，自動執行性の有無で国内的な効力があるかどうかを決めるのは妥当ではなく，とりあえず国内的効力を認めた上で，その内容に応じて国内法上の位置づけ，実施方法や適用などについて考えるべきではなかろうか。いずれにしても，条約の規定については，直接に国内的効力をもつことを定め，裁判所により適用されるものもあるが，それは実際には特定の分野のものに限られており，それ以外の場合には条約がどのような効力をもつのか明らかにされないことが多い。また，多国間条約については，一般的な原則をうたったり，政治的な宣言をしたり，抽象的な規定となったり，様々な緩和要件がつけられたりしていることが少なくなく，そのままで適用することが困難な場合があることは否定できない。しかし，そのようなものであっても，憲法の解釈を補完したり，国内の法令に対する指導法あるいは解釈の指針となったりするなど何らかの意味をもち得ることもあるといえよう。

ところが，実際には，自動執行性をもたない条約の諸効果に目が向けられるようなことはほとんどなく，そのような条約も活かす方向で国内法の体系や整備が検討されるようなこともあまりない。なおこの点，我が国では，条約の批准に当たり，外務省国際法局と内閣法制局が中心となって自動執行性の有無にかかわらず条約と国内法との調整について詳細な検討を行っているといわれるが，それは，条約との矛盾・抵触の調整といった消極的なものに

---

(43) この点を早くから指摘したものとして，岩澤雄司『条約の国内適用可能性』（有斐閣，1985年）55頁など。

III 唯一の立法機関

とどまり，条約が示す理念，原則，基本的な方向等を踏まえて国内法のあり方や整備が検討されるようなことはほとんどないといわれる。また，そこでは自動執行性のない条約についてその実施を担保する国内法令がない場合には新規立法を行う政策がとられているともいわれるが，それは国に対し具体的な措置を義務づけているような場合に限られているようである。そして，条約の締結の際に国内法の制定・改正の必要性が検討された以降は，国内的には，一部の場合を除き，立法や行政において条約の規定が顧みられるようなことはあまりなく，裁判所でも，明確に自動執行性のある条約を除いてその存在を考慮することはほとんどなく，条約に対する態度はかなり冷淡であるとも評されているところである。

その原因としては，様々なものが挙げられようが，条約の法的不完全性や政治性・妥協的な性格に関する疑念が根強く存在していることのほか[44]，行政の縦割りの影響なども指摘することができよう。いずれにしても，その結果，一部の例外を除き，条約は国内法を通じてしか実現できないといったような二元的な運用となっているともいえるのである。

今後，さらに国際化が進展し，多国間条約の重要性がますます高まってくることを考えるならば，それぞれの条約が国内的にどのような意味をもつのか，そのままで適用可能なものかどうか，そうでない場合にはどのような対応が必要となるかについては，その締結の承認に際して国会の場で議論され，明らかにされることが必要であろう。そして，憲法98条2項の趣旨にかんがみれば，たとえ条約の規定が自動執行性のない抽象的なものであっても，それを国内法の整備や解釈に活かすような国内法上の位置づけ・効果をもたせる発想なども必要となってこよう。

---

(44) とりわけ，条約については，各国の利害が錯綜し妥協の産物となること，国による歴史・文化・法的伝統・体制の違いが反映されること，抽象的な用語で一般的原則を表明するものが多いことなどから，法的に不完全との見方が政府や司法の関係者の間で根強く存在している。もっともその一方で，条約も立法技術の面で進歩し，国際化の進展とともに，法的な不完全性は相対的に低下しており，そのような条約の性格は国内法上の位置づけや効力を考える場合の障害とはならなくなってきているとの指摘がなされていることにも留意する必要があろう。

もちろん，それぞれの国が条約をどう締結し，国内的にどう実施していくかはまだまだ政治的・戦略的な要素が強く働く面があることは否定できず，また，条約や国際政治の現実を考えれば，それをただ墨守すればよいというものではないともいえる。しかし，むしろそうであるからこそ，それについて，民主的なコントロールを及ぼすために，国会の場できちんと議論がなされ，方針が決められることが必要といえるのであり，また，国際的・国内的な面での一つの戦略として，それらをうまく活用するような対応・工夫を行うことも重要となってくるのではなかろうか。

　ところで，条約の国内法上の効力については，憲法との関係では，憲法優位説，条約優位説，折衷説の対立があるが，近年は憲法優位説が多数説となっている。もっとも，憲法優位説に立つ場合でも，一定の条約については例外を認めるものが少なくなく，政府は，憲法が条約に優位するとしつつも，降伏文書や平和条約のような一国の安危にかかわるような条約は憲法に優位するとしている[45]。

　また，法律との関係については，条約が法律に優位するとするのが通説であり，政府も同様の見解に立つ[46]。その場合に，条約が法律に優位することの根拠として挙げられているのは，憲法98条の趣旨，明治憲法以来の慣行のほか，条約が国会の承認の対象となっていることなどである。もっとも，それらのことだけで条約が法律に優位することが必ずしも自明であるとはいえず，むしろ，制定手続の厳格性が法の効力を考える上で重要な要素の一つとなることも考慮するならば，改めて条約に関する国会の承認が法律に優越する効力を付与するにふさわしいものとなっているのかどうかの検証が必要といえるだろう。そして，国会の承認の対象とはならない条約については，法律に優位するとの根拠が希薄といわざるを得ず，国会承認を受けた条約を具体化するための行政協定などそれと一体ととらえられるものを除き，必ずしも法律に優位するものではないと解するのが妥当ではないかと思われ

---

(45)　例えば，1959年11月17日の参議院予算委員会における林修三内閣法制局長官の答弁（第33回国会同委員会会議録4号16頁）など。

(46)　例えば，1951年6月1日の参議院外務委員会での西村熊雄外務省条約局長の答弁（第10回国会同委員会会議録14号2頁）など。

III 唯一の立法機関

る[47]。

　そのほか，国内的な効力をもつ条約の締結が憲法41条との関係でどのように位置づけられるかということも必ずしも明確にはされていない。おそらく，そのような条約は国内法としての効力をもつとしても「国の立法」には当たらず，憲法41条の「立法」とは無関係であり，また，別途，国会の承認の対象とされていることなどから，そのようにとらえることに問題はないと考えられているではないかと思われる。しかし，仮にそうであるならば，その点からも，国会の承認がそのようにいい得るのにふさわしいものとなっているかどうかが問われなければならないだろう。

(3) 条約の締結に関する国会の役割とそのあり方
(a) 条約の締結と国会の承認

　条約は，その締結により，国内的な効力をもち，その内容に応じ，国家と国民との関係，国民の間の関係などを規律したり，国内法の変更を求めたり，一定の指針を示すなど，規範として作用することになる。その意味で，条約の締結は，立法作用ということができる。そしてそれゆえに，憲法は，条約について，事前または時宜によっては事後に，国民の代表機関であり，唯一の立法機関である国会の承認を要することとし，それにより条約の締結について民主的なコントロールを及ぼすこととしているのである。

　条約の適用・解釈について最終的に判断をなすのは，国内法と同様に裁判所であるが，個々の条約を国内的にどう実施するかの判断を行うのは，まずは政府ないし国会であり，その判断は裁判所での条約の解釈にきわめて大き

---

(47) 国会の承認を要しない行政協定と法律が矛盾・衝突するというのはほとんど考えられないようにも思われるが，例えば，ODAなどのあり方について規定するような法律が制定され，それに反する内容の交換公文などが結ばれた場合には，その国内法的な効力を論ずる意味がどれだけあるかは別として，国内法的には，予算と法律との問題はとりあえず脇に置いておくとするならば，それに基づいた予算の執行は違法となると解することもできないわけではないように思われる。なお，その場合に，内閣の外交処理権や条約締結権を直接に侵害するものでない限り，外交のあり方や方向を一般的・抽象的に規定するような法律を制定することは後でも述べるとおり法的には可能であると解される。

な影響を及ぼすことになる。特に，条約の締結行為そのものは政府が行うとしても，国内法のシステムの中で，個々の条約をどう位置づけ，自動執行性のない条約も含め，国内法との関係をどう調整し，条約の規範的な要請をどう実現していくかを最終的に決定するのは，条約の承認権と法律の制定権をもつ国会であるというべきであろう。

　ところが，我が国では，条約の締結に関しては，明治憲法時代の外交大権の伝統が色濃く残り，政府の専権事項ととらえる傾向が強く，また，最近は，法律の執行とは別の内閣の執政権一つとしてとらえる議論も有力である。そしてそこでは，国会の承認権は，条約を全体として容認するかどうかだけを決定する受動的・阻止的な権能と位置づけられ，実際の仕組み・手続もそのようなものにとどまっている。しかしながら，条約の締結は内閣の権限であるとしても，少なくとも国内的にどう受け入れるかの決定権は国会にあるとみるべきである。とりわけ，国際化の進展により，条約が国民の生活に直接に影響を及ぼすようになり，内政と外交の区別が相対化している中では，国会の関与・統制が重視されなければならず，それは世界的な傾向でもある。国際関係は複雑，微妙かつ流動的であり，そこでは専門性・技術性だけでなく，高度の政策的・政治的な判断が要求されることは否定できないが，条約にとどまらず，外交全般について国会の民主的コントロールを強化することが求められるようになっているといえよう。国会は，条約の審議はもちろんのこと，法律案や予算の審議，国政調査などを通じて政府の外交に関する情報を開示させ，チェック・コントロールし，その透明性を高めていく必要がある。また，それとともに，先にも述べたように，条約の効力が法律に優位することの根拠の一つとして条約の締結に国会の承認が必要とされていることが挙げられることからすれば，その審議がそのような重大な効力を与えるにふさわしいものとなっている必要があり，現在の手続等がそのような実質を備えているといえるのかどうか，そのあり方が再検討されなければならない。

　なお，このような問題提起は，外交についても国会中心主義が妥当すると主張するものではない[48]。外交をどのようにとらえようが，憲法の規範構造をみる限り，財政と同じように国会中心主義が採用されていると解するこ

III　唯一の立法機関

とは困難であり，また，現実にも戦略性・総合性・専門性・機動性が求められる外交について国会中心とすることには無理があるといわざるを得ない。その意味で，外交について国会に期待すべきなのは国民の代表機関として条約の承認を通じて最終的な決定や方向づけを行うこと，政府が行う外交について監視を行い，透明性を高めることである（なお，そのことと，既に述べた条約の国内的な受入れ・実施に関する国会の役割とは次元・問題を異にするものであるといえよう）。そして，そのようなことから，国会が憲法によって与えられた権能を適切かつ効果的に行使するための方法やそのあり方が検討されていくべきであろう。

ところで，国会の承認の対象となる条約については，すべての国際約束をいうものではなく，一定の条約のみがその対象となるものと解されている。国会の承認を必要としない条約は，一般に「行政協定」，「行政取極」などと呼ばれ，実際には交換公文をはじめとする行政協定の締結数の方が圧倒的に多いのが現状である。そして，その場合に，国会の承認の対象となる条約とそうでないものの区分の基準となっているのが，1974年に衆議院外務委員会で示された政府見解である[49]。

それによれば，①法律事項を含む国際約束，②財政事項を含む国際約束，③我が国と相手国との間あるいは国家間一般の基本的な関係を法的に規定するという意味において政治的に重要な国際約束であって，それゆえに発効のために批准が要件とされているものが，国会の承認の対象となる条約とされ，他方で，既に国会の承認を経た条約の範囲内で実施し得る国際約束，既に国会の議決を経た予算の範囲内で実施し得る国際約束，国内法の範囲内で実施し得る国際約束については国会の承認を経ることを要しないとされているの

---

(48)　外交国会中心主義を主張するものとして，浦田一郎「外交と国会」法律時報63巻5号（1991年）など。ただし，浦田教授も，条約締結を基本とする外交に関して，最終的決定権が国会に認められていることを「外交国会中心主義」と呼んでおり，その具体的な意味・効果は不明なところもあるが，それにそれほど大きな意味・役割を与えているわけではないようにもみえる。

(49)　1974年2月20日の衆議院外務委員会で大平正芳外務大臣によって示されたものであり，大平3原則などと呼ばれている（第72回国会合同委員会議録5号2頁）。

である。つまり，国の立法権にかかわるような約束を内容として含んでいたり，既に予算または法律で認められている以上に財政支出義務を負ったり，政治的に重要性が高いものについては，国会の承認を必要とするものであり，それらの基準は，③について多少の議論はあるものの，おおむね妥当なものと評価されてきているところである。

　しかしながら，例えばほとんど異論のみられない①の基準をとってみても，実はそこでいう「法律事項」の内容はそれほど自明とはいえない。この点，政府は，法律事項を含むというのは，ある条約の締結によって新たな立法措置の必要が生じる場合（新規の法律を制定する必要がある場合と既存の法律の一部を改正する必要が生ずる場合）またはその条約の実施のためにその有効期間中にわたって既存の法律を変更せず，維持する必要がある場合を指すと解している[50]。しかし，法律事項を広くとらえようとする傾向がみられる中で，立法措置を具体的に講ずる必要の有無をその基準とするのはいささか狭く，法律事項に関する政府の考え方[51]を前提とするならばなおさらではないかと思われる。また，②との関係で国会の承認を要しないとされる予算の範囲内で実施しうる国際約束についても実際の予算書からはどのような授権が政府に対してなされたのか明らかでない場合が少なくなく[52]，予算を通じた授権のあり方も含めそのコントロールについて検討する余地があるよう

---

(50) この点について，大平3原則の中では，「ここでいう国会の立法権にかかわるような約束を内容として含む国際約束とは，具体的には，当該国際約束の締結によって，新たな立法措置の必要があるか，あるいは既存の国内法の維持の必要があるという意味において，国会の審議をお願いし承認を得ておく必要があるものをさすものであり，領土あるいは施政権の移転のごとく，立法権を含む国の主権全体に直接影響を及ぼすような国際約束もこのカテゴリーに入る」と説明されている。
(51) 1955年の褒章条例の政令改正の対応，1963年9月13日の「内閣法律案の整理について」の閣議決定などから，政府は，法律事項について，国民の権利を制限し，又は義務を課すような規範とする伝統的な権利義務規範説（権利制限説）をとっているとみられている。
(52) 例えば，予算の項からは，行政協定の締結に関する授権の内容を読み取ることはほとんど不可能であり，それゆえにこそ，交換公文により供与されることが多いODAについては，国会のコントロールの必要性が特に問題とされてきたともいえよう。

III 唯一の立法機関

にも思われる。

また，条約に関する国会の承認については，「○○条約の締結について承認を求める件」として内閣から提出され，その承認の対象となるのは「条約」そのものではなく，「条約の締結」とされ，条約の条文はその附属資料・参考資料と解されているところである[53]。しかし，条約そのものが審議・承認の対象ではないとする考え方はあまりに形式的で，国民の常識から乖離している面がある。条約そのものが国会の承認の対象となるととらえることで理論的にも技術的にも問題があるわけではなく，先に述べた条約に関する国会の役割・位置づけにも合致するといえよう。

それと同様に条約の日本語訳の取扱いも問題となってこよう。すなわち，多国間条約の場合には，日本語が正文とされることはほとんどないために，条約の締結の承認を求める際には日本語訳が添付されるほか，官報で条約を公布する場合にも日本語訳も一緒に公布する取扱いとなっている。ところが，政府は，日本語訳は単なる資料であり，資料としての訳文は国会の審議の対象とならず，また，条約の締結権が憲法により内閣に認められている以上，政府訳が公式訳であり，公式訳に変更をもたらす権限は国会にはないとしている[54]。確かに，日本語訳は，条約の正文ではない以上，国内的にしか意味をもたず，条約の解釈は国際法上も国内法上も最終的には正文により行われることになる。しかしながら，国内的には，日本語訳により条約に関する審議がなされ，立法・司法・行政の関係者もまずは日本語訳により条約を解釈し，実施するのが通常である。ましてや，官報で日本語訳も公布され，法令集には日本語訳だけが掲載されていることなどからすれば，一般の国民は日本語訳で条約の内容を知ることになる。そのようなことからは，あくまでも国内においてではあるが，日本語訳を，正文と矛盾しない限りにおいて，実質的な法規範として位置づけることも可能ではないかと思われる。政府も，国内法的には，日本語訳が効果をもつとする[55]。

---

[53] 例えば，1969年5月9日の衆議院外務委員会での高島益郎外務省条約局外務参事官の答弁（第61回国会同委員会議録18号6頁以下）など。

[54] 例えば，高島答弁前掲注(53)及び1988年4月26日の衆議院内閣委員会における味村治内閣法制局長官の答弁（第112回国会同委員会議録8号12頁）など。

さらに，多国間条約の規定は，関係国の妥協によるものであることが多く，また多数の国が加入することも考慮して抽象的な内容となっていることが少なくない。このため，条約の規定の解釈の幅が大きく，翻訳そのものが一つの立法を行うのに等しいとさえいい得るようなこともある。しかも，翻訳の場合には誤訳のおそれもないわけではない。現に，捕虜の待遇に関する1949年8月12日のジュネーヴ条約について，日本が批准してから33年後に各方面からの指摘を受け，官報に告示することにより訳語の訂正がなされるというようなこともあった[56]。

　以上のことにかんがみると，日本語訳は，政府の専権とするのではなく，むしろ国会の承認を待って確定すると考えることもできるのであり，そして，そこにおいては，国会は，条約の日本語訳についても，当然その正文の意味する範囲内ではあるけれども，場合によっては修正をすることも可能と考えることもできるのではなかろうか。このような日本語訳の問題は，正文と矛盾しない限り，国内的な問題であり，次に述べる条約の修正とは性質を異にする問題というべきであろう。

(b)　条約の国会修正

　国会が条約を修正することができるかどうかについては，従来の多数説は，条約案の作成に参加しこれを締結するのは内閣であり，国会がそれを修正することはその締結権を侵害することになること，署名後の修正の場合には相手国の同意が必要なことなどを理由にこれに否定的であった。政府も，条約の締結権が内閣の権限であることを理由に国会の修正権は認められないとの立場をとる[57]。

---

(55)　例えば，高島答弁前掲注(53)など。ただし，この答弁と，条約は正文の示している内容により全体として効力を生じているとする味村答弁前掲注(54)とでは，条約の国内法的な効力に関する訳文の位置づけについて，違いがあるようにもみえる。

(56)　この点，官報の告示だけで日本語訳を修正したことについては国会でも問題とされた。このほか，児童の権利に関する条約についても，国会において一度廃案となった後の再提出の際に，疑問が提起されていた3箇所ほどの訳を修正したものが国会に提出されるといったことなどもあった。

(57)　例えば，1953年7月29日の衆議院外務委員会での下田武三外務省条約局長の答弁（第16回国会同委員会議録22号17頁）など。

III 唯一の立法機関

　これに対しては，全部不承認が可能なら部分承認とでもいうべき修正も可能と解すべきこと，憲法61条の両院協議会の規定は条約の修正も想定したものであり国会法85条もその趣旨を受けた規定であると解されること，国会の承認は内閣の条約締結権を民主的な見地から制限したものであることなどを理由に，国会の修正権を認めるべきとの考え方も有力である。それによれば，事前の承認の場合には内閣は国会の意思に従って交渉すべき義務を負う一方，事後の承認の場合には修正の申入れを相手国に行う義務を負うが相手国が同意するまでは条約の効力は失われないとする。

　もっとも，肯定説・否定説の相違は，実際はかなり相対的なものであり，国会の修正の意思が一定の法的な効果をもつとするのか，それとも政治的な効果をもつととらえるかの違いにすぎないともいえる。政府も，国会が修正の要求を決議や附帯決議のかたちで表明するのは，国会の判断の問題であるとし，ただその場合の条約の修正は外交交渉によらざるを得ないとしているところである(58)。

　しかしながら，これまでの議論は，条約の形態やその締結の態様等を考慮せずに伝統的な二国間条約を前提とし，しかも例外的な事後承認の場合にとらわれすぎたところがあったといわざるを得ない。条約の修正の問題については，条約に対する民主的コントロールを重視し，国会審議の実質化を図る見地から，法律や予算の場合とはかなり意味合いが異なるものの，修正を，政府を拘束する意思表明ととらえ，それぞれのケースに応じてその意味や効果を考えていくことが必要ではないかと思われる。

　すなわち，多国間条約の場合には，条約の条文そのものは多国間の協議により既に決まっているのが一般的であるから，国会としては，国際法上認められる範囲内で，留保を付すのをやめ，または新たに付すこと，解釈宣言の内容を変更し，行うことをやめ，または新たに行うことについて，修正の形で政府に対して命じることができると考えるべきであろう。その場合には，政府はそれに拘束され，そのとおりに実施する義務を負うことになる(59)。

---

(58) 例えば，下田答弁前掲注(57)など。
(59) そこでいう拘束力は，政府は条約を批准するのであれば修正として付された条件のとおりに批准する義務を負うというものであり，政府に批准自体を義務づけるもの

この点，政府は，例えば留保つきで条約の締結の承認を求めたのに留保を認めない形で国会の承認の議決があった場合には，国会の承認はなかったと理解せざるを得ないとしているが[60]，それは国会の意思を無視して不承認とみなすことであり，適切とは言い難いのではなかろうか。また，先に述べたように，日本語訳文についても，その正文の規定の枠内でこれを修正することは可能と考えるべきである。

他方，二国間条約の場合には，署名や批准の前であれば，政府は国会の修正の意思のとおり条文の修正を相手国に申し入れる義務を負い，それがなされない限り署名や批准の手続には進めないことになる。これに対し，事後であれば相手国の修正に対する同意がなければ，一部あるいは全部の不承認として国内的な効力が生じないことになろう。

なお，以上については，アメリカの上院が条約の同意に当たり行う条項の修正や留保条件とほぼ同じような意味をもつことになるのではないかと思われる[61]。

このような対応は，それなりの工夫を要するものの，理論的・技術的にも可能であり，それを行うかどうかは国会の決断次第であり，そのような取扱いをどのような形で確立していくかは，国会が，政府とも調整しつつ決めることになってこよう。

このほか，法律によって外交のあり方等について規定し，議会の側がコントロールを及ぼそうとするようなこともみられ，その際には，一定の行為や活動に関する議会の承認やそれに対する報告といった手法が採られることもあり，それらについては，政府の外交処理権との関係が問題となり得るとこ

　　ではない。したがって，政府がその条件に承服し難いときには，手続を進めないということは認められ得る。また，仮にその条件のとおりに批准しなかった場合には，それに反する部分の国内法的な効力は生じないと考えるべきであろう。
(60) 例えば，1979年4月26日の衆議院外務委員会における山田中正外務省条約局外務参事官の答弁（第87回国会同委員会議録7号8頁）など。
(61) 周知のとおり，アメリカ連邦議会の上院は，出席議員の3分の2以上による条約の同意権を有するが，その場合には条項を修正したり，留保条件を付すことが行われており，その場合，大統領はそれに沿って対応しなければならないものと解されている。

ろである。外交処理権を行政権との関係でいかに位置づけようとも，法律の執行とは異なり，法律のコントロールを及ぼしにくい面があることは認めざるを得ないが，個別の外交における政府の判断や対応を直接に縛るものとならない限り（ただし，安全保障のための軍隊等の海外派遣についてはシビリアン・コントロールや議会の留保などそれとは別途の要請が働き，議会による個別のコントロールの対象とすることも可能ということになってこよう），その政治的・政策的な是非は別として，法律による統制は可能というべきであろう。現に，諸外国では，対外援助法，軍隊等の海外派遣法といったものなどが制定されており，また，我が国でも，災害援助や国際平和協力について「国際緊急援助隊の派遣に関する法律」，「国際連合平和維持活動等に対する協力に関する法律」をはじめいくつかの法律が制定されているほか，ODAをめぐっても基本法などを制定する動きが従来からみられるところである。

　民主主義に重きが置かれる現代国家においては，外交を政府と議会の協働行為ととらえる考え方も有力となってきている。そのようにとらえることの意味や効果については，なお検討すべきところもあるように思われるが，民主主義の観点から議会のチェック・コントロールを受ける場面は確実に拡大してきているといえる。もっとも，そのことは，常に外交の機動性や機密性との相克が問題となるほか，政治的な思惑や議会内の対立がストレートに反映されるような事態も生じ得ることにも留意することが必要であろう。

　いずれにしても，外交と内政の区分が相対化し，両者が密接に関連し，条約が国内法に与える影響が大きくなるとともに，外交の主体や手法が多元化するようになる中で，国会が外交についてどのようなスタンスをとり，いかなる役割を果たしていくのか，その姿勢がまさに問われているといえよう。

5　まとめにかえて

　以上，立法の多元化の状況と国会の役割・あり方について，不十分ながら概観するとともに，ささやかながら問題提起を行ってきた。もっとも，立法権にかかわるとはいえ，位置づけも様相も論点もかなり異なる三つの立法の問題について取り上げたこともあって，それらに共通する問題や国会の役

割・あり方ということまで必ずしも浮き彫りにできたわけではない。

　しかし，少なくともいえることは，それらおいて国会に期待されるのは，法律以外の形式で行われる立法のあり方に関する最終的な決定者ないし監視者，あるいは立法ないし法制度全体に関する調整者としての役割であり，また，政府などに説明責任を果たさせる場となることである。そして，そこでは，憲法41条の「唯一の立法機関」，さらに「国権の最高機関」の意味を状況に応じて再解釈していくようなことも必要となってくるのではないかと思われる。

　ただし，そのことは，これまで繰り返しいわれてきた国会中心主義を改めて強調しようとするものではない。本稿は，それぞれの問題において国会の役割の強化を提起した形とはなっているが，それは，いまここで指摘したような役割でさえ国会が十分に果たしてこなかったことによるものであり，むやみやたらに国会の主体性や役割の拡大を主張するものとは立場を異にする。

　統治あるいは立法をめぐっては国会中心構想と内閣中心構想との間で争いがあり，最近の統治構造改革においては内閣中心構想に基づいて改革が進められてきていることは周知のとおりである。筆者は，国会中心か内閣中心かということでアプリオリに考えるべきではなく，憲法の枠の中でその運用のあり方としていずれに重きを置くかということから，現実の国家状況や政治状況なども踏まえつつ，それぞれの作用のあり方が検討されるべきものと考えているところであるが，いずれにしても，立法の多元化の状況は避けられず，今後さらに進んでいくものと考えられ，また，そこにおいては，国会中心構想に重きを置いたとしても，国会がすべてにおいて主体性をもち，判断・決定していくようなことは困難であるといわざるを得ない。その意味では，国会が決定し行政府が執行するといった伝統的な決定―執行モデルに立ち返ることはもはやできないといえよう。

　必要なことは，現実を踏まえた建設的な発想であり，国会に何でも担わせようとするよりも，役割の重点化し，効果的にその機能を発揮させることで，国会の役割・機能の実質化を図っていくことではないだろうか。そして，そこでは，国会における透明性の高いプロセスの中で基本的な決定・最終的な決定が行われ，あるいは監視・統制・調整・情報開示などが行われていくこ

III 唯一の立法機関

とこそが重要なのではないだろうか。

　憲法は，国会を「唯一の立法機関」とするが，国会がすべての立法作用を担うことまで定めるものではなく，場面に応じ設計者・監視者・調整者としての役割を果たすことを期待しているところもあるといえる。国会にあまり過大な期待をし，負担を負わせることは，逆にその形骸化・空洞化を招くことにもつながりかねないことも念頭に置きつつ，立法の多元化が進む中での国会の役割と責任が論じられていくべきであり，また，国会の側も，従来の枠組みや慣行に漫然と従い，それを維持するのではなく，時代状況に応じた姿を積極的に示していくことが求められているといえるだろう。

「国権の最高機関」と執政権

福 岡 英 明

1 はじめに

　1990年代からの政治・選挙制度改革，行政・中央省庁改革，司法制度改革などと向き合うことにより，統治機構をめぐる議論はそれ以前に比べればかなり活況を呈したと思われる。また，議論の対象も主権論・代表制論にとどまらず，国民内閣制論，討議（熟議）民主政論，執政権論など広がりを見せてきた。

　しかし，議論の広がりと深化がみられるとしても，個々の争点についてコンセンサスが得られたわけではなさそうである。また，いくつかの古典的な争点についても同様であるように思われる。後者の古典的争点についていえば，たとえば，憲法41条の「国権の最高機関」としての国会，つまり，国会の最高機関性の問題は，正直なところ筆者には未だ不明な点が多い。なにゆえ国会は最高機関であるのか，最高機関であるとはどういうことかなど種々の解釈を展開する従来の書物を繙いても何か釈然としないものが残ったままである。

　たとえば，最良の体系書の一つである佐藤幸治・憲法をみてみると，最高機関性の意味は以下のように説かれている。

　統括機関説には，「『統括する』ということの意味が必ずしも明確ではないという難点があり，意味のとりようによっては日本国憲法と適合しないことになろう。が，もし，『統括する』ということが，国会が階層的な統治組織上の上位にあって他の機関に指揮・命令するというようなことを意味するのではなく，並列関係にある国家諸機関のうち一番高い地位にあり，国政全般

Ⅲ 唯一の立法機関

の動きを絶えず注意しつつ、その円滑な運営を図る立場にあるということを意味するのだとすれば、妥当な考え方といえよう。すなわち、行政府や司法府の組織や権能は憲法の枠内で法律によって具体化され、これらの機関の行為は一般に法律に準拠して行われるのであるから、国会は国政全般がうまく機能するよう絶えず配慮すべき立場にあり、しかも憲法の枠内でうまくいかないと判断した場合には憲法改正を発議すべき立場にあるのであって、その意味で国会が国政全般について最高の責任を負う地位にあることを、憲法は『最高機関』という言葉で表現したものと考えられる。したがって、最高機関性の宣言は、とかく解されがちなように単に政治的宣言とみるべきではなく、法的なものとみるべきであり、国家諸機関の権能および相互関係を解釈する際の解釈準則となり、また、権限所属が不明確な場合には国会にあると推定すべき根拠となると解すべきものと思われる」[1]。

つまり、国会は国政全般がうまく機能するよう絶えず配慮すべき立場にあり、そのような地位にあることをもって最高機関とされたのであり、最高機関性の宣言は政治的宣言ではなく法的なものであるとされる。妥当な解釈であるか否かは別にして、意味は理解できる。しかし、同じ論者の憲法73条1号の説明をみると、最高機関性の意味がわからなくなる。即ち、以下のように説明される。

「行政権の特徴は、日本国憲法に則していえば、内閣の事務の一つとして、『法律を誠実に執行し、国務を総理すること』と規定する73条1号にこれをみることができる。『法律を誠実に執行する』とは、……内閣はこの事務を通じて国家目的の積極的実現に努める職責を負う（内閣は、行政各部の法律の執行が全体的な調和をとるよう調整的に配慮することが求められる）。この事務は行政の中心をなす重要なものであるが、行政権の担当機関はかかる事務のほかに各種の事務を行うものとされるのが例であって……、行政権の担当機関は、かかる各種の事務の背景をなす総合的・一般的政策のあり方ないし国政のあり方について絶えず配慮すべき立場におかれることになる。憲法73条1号に『国務を総理すること』とあるのが、まさに行政権のそのよう

（1） 佐藤幸治『憲法［第3版］』（青林書院、2003）143－144頁。

な側面を示すものにほかならない。内閣は，法律の直接の執行にあたり各種の問題に直面する行政各部からの情報に接する立場にあり，そのような情報を基礎に国家の総合的な政策のあり方を配慮すべき，またできる地位にある」。「法律の直接執行にあたるのは原則として行政各部であり，内閣はそうした行政各部の上にあって総合的な政策のあり方を配慮決定し，必要があれば行政各部に法律の執行・適用の仕方について指示し，既存の法律に問題があれば法律の改正なども検討すべき立場にある。つまり，内閣は，日々生起する各種問題に直面して，どのような手段・権限を用いて対処すべきか，また，その対処が場あたり的とならないようにするため基本的な方針・政策を確立すべき立場にあり，それはまさに"政治"といわなければならない」。「行政権の特徴を右のように捉えることによって，行政権の担当機関がしばしば政府（government）と呼ばれるゆえんが理解できる」[2]。

　行政権の担当機関が国家の総合的な政策のあり方を配慮すべき地位にあり，基本的な方針・政策を確立することが「国務を総理すること」と説明されている。もちろん，国務を総理することの説明としては意味が理解できる。しかし，国会の最高機関性の説明と突き合わせると，疑問が生じる。国会からすると，内閣が国務を総理することは，その最高機関性に反するのであろうか。反対に，内閣からすると，国会が上記のように解される最高機関として振る舞うことは，内閣の国務を総理する権限に反するのであろうか。あるいは，筆者には読みとれなかったが，国会の最高機関性と国務を総理することには明確な境界線が引かれ，両者は棲み分けているのであろうか。さらに，あるいは，国会と内閣の権限が競合しているのであろうか。競合しているのであれば，優劣が認められるのか。

2　最高機関性に関する従来の学説

　ここで従来の学説を，とくに，なにゆえ最高機関とされるのかに注意して，簡単にまとめておく。

（2）　同 211 − 212 頁。

Ⅲ　唯一の立法機関

(1)　美濃部説

　憲法は主権が国民に属するとしているので，国民自身を国家機関として見るならば，国民が国権の最高機関であるが，国民は自ら国権行使の任に当たるものではなく，代表者を通じてその権能を行うのであるから，国権行使の機関としては国民を除外して考えることが当然である。したがって，国権行使の任に当たる各種の機関の中では，国会が最高の地位にあるので，憲法は国会を以て国権の最高機関としたのである。また，国会は立法機関であり，法律は憲法の下における国家最高の意思として，行政権も司法権もそれに拘束され，それに従って行われなければならないのであるから，立法と行政・司法との関係において立法が最高の地位にあり，行政と司法はその下にあるものである[3]。

(2)　佐々木説

　「国家は，それぞれの機関により，それぞれの作用を行うて，行動する。……現実の場合においては，或事項が，これらの諸機関の何れのものの行うべきであるかが，明確を欠くこともあろう。又，諸機関の態度が，常に，正当に，即ち適法に，又適宜に，維持されるとは限らぬ。そこで，国家は，国権の作用を種別して，各作用の機関を定めると共に，国権の発動を全般的に考察して，個々の機関による国権の発動，及び，個々の機関による国権の発動相互の関係が，常に，正当なる状態に在るよう，努力しなくてはならぬ。そしてこれがために必要なる行動を為さねばならぬ。この行動はそれ自身国権の発動である。併し，部局的，中間的の性質を有するものではない。全般的，最高の性質を有するものである。具体的にいえば，国家の行動を創設し，保持し，又終局的に決定することである。これを国権の統括というてもよい」。「国権の統括を為す者は，国家という社会生活そのものについていうと，理論上国権の源泉たる者自身である。国民主権の国家においては国民である。これを国権の機構としていえば，国民の代表者たる国会である。このことを称して，国会が国権の最高機関である，という。……国民は国権の源泉者で

（3）　美濃部達吉『日本国憲法原論』（有斐閣，1953）243 − 244 頁。

あるから国権の統括をするが，国権の機構として考えると，国民を代表する者として国会があるのだから，国会が国権を統括して，国権の最高機関である，のである」[4]。

(3) 宮沢説

「『国権の最高機関』とは，統治権の総覧者という意味ではない。……日本国憲法は，かならずしも，統治権を国会の手に集中させる建前をとっていない。……したがって，国会の行動が，他のすべての国家機関による制約から自由であるとか，また，国会の意志が他のすべての国家機関の意志に優越するとかという意味において，これを『国権の最高機関』であるということは，できない」[5]。

「『国権の最高機関』という言葉は，したがつて，特殊な法律的意味を有する言葉ではなく，国会は選挙を通じて直接主権者たる国民に連結しているというところから，多くの国家機関のうちで最も大きな重要性をみとめられることを意味するにとどまる，と解すべきであろう」[6]。

(4) 清宮説

「憲法は，明治憲法における天皇の最高機関性を否定すると同時に，国民を代表する国会を国政の中心に位する重要な機関と認め，すなわち，主権者たる国民によって直接選任される議員から成る国会は，もっとも国民の近くにあり，各種の国家機関のうちで，国民自身に次いで，高い地位にあり，国民にかわって，国政全般にわたり，強い発言権を持つべきものとみなしているということである。……理論的には，国民主権の原理の自然の帰結とみたからであろう」とし，この意味の国会の最高機関性は，法的制度として，以下の点にうかがわれるとする。「第一に，……国会の制定する法律は憲法に次ぐ上位の法規範である。しかも，国会は，憲法改正にあたっても発議の権

---

(4) 佐々木惣一『改訂日本国憲法論』(有斐閣，1952) 255 − 256 頁。
(5) 宮沢俊義『憲法』(有斐閣，1973) 221 頁。
(6) 宮沢俊義『日本国憲法』(日本評論新社，1955) 326 頁。

をもつ（憲法96条）。これを最高の立法機関と名づけてもよかろう。そうして，行政機関および司法機関は，いずれも法律によって規律され，かつ，それぞれ法律を執行，適用すべき地位にある。したがって，最高の立法機関である国会は，同時に『国権の最高機関』と呼ばれうる資格をそなえているものとみなされる。第二に，内閣の成立と存続が国会の意志に依存し（議院内閣制），……行政および司法をコントロールする作用を行ないうることも，国会の最高機関性のあらわれとみられよう。なお，第三に，国会は，もともと国民に属する権能のうち，国民みずから行使しないものについては，これを国民にかわって行使する職責をもつものと認められ，したがって，その権限について，憲法に特に規定されているもののほか，いずれの機関の権限に属するか不明のものは，国会の権限に属するものとの推定を受けるものと解せられるが，これも最高機関性のあらわれであろう」[7]。

(5) その後の諸学説

以上の初期の見解のうち，宮沢説ないし清宮説が通説を形成し，政治的美称説と呼ばれた。この通説に対しては，最高機関条項になにがしかの積極的な意味・法的な意味を見出す批判的見解が示された。たとえば，①国会・議院の広汎な権限の性質は三権の間の総合的調整作用であり，国会は広汎な総合調整権能をもつから最高機関であるとする田中正巳説[8]，②国会の最高機関性を国民主権原理の統治構造への直接的反映と捉え，他の国家機関に対する国会優位の権限関係を法的に理論づけようとする清水睦説[9]，③冒頭に紹介した佐藤幸治説がある。これらはともに清宮説の権限推定論を継承している。

---

(7) 清宮四郎『憲法Ⅰ（第3版）』（有斐閣，1979）202－203頁。
(8) 田中正巳「『国会は国権の最高機関である』との規定の意味」法学教室［第1期］7号（1963）114頁以下。
(9) 清水睦『憲法の論理と情動』（中央大学出版部，1971）78頁以下。

3 なにゆえ最高機関なのか

(1) 概　　説

　上記の各説のうち，国民代表機関であることを最高機関の根拠とするのは，佐々木説，宮沢説，清宮説（国家作用における立法の上位段階性に言及する）である。清水説は，国民代表ではなく，国民主権をあげる。美濃部説は，代表機関であることと同時に立法機関であることをあげる。田中説は，総合調整権能をもつから最高機関であるとする。佐藤説は，なにゆえ最高機関であるかについては言及していない。むしろ，関心は最高機関だから何ができるかにある。

　まず，国民代表機関であるから最高機関であるのかを検討する。憲法41条は，「国会は，国権の最高機関であつて，唯一の立法機関である」と規定する。41条は65条，76条と同じ権限分配規定である。国民代表機関であるから最高機関であるとするならば，むしろ国会の最高機関条項は43条に挿入されるべきではないかとの疑問が生じる。それではなぜ，国会の最高機関条項は権限分配規定である41条に配されたのか。

(2)　「政治領域・法領域」区分論と「国民主権モデル」による権力分立論

　これを解く手がかりは，高橋和之が展開する「政治の領域と法の領域」の区分論・「国民主権モデル」による権力分立論と高橋が参照するカレ・ド・マルベールの理論である。

　高橋によれば，「憲法は，政治を運営するためのルールを定めたものであり，政治のアクター達はそのルールに従って政治活動を展開しなければならない。しかし，同時に，憲法は国民に対する権力行使を法により拘束しようとするプロジェクトでもある。」「憲法の定める政治のルールは，政治による政策決定の内容が適切なものとなることを目指しているのに対し，国民に対する権力行使を法に従わせることは，国民に地位の安定性・予測可能性を与えることを目指している。」「憲法には，政治のルールの領域（政治の領域）と法の支配の領域（法の領域）が重畳的に組み込まれている」[10]。

Ⅲ　唯一の立法機関

　「政治を法に従わせて法の支配を実現するには，政治領域で展開される諸活動を法の言語に翻訳し，法領域に移し替えて捕捉する必要があるが，この思考上の操作を可能とするためには二つの領域を観念上分離する必要があるのである」[11]。

　「法の支配にとって重要なのは，権力者の行為を予め存在する法により拘束することであり，このためには，権力者の行為を『法定立－法執行－法裁定』の枠組みで捉えることが必要となる。」「憲法にいう立法権・行政権・司法権というのは，これに裏打ちされた観念である」[12]。

　法の支配に関連づけられた権力分立の「国民主権モデル」によれば，「あらゆる国家権力は，主権者たる国民に由来する。国民と国家権力は，授権関係として連結している。国民が，憲法制定を通じて権力を授権するのである」。国家の「始源的決定」(decision initiale) は立法権に留保され，「法律制定権（立法権）は，主権者たる国民に帰属し，国民が自ら，あるいは代表者を通じて，行使する」。行政機関は「執行権」すなわち法律を執行する権力しか認められていない[13]。

(3)　カレ・ド・マルベールの「法律国家」論

　高橋の「国民主権モデル」の原型は，カレ・ド・マルベールの「法律国家」論である。これによれば，フランスの実定憲法は，革命期の憲法を除き，共和歴Ⅷ年憲法以来，法律や立法権について明確な定義を一切行わなかった。1875年憲法も同様である。1875年憲法の一部である1875年2月25日憲法法律第1条は，「立法権は，代議院と元老院の両院により行使される。」と定める。その意味は，両院による立法形式でのあらゆる決定が法律であること，および両院の側からしか立法権の行使はありえず，この意味で，法律は両院から生じる決定の結果でしかないことである。このような解釈は，フランス

---

(10)　高橋和之『現代立憲主義の制度構想』（有斐閣，2006）7頁。
(11)　高橋和之『立憲主義と日本国憲法』（有斐閣，2005）271頁。
(12)　高橋・前掲注(10) 10 - 11頁。
(13)　高橋・前掲注(10) 130頁。

実定憲法における法律概念の本質的に形式的な性質をもたらす[14]。

反対に，1875年2月25日憲法法律には行政作用（la fonction administrative）の定義の要素を与える条項が存する。すなわち，その3条は，「大統領は，法律の執行を監督し保障する。」と規定し，大統領は1875年憲法により明確に与えられた特別な権限のほか，法律の執行権以外の一般的な権限をもたないとし，行政の階層の頂点においてさえ，行政担当機関によりなされる行為は，法律の執行として法律に基づかなければならないという本質的な原理を定めた。ただし，執行を厳格に理解してはならない。行政機関は文字通りの法律の執行にとどまらず，副次的ないし詳細な措置や，とくに適切であると判断するならば，組織化の措置もとりうる。また，注目すべきことは，フランス憲法の行政の定義は，立法や法律についてと同様に，その内容や事項とは無関係である。立法がなしうることは，行政もなしうることである。立法と行政を区別するのは，もっぱら立法作用と行政作用に固有の権力の不平等性，機関の不平等性である。行政作用は法律への依存・従属関係によってのみ性格づけられる[15]。

1875年2月25日憲法法律第3条で定められている立法作用と行政作用の階層制は民主政に特有である。この階層制は，立法府が，国民の代表者により構成されている限りで，始源的な意欲しかつ決定する権限（pouvoir de volonté et décision initiales）を唯一もつ上位機関であるという考えに結びついている。その目的は，国家元首まで含めた行政機関のすべての下位の活動を立法者により事前に述べられた意志に従属させることである。この階層制において，行政機関は，先在する法律により与えられた権能，権限あるいは権力以外のものをもちえない[16]。

行政作用が定義からして法律の執行作用に帰することから当然のことではあるが，憲法が特に付与した権限を除き，行政権のすべての行為が法律を前提とする体制を1875年憲法は定めており，それは法律国家体制（systéme de

---

[14]　R. Carre de Malberg, Contribution à la théorie générale de l'État, Tome I, 1920, pp. 270-271.

[15]　ibid., pp. 474-476.

[16]　ibid., p. 491.

l'État légal）と名づけられる[17]。

　以上が，カレ・ド・マルベールの理論の要点である。国民が主権者であり制憲者である日本国憲法において，「憲法に反しない限りで」という留保を付せば，立法権を始源的な決定権と捉えることができ，高橋説のようにカレ・ド・マルベールの理論を日本国憲法解釈のモデルとして利用することは可能であろう。

(4)　作用の階層制・機関の階層制と最高機関

　このように解すると，通説のように国民代表機関であるから，国会は最高機関であるとの理解，とりわけ，清水説の国民主権原理の直接的反映として国会の最高機関性を理解する見解は正鵠をえているといえる。しかしながら，それだけでは国会の最高機関性は憲法43条に書かれるべきであったということになり，41条で書かれた意義が十分に説明できないだろう。法の支配の観点からみると，立法作用と行政作用の不平等性・行政作用の立法作用への従属性・立法機関と行政機関の不平等性が考慮されるべきであろう。すなわち，「日本国民は，正当に選挙された国会における代表者を通じて行動」するという限定を付す憲法の枠内で始源的決定権を立法権として付与された国会は，法律の執行権とされる行政権の上位にあり，「法定立―法執行―法裁定」の流れの起点にある立法機関が「最高機関」となろう。ただし，これは法の支配が妥当する法の領域（上位規範による授権と下位規範による執行が連鎖する段階構造）での話であり，政治の領域での話ではない。国会が国民代表機関であるということは，本来，法の領域の問題ではなく，政治の領域の問題である（政治の領域では，国会と内閣は対等なアクターである）。したがって，法の支配の観点から国家権力を立法・行政・司法に分け，異なる機関に担わせることにより法の忠実な執行を目指す権限分配規定の一つである憲法41条に最高機関条項を置くのが適切だといえよう。要するに，国会が始源的な決定権を有するのは国民代表機関だからであるが，法の領域における立法と行政の階層制を明示するものとして憲法41条に唯一の立法機関で

---

[17]　ibid., p. 490.

ある国会が国権の最高機関であると規定されたのであると解することが適当であろう。

したがって，最高機関条項は法の領域での立法と行政の階層制・立法への行政の従属を示すだけのものであるから，それ以上に，ここからなにがしかの法的意味を引き出すことはできないと解される。なにがしかの法的意味を導出しようとする見解は不適当である。また，その限りでは，私見は，従来の通説的見解と結論を同じくするものである。

なお，佐々木説のように統括することが国権の発動だということは最高機関条項の解釈を逸脱しているといえるが，佐藤説のように国会が国政全般に目配りする立場にあるとすることは，国会が始源的な決定権を持つことからして妥当である。

4　帰属不明の権限の国会への推定

(1) 高見勝利の問題提起

以上の通り，最高機関条項からなにがしかの法的意味を引き出すことはできないとすると，清宮説以来の諸見解が支持してきた「帰属不明の権限の国会への推定」というルールを最高機関条項から引き出すこともできないことになる。しかし，従来の諸説はほぼ共通して，国民代表機関であることから，このルールを根拠づけてきた。その限りでは問題はない。

しかしながら，この問題は，高見勝利が指摘するように，国会が国民代表機関だからというだけで解決しうるものではない。「すべての国家権力の権原は制憲権を保持する国民にあり，したがって，ある権限の帰属について疑義が生じた場合において，憲法解釈により何れかの国家機関の権限に属することが確定されない限り，当該権限は主権者たる国民に帰属するものと推定される。このことは，国会といえども決して例外ではない。国会もまた，憲法上の機関として，国民が憲法により付与した権限のみを行使することが許されているからである」。これが第1の問題である。

「これと関連して，憲法上，『立法権』及び『司法権』として国会または裁判所に留保された権限以外のものすべて『行政権』として消極的に構成し，

III 唯一の立法機関

内閣の下に帰属させる従来の控除説が『行政のための権限推定』を導いてきたとの反省から，積極的行政概念によって『行政』の外延を明らかにすることで内閣に属する権限の範囲を限定するならば，そこでは，いずれの国家機関に帰属するか不明の権限について『最高機関』規定により『国会への権限推定』が働くとする有力な見解がある」（手島孝・憲法解釈20講162頁）。「憲法上所属先が不明の権限について，その帰属機関を確定しようとするとき，従来の控除説を墨守していたのでは，いくら最高機関性を強調しても『国会への権限推定』は作動しようがない。この点で，積極的な行政概念の構成によって，行政権の範囲を確定することに成功するならば，その限りで，行政・司法・立法のいずれのにも該当しない残余の権限を国会に帰属させることが可能となろう（もっとも，立法の範囲を広くとれば，行政概念の操作をまつまでもなく，『法律による行政』の原則に基づいてほぼ同一の効果を期待し得よう）」。これが第2の問題である[18]。

(2) 検　　討

まず，第1の問題であるが，日本国憲法の立法権は，国民が本来保持する始源的な意欲し決定する権力をそのまま受け取っているものと解することができる。代表者を通じてのみ行動する国民は，憲法改正国民投票権を除き，それが保持した始源的決定権をそのまま国会に譲り渡したはずである。したがって，高見のいう「主権者たる国民に帰属するいずれの国家機関の権限に属するのか不明の権限」は，もはや国民の手にはなく，立法権として憲法上国会に付与されているのである。

次に，第2の問題であるが，日本国憲法の行政権（内閣の権限）は法律の執行権（65条）と憲法が明示的に付与したその他の権限（および憲法解釈を通じて内閣の権限とされたものを含む）であるから，その範囲は十分明確に確定しているといえる。したがって，これと異なるなにがしかの積極的な行政概念を構成する必要はないと解される。また，第1の問題の検討で示したように，帰属不明の権限があるとしても，それは国会に帰属することになる。

---

[18] 髙見勝利「『国権の最高機関』について」法学教室163号（1994）50－51頁。

ところで，このように，国会の権限は始源的な決定権（立法権）と憲法が国会に付与した権限，内閣の権限は法律の執行権（行政権）と憲法が内閣に付与した権限，裁判所の権限は法裁定権（司法権）と憲法が裁判所に付与した権限と解すれば，そもそも帰属不明の権限というものが存在するのかという疑問が生じる。

たとえば，行政計画であるが，行政計画策定権限は帰属不明の権限なのであろうか。それとも，控除説により行政の権限に紛れ込んだ行政の計画策定権限なるものに基づいて策定されているのであろうか。確かに，憲法上，行政の計画策定権限は規定されていない。また，この権限を付与する一般法も存在しないだろう。しかしながら，計画策定権限がないと行政は計画を策定できないかというとそうではない。そもそも，行政が計画を策定するのは，法的根拠のある施策・事業の効率的な実施や関連する施策・事業との調整のためである。その意味では何の権限もなく計画を策定しているわけではない。要するに，「計画は既に与えられた施策・事業権限の行使を基準化するものである」[19]。

もちろん，侵害行為の実施基準として計画を用いるとか，法律と異なる基準を計画が定める場合は法律が必要になる[20]。

また，国会は必要と考えれば個別的であれ一般的であれ計画法を制定し，計画をコントロールすることができる。ともあれ，憲法上の帰属不明の権限として計画策定権なるものがあるわけではない。

なお，もし，帰属不明の権限が実際に存在するとしても，上述したように，それは国会の始源的な決定権に含まれると解されるだけである。

5 「国務の総理」と執政権

(1) 概　　説

1990年代後半の行政改革・中央省庁改革の議論の中で内閣機能の強化が

---

(19) 西谷剛『実定行政計画法』（有斐閣，2003）32頁。
(20) 同31－32頁。

Ⅲ　唯一の立法機関

重要な争点となり、「政―官」関係の再構築が議論された。この文脈において、冒頭に紹介した佐藤幸治による「国務の総理」の積極的な読み直しがなされた。実は、積極的な読み直しがなされたからこそ、最高機関としての国会が国政全般に目配りすることと内閣が国務の総理として国政全般に目配りすることが競合するのか境界線があるのか不分明なものとなったのである。また、佐藤の議論は「国務の総理」の読み直しにとどまらず、憲法65条の行政権の読み替えにまで進んだ。「憲法65条にいう『行政権（executive power）』には、国法（法律）を執行する作用と政治・統治の作用の両者が含まれていることを正面から認めるべきである」。このようなとらえ方は、有力になりつつある[21]。

(2)　「国務を総理する」の意味

　まず、憲法73条1号の「国務の総理」に関する学説をみておこう。代表的な憲法学説は、行政事務統轄説の立場から、以下のように説いてきた。「『国務』といっても、内閣は行政権を有するだけで、その権限は立法権や司法権におよぶことができないことは明瞭である」。「内閣が『国務を総理する』とは、かようにすべての行政事務を、内閣が国家行政組織をつうじて統轄管理することを意味すると」「解することができるとすれば、一応の説明にはなるとおもうが、しかし、『国務』という文字からも、その解釈は少しむりであるし、かりにこの規定がないとしても、内閣がかような意味で行政事務を統轄管理することに変わりはないはずである。ここに『国務を総理する』とは、結局、内閣が行政事務を統轄するとする趣旨を重ねて規定したものと解するよりほかはない」[22]。

　行政事務統括説は、「国務」を「行政事務」に限定解釈し、「国務を総理する」という規定に特別な意味を認めない。

　これに対して、国務総合調整説は以下のようにいう。「国務とは国家の行うべき事項であり、国務を総理するとは、国務が適当の方向を定められ、そ

---

[21]　佐藤幸治「自由の秩序」同ほか編『憲法50年の展望Ⅱ』（有斐閣、1998）28頁。
[22]　宮沢俊義著・芦部信喜補訂『全訂日本国憲法』（日本評論社、1978）560頁。

の方向をとって進むよう，処理することである。国務たる事項を直接行うことをいうのではない。そして，その国務たる事項は別に種類を限られない。行政作用の対象たるべき事項がその普通のものであることは勿論である」。「立法や司法については，内閣がその作用を行うものでないこと勿論であるが，併し，内閣は立法，司法の状態について注意し，例えば，如何なる法律が新たに必要であるかを考え，必要とする法律の制定をみるよう，方途を考え，司法裁判がいっそう公正に行われるようになるために，新たに制度を必要とする事なきかを考え，これらの必要に応ずるよう処理を講ずべきである。これは立法，司法そのものを行うのではなく，それ自身行政である」[23]。

　佐藤説は国務総合調整説の系譜に属するが，従来のそれと異なり，「総合調整」をより積極的に捉えている。すなわち，従来の「総合調整」は，各省庁間で生じた政策上のコンフリクトを国家の立場から調整していくというニュアンスがあったが，佐藤説では，行政各部から情報を吸い上げ，内閣がイニシアティブをとって政策を提案し，行政各部をリードしていくという意味で「総合調整」が語られている[24]。

　このような内閣による総合調整は，政策の立案と提案にとどまる限り，立法権を簒奪するものではない。政策を法律の形式に変換することにより最終決定をする権限を国会が保持する限り，内閣が総合調整力を発揮することは望ましいことでもある。それは日本国憲法における国会の定位とけっして矛盾するものではない。しかし，内閣の総合調整は，国会の国政全般に目配りする作用とどのような関係にあるのだろうか。内閣が総合調整するのだから，国会は類似の活動を控えるべきだとか，さらには，類似の活動をすることは73条1号に違反することになるというのか。国会が始源的な決定権をもつ

---

(23) 佐々木・前掲注(4)292 − 293頁。ただし，「両説は，文言の解釈において差異があるが，実際上それほどの相違はない」と評されてきた。というのは，国務総合調整説が，立法や司法の作用に配慮するといっても，それは立法権や司法権を侵害するものではなく，そのような配慮は行政事務統轄説から見ても行政事務に属するからである（伊藤正己『憲法（新版）』（弘文堂，1990）543 − 544頁）。

(24) 佐藤幸治＝髙橋和之「対談　統治構造の変革」ジュリスト1133号（1998）15頁の髙橋発言参照。

Ⅲ　唯一の立法機関

以上，このようにいうことはできないだろう。

　また，国会と内閣がそれぞれ独自に国政全般に目配りする以上，両者が同じ認識に至るとは限らないが，何れかの判断が法的に優位するというわけでもないだろう。この場面はまさに「正しい法」の制定を目指す政治の領域の問題であり，国会（衆議院・参議院）と内閣が対等なアクターとして政治のゲームに参加しているということにほかならない[25]。このようにして，国会（衆議院・参議院）と内閣は，民意を睨みつつ政治を行うのである。

(3)　政治・統治・執政

　先に触れたように，佐藤の議論は憲法65条の行政権の読み替えにまで進んだ。これは控除説による行政の定義と法律による行政の原理により，ぼやけてかすんでしまった政治・統治・執政（同義と解してよい）を憲法65条の解釈を通じて再び表舞台に出そうという試みである。既に引用した「憲法65条にいう『行政権（executive power）』には，国法（法律）を執行する作用と政治・統治の作用の両者が含まれていることを正面から認めるべきである」に続けて，佐藤は以下のようにいう。

　「このことは，いわゆる制憲者意思からも，また，憲法の文言・構造からも導出できるところである」。「1946年（昭和21）7月の衆議院の委員会において，金森徳次郎国務大臣は，『此ノ行政権ト申シマスル事項ノ範囲ハ極ク狭イ行政ト云フ範囲トハ異ナリマシテ，謂ハバ執行権トモ言フベキ広イ範囲ヲ包容致シテ居ル』と答弁している」。「そして憲法をみると，66条3項では『内閣は，行政権の行使について（in the exercise of executive power），……責任を負ふ』，72条では『内閣総理大臣は，……行政各部（various administrative branches）を指揮監督する』とあり，さらに，73条では『内閣は，他の一般行政事務（other general administrative functions）の外，左の事務を行ふ』とあって，その1号では「法律を誠実に執行し（administer the law faithfully），国務を総理すること（conduct affairs of state）』とある」。「法律の誠実な執行と国務の総理（高度の統治作用）が憲法65条にいう『行政権』の内実をな

---

(25)　髙橋・前掲注(10) 7頁の注(2)。

す」(26)。

　佐藤以上に精力的にこの問題に取り組んでいるのが，石川健治である。「執政権論の採否が，従来の統治機構論を更新するための鍵を握っている」とし，「行政権＝執政権，行政各部＝行政権との読替え」を提唱する。「行政」の「控除説的な理解の背景にあるのは，オットー・マイヤーに代表される，強引かつ図式的な憲法史理解」であり，「君主の広汎な政治権力」，つまり「執政権（Regierungsgewalt）」から司法事項と立法権を控除した後「残された国家作用についても，近代公法学は，これを新たに行政（Verwaltung）と名称変更して，これを『法律による行政』の原理の下に置こうと企てた」。「かくして，絶対君主が総攬した包括的な国家作用は，執政という自由で創造的な『政治』の作用（ius politiae）から，『法』の論理―司法・立法―のフィルターを介して，経営管理的なルーティーン・ワークとしての『行政』へと，蒸留される。これがいわゆる控除説の正体である」。「問題は，『政治』を『法』で包み込もうとするこのプロジェクトに，無理はないのか，である。無理は，当然，ある。というよりも，無理を承知でこの企てに賭けたのが，近代公法学である」。「たとえ，司法や立法を引き算されたとしても，執政は執政である」。「かつて君主が総攬した国家指導的な『政治』の作用は残る」。「マイヤーに代表される行政法学は，この作用の存在を，それと知りつつ封印した。自由で創造的な国家指導作用も，『法律による行政』のなかに押し込んだ」。「我々の公法学は，そうした強度の言説の磁場を，形成してきた。そして，そのことによって，人々の，国家からの『自由』を，護ってきたのであった」。「それにもかかわらず，『政治』の創造的な作用は，『法』の網を突き破ろうとする」。「『統治行為』のカテゴリーを承認するか否かは，法治主義によって封印されていた執政権というカテゴリーを承認するか否か，と同義である」。「統治行為のカテゴリーを」「維持するというのが日本の公法学における通説である以上，それは，執政権論に踏み込んだことにほかならない」が，「日本の憲法学の言説空間では，執政権をめぐる言説に対しては，強い磁場が働き，その結果，創造的な『政治』の作用の存在が，抑圧され続

---

(26)　佐藤・前掲注(21)28－30頁。

III 唯一の立法機関

けている」。そして，執政を封印してきた言説の磁場を解く危険を指摘しつつ，「『執政』という議論の場を設定すること」の意義を強調する(27)。

「行政権＝執政権，行政各部＝行政権」と読み替える石川の議論に対して，毛利透は以下のように批判する。「このような議論の場が『内閣の法的権限としての執政』として設けられることに対しては，私はやはり公法学の伝統からの離脱への危惧を強調しておきたい。執政権に属する権限には極めて多種多様なものが考えられうるところ，それらが憲法上ほかならぬ『内閣』に属すると考えることは，まさに政治の領域で疑いなく中心にいる機関に憲法が明示的に認めていない権限を容認することにつながる以上，権力統制を中心的関心事とする近代憲法学にとってあまりに危険である。内閣は憲法上列挙された権限のみをもつ」(28)。

毛利の批判はおおよそ正当である。国民主権の憲法における内閣の執政権（法的権限としての執政権があるとして）は，君主主権の憲法における君主の執政権とは本質的に異なる。君主主権の憲法における君主は制憲権を保持し，その権力は憲法により限界づけられるにせよ，憲法により根拠づけられるものではない。議会が立法に関する一定の権限（たとえば，「法規」の制定権）をもち，また，なにがしかの憲法上の権限をもつとしても，帰属不明の権限はすべて君主に帰属すると推定される。

すでに指摘したように，国民主権の憲法においては事情は正反対である。石川は，控除説により君主が保持していた執政権が蒸留されたとしても，執政は執政であり，かつて君主が総攬した国家指導的な「政治」の作用は残るとしたが，国民主権の憲法においては，内閣の執政権は国民主権原理によりさらに蒸留され，毒を抜かれている。それは憲法により根拠づけられ，かつ限界づけられている。したがって，内閣の執政権は，統治行為として「司法的統制から自由な領域」をもつとしても，「憲法から自由な領域」を含むものではない(29)。行政権＝執政権の読替をしても，事情は変わらない。内閣

---

(27) 石川健治「政府と行政」法学教室 245 号（2001）74 頁以下。
(28) 毛利透「行政概念についての若干の考察」ジュリスト 1222 号（2002）133 - 134 頁。
(29) カレ・ド・マルベールによれば，1875 年憲法は，「法律の執行を監督し保障す

は憲法により明示的に与えられた権限（憲法解釈により内閣に付与された権限も含む）をもって執政作用をなすのである。その限りでは，毛利の危惧は杞憂にすぎない。

　そもそも，国民主権の憲法においては，国民が始原的決定権の保持者であり，憲法上，国会がそれを受け取っている。内閣は，政治の領域において，国会による始原的な決定に向け，指導的な機能を果たし，国会による始原的決定の実施を監督する機能を果たすだけである。この指導・監督が執政である。もちろん，内閣が執政作用を独占するわけではない。内閣の条約締結権に対して国会は承認権をもつ。内閣の予算の作成・提案権に対して国会は議決権をもつ。大臣は発言のために議院出席権をもち，答弁・説明のために出席義務を負う。国会と内閣は執政の領域で競合している。

6　むすびにかえて

　執政権を強調する論者の意図が，「政－官」関係の再構築に向けた民主制論の再構成にあるとすれば，それは正当であり，筆者もそれに与する。しかし，それは，行政権＝執政権の読み替えでなされるものではないことはすで

　　る」という定式に含まれえない大統領の権限を列挙し，統治（gouvernement）と厳密な意味での行政（administration）を区別している。この区別は，行政の行為（actes d'administration）と統治行為（actes de gouvernement）の対比として説明される。統治行為の理論は，1791年憲法にまで遡る。そこでは，行政の長としての王は代表者ではないが，政府（gouvernement）の長としての王は代表者であり，国民のために自由かつ始源的に意欲する権力をもつ。1875年憲法においても，統治行為は，法律による資格付与と法律への従属から開放された自由なイニシアティブでなされるから，統治は法律から独立した活動と性格づけられる。この場面では，執行権の長は立法者からの独立性，立法者との対等性をもつ。統治行為は訴訟を免れる。ただし，統治行為は憲法に直接由来する権限によってなされる。憲法の承認は特別のものであり，大統領が憲法規定の執行として行動するように，その承認は確定された行為のカテゴリーを行う権限しか含まない（Carre de Malberg, op, cit,. pp. 523-545.）。
　　要するに，統治行為が認められるとしても，憲法により明示的に付与された権限に基づいて行われるのであり，執政権なる包括的な権限から統治行為が次々と引き出されてくるわけではない。

III 唯一の立法機関

に示した。「政－官」関係の再構築には内閣の強化が不可欠であるとしても，問題は官に対抗する政治・統治・執政の民主化・強化をいかにして実現するかである。国民，国会，内閣は憲法上の権限が確定している以上，政治の領域でのゲームのルールや持ち駒は一応決まっている。要はどのような作戦を立てるかである。これについては，「国会中心構想」でいくか，「内閣中心構想」でいくかといった形で議論がなされている。その際，前者のために国会の最高機関性を援用することは無意味である。同時に，後者のために憲法65条の行政権に執政を読み込むことも無意味である。

〈編 者〉

浦田一郎（うらた・いちろう）
　明治大学法科大学院教授

只野雅人（ただの・まさひと）
　一橋大学大学院法学研究科教授

総合叢書
3

議会の役割と憲法原理

2008（平成20）年12月25日　第1版第1刷発行

編　者　　浦　田　一　郎
　　　　　只　野　雅　人
発行者　　今　井　　　貴
発行所　　株式会社信山社

〒113-0033　東京都文京区本郷6-2-9-102
Tel 03-3818-1019　Fax 03-3818-0344
henshu@shinzansha.co.jp
エクレール後楽園編集部　〒113-0033　東京都文京区本郷1-30-18-101
笠間才木レナウ支店編集部　〒309-1611　茨城県笠間市笠間515-3
笠間来栖支店編集部　〒309-1625　茨城県笠間市来栖2345-1
Tel 0296-71-0215　Fax 0296-72-5410
出版契約 5453-01010　Printed in Japan

©浦田一郎・只野雅人, 2008.　印刷／製本：松澤印刷・大三製本
ISBN978-4-7972-5453-2 C3332 ¥7,800E 分類323.100
5453-01010 : p 274 012-060-050

◇学術選書◇

学術選書1	太田勝造	民事紛争解決手続論（第2刷新装版）	6,800円
学術選書2	池田辰夫	債権者代位訴訟の構造（第2刷新装版）	続刊
学術選書3	棟居快行	人権論の新構成（第2刷新装版）	8,800円
学術選書4	山口浩一郎	労災補償の諸問題（増補版）	8,800円
学術選書5	和田仁孝	民事紛争交渉過程論（第2刷新装版）	続刊
学術選書6	戸根住夫	訴訟と非訟の交錯	7,600円
学術選書7	神橋一彦	行政訴訟と権利論（第2刷新装版）	8,800円
学術選書8	赤坂正浩	立憲国家と憲法変遷	12,800円
学術選書9	山内敏弘	立憲平和主義と有事法の展開	8,800円
学術選書10	井上典之	平等権の保障	近刊
学術選書11	岡本詔治	隣地通行権の理論と裁判（第2刷新装版）	続刊
学術選書12	野村美明	アメリカ裁判管轄権の構造	近刊
学術選書13	松尾 弘	所有権譲渡法の理論	続刊
学術選書14	小畑 郁	ヨーロッパ人権条約の構想と展開〈仮題〉	続刊
学術選書16	安藤仁介	国際人権法の構造〈仮題〉	続刊
学術選書17	中東正文	企業結合法制の理論	8,800円
学術選書18	山田 洋	ドイツ環境行政法と欧州（第2刷新装版）	5,800円
学術選書19	深川裕佳	相殺の担保的機能	8,800円
学術選書20	徳田和幸	複雑訴訟の基礎理論	11,000円
学術選書21	貝瀬幸雄	普遍比較法学の復権	5,800円

◇総合叢書◇

総合叢書1	企業活動と刑事規制の国際動向	11,400円	甲斐克則・田口守一編
総合叢書2	憲法裁判の国際的発展Ⅱ		栗城壽夫・戸波江二・古野豊秋編　近刊
総合叢書3	議会の役割と憲法原理	7,800円	浦田一郎・只野雅人編